- 解读男孩叛逆的关键点
- 做孩子青春期的引路人

张丽霞◎编著

10~18岁青春叛逆期父母引导男孩的沟通细节

别让青春期的烦恼、迷茫和困惑束缚男孩的心，别让叛逆期的躁动、敌对和自我把男孩带入危险禁区。父母多懂一点，使亲子交流更顺畅，让逆反的孩子更明事理

中国纺织出版社

内 容 提 要

青春期是男孩成长的关键期，对生理、心理、学习、情感、人际交往等问题有着诸多困惑，最容易迷失自我，叛逆不训，走向歪路，也最难沟通和引导。

本书是一部青春期男孩教育实例指导书，通过一个个典型的案例，帮助父母了解青春期男孩的迷惘和焦虑，打开青春期男孩封闭的心门，深度剖析青春期男孩的种种心理，指导父母用最有效的方法有针对性地与儿子沟通，帮助父母解决青春期男孩成长过程中的各种难题，让其成功地度过这个充满危险的阶段，成长为健康、快乐、阳光的美少年。

图书在版编目（CIP）数据

10～18岁青春叛逆期，父母引导男孩的沟通细节 / 张丽霞编著. -- 北京：中国纺织出版社，2015.9（2024.1重印）
ISBN 978-7-5180-1657-0

Ⅰ. ①1… Ⅱ. ①张… Ⅲ. ①男性—青春期—家庭教育 Ⅳ. ①G78

中国版本图书馆CIP数据核字（2015）第107332号

策划编辑：闫　星　　责任印制：储志伟

中国纺织出版社出版发行
地址：北京市朝阳区百子湾东里 A407 号楼　邮政编码：100124
销售电话：010—67004422　传真：010—87155801
http：//www.c-textilep.com
E-mail：faxing@c-textilep.com
中国纺织出版社天猫旗舰店
官方微博http：//www.weibo.com/2119887771
永清县晔盛亚胶印有限公司印刷　各地新华书店经销
2015年9月第1版　2024年1月第28次印刷
开本：710×1000　1/16　印张：17.25
字数：214千字　定价：50.00元

前言

相信很多父母都听过“叛逆期”这个名词，据教育专家调查研究发现，青春期的孩子普遍存在一定的叛逆心理，青春叛逆期，是家长教育孩子的关键时期。

这一时期是儿童期至成年期的过渡时期，体格、性征、内分泌及心理等方面都发生了巨大变化，个性、品质等世界观及信念逐步形成。

青春期，是人生中最美好的时期，也是决定男孩一生的关键期。青春的岁月如同钻石般珍贵，如鲜花般灿烂，但青春期也是叛逆期，叛逆期的男孩的教育也成了不少父母头疼的问题。

可能不少男孩的父母发现孩子到了青春期就开始叛逆起来、无法管教——原来与自己无话不谈的儿子现在对自己关上了心门，一天到晚都说不上几句话；原来把所有精力放到力争第一名上的男孩如今却迷上了网络游戏；原来老师和家长眼里的怪僻男孩，更是突然学会了打架……面对男孩的这些叛逆的表现，父母感到不知所措，他们很想拉一把儿子，却发现无处下手。

那么，为什么男孩们会变得叛逆起来呢？心理医生认为，男孩在10岁之前是对父母的崇拜期，而12～16岁是孩子的“心理断乳期”，许多西方心理学家也把青春期看作个体发展的“危险期”。男孩进入到这个年龄段，随着身体的发育、所学知识的增加以及知识面、阅历的增加，他们的自我意识增强，他们渴望脱离对父母的依赖，因此，极易对父母产生“逆反心理”而不服父母的管教。为此，很多父母操碎了心。一方面，孩子正处在青春期，会面临成长中的烦恼，需要有个倾诉的对象，而孩子似乎已经对自己锁上了心门；另一方面，叛逆期是个特殊的时期，孩子一不小心，就可能走上错误的人生道路……

因此，这时父母的教育和引导很关键。合格的父母，最起码应该能理解孩子的感情。对于青春期男孩而言，他们正处在人生的岔路口，身心上的巨大变化、对未来生活的迷茫、情绪的多变，都需要我们父母用心感受和理解，我们要在关心男孩身体、学习的同时，给男孩的情感成长以指导和疏解，让男孩快乐健康地成长。

的确，青春期的家庭教育不是一门简单的学问，敏感、复杂，需要认真对待。但引导男孩并不难，只要父母们学习并掌握有关叛逆期教育的知识，并对男孩认真加以引导，就可以避免男孩误入歧途，早日成材。如果父母还把男孩当孩子看待，用昔日的教育方法对待青春叛逆期的男孩，那么男孩不但不会接受，还会用反叛、固执、粗鲁、执拗、孤僻等极端的情绪来对抗。

本书就是一本针对管理、教育叛逆期的孩子的实用指导书，书中列举了众多典型鲜活事例，并从学生、家长、教师和专家等多个角度进行了深入的探讨，提出了相应的解决办法。最后，希望每一位阅读本书的父母，都能用自己的爱心和耐心，引导男孩正确处理叛逆期成长中的一些问题，让男孩在青春叛逆期树立正确的人生观、价值观，并掌握丰富的学习技能和生存本领，从而为培养一个成功的男人做好充足准备！

编著者

2015年1月

目　录

第 1 章

走进孩子的心里，引导男孩度过青春叛逆期

青春期的到来，随着身体发育的加快，男孩在思维上也开始完善，他们开始思考自己、思考未来与人生，同时，他们会面临很多不解与困惑。此时，渴望独立的他们本能地开始摆脱这些困惑，于是，他们变得叛逆起来……一些父母家长一看到孩子出现与以往不同的举动，便会产生焦虑心理，甚至对孩子严加管教，实践证明，这种方法并没有太大的效用。其实，面对青春期孩子的逆反心理，最好的方法是蹲下身来，和孩子建立一种平等的朋友关系，理解、支持你的孩子，建立起真正的亲密关系，让孩子的世界真正接纳你！

男孩有了很多自己的想法——帮男孩度过“心理断乳期”

家长的烦恼

一向认为自己的孩子省心的王女士最近也遇到一些困惑，束手无策的她只好来到儿子所在中学的心理咨询室，她说：我儿子今年刚上初中，13岁，从小他就是个听话的孩子，学习也很自觉，学习成绩也不错，所以很顺利地考上了这所市重点中学。只是我不明白的是，孩子怎么一到中学就变了很多，以前我给他零用钱他都舍不得花，现在倒好，每月生活费总是不够花，后来，我才发现，他喜欢买那些时尚的东西，还打扮得像个小混混似的，为此我常教育他，可他常常与我顶嘴，总是强调“时代不同了”，说我是老生常谈。我甚至告诉他，有本事就自己挣钱，结果他顶嘴后几天不理我，有时候还去同学家一住就是几天，我应该怎么办？

生活中，王女士这种情况并不是个案，很多家长都遇到过，尤其是当男孩到了十几岁，便不再听父母的话，他们好像突然一下子有了很多自己的想法，喜欢按照自己的想法行事。于是，很多家长不解：我那个乖巧的儿子怎么了？我该怎么办？

其实，这些情况对处于心理断乳期的青春期男孩来说，都是一种很正常的现象。

心理医生认为，12~16岁是孩子的“心理断乳期”。那么，什么是“心理断乳期”呢？

人的一生有两个重要时期，第一个是生理断乳期，发生在1岁左右；

第二个是“心理断乳期”。

为人父母，我们都知道，男孩在婴儿期断乳都是痛苦的。面对饥饿，他们疯狂地哭叫，张开待哺的小口执拗地寻觅母亲的乳头，而狠心的母亲却一勺勺给孩子喂进他所陌生的食物，孩子一次次倔强地吐出，最后终于进食了。这就是人类适应环境的一次重大转折——生理的断乳。

接下来，从12岁开始，他们开始逐渐脱离对父母的依赖，直到18岁结束。这个过程，就是少年逐渐摆脱父母、走向成人的过程，这一过程，被心理学家成为“心理断乳期”。此时，男孩渴望获得独立、渴望父母重新审视自己，把自己当作成人看待，但同时，他们自身又有很大的依从性，无论是精神上，还是经济上，他们都不能摆脱对父母的依赖，尤其是当他们遇到一些青春期的生理和心理问题的时候，他们更需要获得父母的帮助。

可见，青春期的男孩渴望塑造自我，渴望独立，渴望周围的人以及父母把自己当成成人来看。而作为父母，我们只是想要回到原先所习惯的那份透明，那份亲密无间的关系，希望能洞彻儿子的内心世界，生怕儿子一个人外出遭受危险，我们更受不了在儿子与我们之间横亘着一个我们无法洞察、无法把握的地带。

那么，我们该怎样才能找回那份亲密的亲子关系呢？

心理支招

1.多理解，少责备

在这个时期当中，不同的男孩依据转变程度的不同会出现不同的状态，他们非常渴望家长的理解。而生活中，一些父母，只要认为男孩做错了事，就不分场合、方式地批评他，可以说，这是家长的通病，而实际上，这个时段的男孩是叛逆的，也是脆弱的，有时候，你不经意的一句话就可能伤害他们的自尊心，渐渐引起男孩内心的愤恨、埋怨，甚至记仇。

所以批评男孩前先要弄清缘由，不要乱批评；需要批评时，要注意语气、场合和方式；批评时要循循善诱，使他心甘情愿接受。而对男孩的困难和挫折，要真心帮助解决。

2.尊重其自尊心

我们父母要尽量支持男孩，尤其在他们遭遇困难、失败的时候，帮助他们分析事件和自己的心理，理出一条可行的，能够被孩子接受而不僭越事物日常规则的解决方案。

但另一方面，家长不应迁就男孩不合理的，伤害自己及他人的行为，尤其在过激行为上要加以制止，以防男孩以后总是用反抗的方式来要挟父母，达到自己的目的。但切记要通过男孩能接受的，说服式的方式，避免硬碰硬，伤害到一些内心比较敏弱孩子的自尊心，而导致他们封闭自己的心门，不再和父母亲沟通交流。

3.给男孩表达的机会

作为家长，要在家庭中发扬民主，平时要多注意和男孩沟通，让男孩发表自己的观点，这可使男孩感觉到无论做什么，只有“有理”才能站稳脚跟，这对发展男孩个性极为有利。

总之，遇到王女士的这种情况，我们一不要害怕，二要教育引导，三要注意方式。这样就能与儿子建立一种亲密的平等的朋友关系，帮助其顺利度过这个“心理断乳期”。

男孩为什么会发脾气——男孩最渴望得到父母的尊重

家长的烦恼

梅女士的儿子小刚是某校一名初二男生。有一天，他正走在上学的路上，突然间，他想起了昨天晚上的作业忘记带了，于是急忙又掉头往家跑。当他掏出钥匙打开家门时，看到妈妈正从自己的房间里出来，脸上带着不自然的表情。小刚走进自己房间去拿作业本，推开房门，他愣住了，

看到自己书桌的抽屉全部敞开着，自己的日记本、同学们送的生日礼物及贺卡等全都胡乱地堆在桌子上。

小刚非常生气地质问妈妈：“你为什么翻我的抽屉，随便动我的东西？”

没想到梅女士却比她还生气：“怎么了？当妈妈的看看儿子的东西还有错吗？”

“可是你应该经过我的允许才能看啊！”小刚很愤怒地回答妈妈。

“小孩子有什么允许不允许的，别忘了我是你妈妈，好了，快去上学吧！”梅女士毫不在乎地对小刚说。

生活中，这样的场景并不少见，在不少父母看来，青春期是暴风雨般的季节，对于儿子的成长，一定不能忽视，于是，为了防止危险事件的发生，他们会偷看儿子的日记、检查信件、追查电话、查阅短信、翻查书包等，这些都是小事。他们认为儿子毕竟还小，他们这样做是在关心孩子，一切都是为了孩子的成长，防止孩子走入歧途，以免孩子一步走错步步皆错。

其实，父母看似关心男孩，而一些懂事的男孩可能会了解父母这样做的本意是出于对自己的爱护，但是，父母的这些行为，都是对男孩的不信任、不尊重，伤害了男孩的自尊心，让他们感到不舒服。于是，这些男孩对父母偷看他们日记、私拆他们信件的行为很反感，甚至有些男孩总爱在家中自己使用的抽屉上锁上一把锁，总之，父母和男孩之间横亘了一道鸿沟。

其实，青春期是叛逆的年纪，这个阶段男孩的自尊心比其他任何年龄段都要强，他们更渴望独立和别人的尊重。随着年龄的增长，他们对父母的依赖减少，独立意识逐渐增强，成人化倾向明显，希望别人尊重他们的自主性、独立性；同时，随着生活领域的扩大，知识信息的增多，他们的内心变得敏感起来，感情变得细腻起来，会产生许多想法，原先敞开的心扉渐渐关闭，有了自己的隐私；而且，即使他们有不少话想说，但观点已经与父母有所不同了，于是他们与父母的心理沟通就会明显减少，转而把自己的“秘密”和内心的感受都倾诉在日记里。

这时，如果父母采取强硬和蛮横的手段，想方设法去查看男孩的日记、偷听男孩的电话等，无视男孩的感受，随意侵犯他的隐私，很明显，男孩一定会产生一些负面情绪，比如发脾气，因此，有很多父母感到很纳闷，为什么孩子会发脾气？其实这是因为他们渴望被尊重。

心理支招

因此，家长必须要明白以下三点：

1.要把男孩看成一个独立的人，而不是你的附属品或者专有物品

孩子是个人，不是物。他是人，他就有感情，就有他自己的行为方式，就有自己的独立人格，也有他的隐私权。

2.青春期的男孩是未成年人，他们的一切都还处于可塑期

如果男孩从小就受到尊重，他便能懂得自尊，也会懂得怎样去尊重别人。那些对人彬彬有礼的男孩，肯定是在家里很受尊重的孩子；那些蛮不讲理、行为粗野的男孩，在家里，一定得不到他人的尊重，甚至常常受到伤害。所以，如果你想把自己的儿子培养成为高素质的人，成为有教养的人，那么，你首先要做这样的人。要让孩子尊重你，你便应当先尊重他。

3.我们要用心观察男孩的成长

进入青春期的男孩，对成人的封闭性、对伙伴的开放性更显得突出，会有更多的隐私，这些“小大人”似的男孩尤其需要得到尊重。

的确，人类最不能伤害的就是自尊。在家庭中建立亲情乐园，要从尊重男孩开始，让男孩有一种被保护的感觉，被幸福感包围的男孩，才会长成一个心理健康、懂得尊重的好男孩！

“我想离开这个家”——青春期的男孩更渴望自由

家长的烦恼

这天下班后，王先生还是和平时一样，开车来到儿子的学校，等候在大门口，希望儿子出来，但等了很久，都没看到儿子的踪影。

于是，他赶紧给儿子打电话，但儿子却关机了，他意识到儿子肯定是出事了，赶紧通知老师和妻子，希望大家帮忙找找，最后，王先生发现儿子一个人坐在学校篮球场的角落里。

王先生和妻子纳闷儿了，为什么儿子不回家呢？后来，在沟通中，王先生才明白是自己的家教太严了，总是不许儿子这样，不许他那样，十几岁以前，儿子确实是个听话的男孩，但青春期的到来，儿子觉得这样的管教让他很窒息，他甚至觉得家就像个牢笼一样，所以他害怕回家。

王先生很苦恼：青春期的孩子到底该怎么教育？

这里，王先生的儿子为什么不想回家？因为家对于他来说就是束缚。生活中，我们每个人都需要自由。其实，我们的儿子也是一样，如果我们束缚住男孩的手脚，让他不许做这个，不许做那个，对他的一切大包大揽，那么，男孩会感到窒息，他的一些优良的个性心理品质也会被压抑。而随着孩子慢慢长大，当他们进入青春期，他们的自主意识也越来越明显，对于无法自由呼吸的成长环境，他们一定会反抗，那么，亲子关系势必会变得紧张起来。每个青春期的男孩最渴望的就是得到父母的理解，于是，我们发现，很多青春期男孩举着“理解万岁”的大旗高呼“父母不理解我”、渴望自由。每个男孩都希望生活在一个民主型的、和睦的家庭中，这样的家庭才会给自己一个温暖的归属港湾，当家庭不和睦时，孩子就会“有被抛弃感和愤怒感；并有可能变得抑郁，敌对，富于破坏性，……还常常使得他们对学校作业和社会生活不感兴趣”。

可见，任何一个男孩，都希望得到父母的认可和尊重，希望父母承认自己已经长大，能够处理一些自己的事情，需要更多的空间，而更多时候，家长往往把他们仍当成未成年人，所以对他们仍抱有一定的不信任态度。有些男孩一旦发现这样的情形，便会觉得自己被他们轻视，小看了。这往往打击他们的积极性，使他们也对长辈产生半敌视心态。

作为父母，我们要记住的是，孩子也是独立的个体，而不是我们的私有财产那么，怎样才能给孩子提供一个足够自由的空间呢?

心理支招

1.不要剥夺男孩独处的机会

你要知道，青春期的男孩已经是半个大人了，他们完全可以照顾自己，可以独立处理一些问题，对此，我们千万不可强制，否则，很容易引起人的反感。例如，在独自外出之前，我们一定要与男孩订立安全协议，如不可在晚上十点之前回家；遇到问题要给爸妈打电话等。

2.相处时，把主动权交给男孩

一般来说，青春期的男孩不想与父母一起，还是因为他们不希望周围的人把自己看成是孩子，看成是父母的附属品，为此，我们应解除男孩的这种心理负担，比如，应该让他自己决定今天去哪里、做什么等。这样，他会感受到父母重视自己的意见，他们渴望独立的这种心理被理解了，自然，他们也就乐意和父母一起享受天伦之乐了。

3.不要过度保护男孩

任何一个男孩的成长过程虽然是充满恐惧的、战战兢兢的，但也是充满乐趣的。他们会摔跤，但作为父母，我们不能扶着他走，因此，如果你的儿子想尝试，那么，你应该鼓励孩子，让孩子有尝试的勇气，而不是这样说：“算了，多危险，不要做了。”“小心点，你会伤害自己的！”“你不能做这个，太危险了！”这样，男孩即使想尝试，也会被你

的提醒吓退的。

4.在情况允许的情况下，让男孩自由支配时间

虽然你的儿子还小，但我们也应该尊重他，让他有一些自己独立支配的时间，比如，晚上空余时间，男孩想睡觉，还是看书等，我们不要干涉。

总之，任何一个男孩，他的成长都需要自由的空间。自由就好像空气一样，男孩成长的过程中，没有自由，他们是无法健康、快乐地成长的。因此，要想使青春期的男孩成长得更快，我们就需要给他提供足够的自由空间，而不要限制他的自由。

“我是独一无二的！”——青春期男孩为何总爱非主流

家长的烦恼

这天早上，丁丁以一身奇特的造型来到教室：一双军靴，一条破洞牛仔裤，一件露肩马夹，再加上一顶鸭舌帽，两颗超闪耳钉，丁丁觉得自己穿上这些以后酷毙了。

过了会儿，他的几个哥们儿来了，丁丁摆了个姿势，问：“怎么样，我这身，酷不酷？”

“太酷了，简直是酷毙了，你知道，丁丁，我们班很多男生都以你为榜样呢，你的穿着打扮很时尚，只可惜，我的衣服都是妈妈买，哪敢这么穿？”

“怎么不敢，我们都是大人了，穿衣服就要个性。”

过了会儿，老师来了，听到他们的谈话，老师说：“你们虽然还是在慢慢长大，但穿着打扮必须符合自己的年龄，另外，个性，也不一定非要一身非主流装扮啊，我知道，你们这个年纪，都希望自己引人注目，但什么是真正的个性，你们知道吗？怎样穿才合适，恐怕你们也不知道。”

随着时代的发展，物质生活水平的提高和价值观的多元化，跟上“时尚”与“潮流”的步伐也已经不是成年人的专属，很多未成年的青春期男孩，也纷纷把追逐时尚作为重要的生活内容。

如今在街上，到处能看到一些“非主流”装扮的男孩，有些还只是初中生，刚刚进入青春期。

青春期的男孩已渐渐发育，并开始注重自己的外貌和装扮。这些青春期男孩的一大特点就是喜欢一些惹眼的装扮，让人一眼就能从人群中分辨出来。

作为父母，我们要让男孩知道，青春期是人生发展中的一个重要时期，要追求个性可以通过更积极的方式，而不是通过服装。如果他们把过多的精力放在穿衣打扮上了，在学习方面就会放松，甚至会因此耽误学业。抱有这样一种浮躁的心态，又怎能搞好学习呢?

另外，青春期也是审美观、服饰观形成的阶段，奇装异服只能显露你的不成熟和审美偏差。

再者，青春期应该追求的是内心的充实，培根说：“人一旦过于追求外在美，往往就放弃了内在美。”你知道吗？生活中，有些男孩为了得到想要的衣服，想方设法掏空父母的钱包，或是见别人穿得“漂亮”了就妒之、恨之。更有甚者，由于经济不支却又盲目赶时髦，于是铤而走险，采取不正当的手段，骗取、偷窃家人或其他人的财物，铸成大错。

不得不说，“爱美之心，人皆有之”，这并不是女孩专属的口号，男孩也不例外，每个男孩都希望自己可以打扮的阳光、帅气一点，每当穿上买的新衣服，心里总是美滋滋，走起路来也特别有神气，但青春期男孩一般都是学生。他们正在求学的时期，又没有经济收入，穿戴方面不宜赶潮流、追时髦，只要衣着整洁，朴素大方即可。

为此，我们父母应该让青春期男孩记住以下几点着装要求：

（1）要干净整齐，不能邋遢有异味。

（2）不能穿背心，更不能光膀子。

（3）不能穿拖鞋，更不能打赤脚。

（4）不能戴有色眼镜。

（5）衣服扣子要系好，不能敞胸露怀。

（6）不能穿戴奇装异服，和学生的身份不符。

（7）不要染发、打耳钉、不需要盲目和同学攀比、追求名牌。

爱美是一点儿也没错的，但人的打扮一定要得体，要适当，才显出美和可爱。不同年龄、不同身份的人有不同的形象要求。总之，我们父母要让男孩明白的是，青春期本身就是美丽的，不需要任何刻意的修饰，青春期也需要理智地对待身边的发生的事，这样，男孩的青春期才会过得纯洁、快乐！

“我有时开心，有时烦闷。”——青春期具有情绪多变性的特征

家长的烦恼

杨先生在一家私企当主管，手下管着几十号人，所以，工作很繁忙，免不了回到了家还带着在单位工作的情绪。

这不，他回家看见妻子还在看电视不做饭，就有点不高兴了：“小磊一会儿回来饿了怎么办？你怎么不做饭？”

“我怕我做饭了，你们父子俩又不合意，那不找骂吗？”妻子一脸委屈的样子，他也就没说什么了。

“爸妈，我饿了，怎么还不做饭？”这时，小磊正好回来了。看见爸妈没做饭，不高兴了，一把把门摔上，看自己的书去了。

“这孩子怎么了，现在怎么脾气这么坏了？小时候可不是这样，越长大越不好管了啊？我去跟他评评理，这是什么态度？”杨先生很是生气，正想冲进儿子的卧室，教育儿子一下，被妻子一把拉住。

“孩子这个年纪，情绪不稳定是正常的，我们大人也不例外，你刚刚

回家，不也是这样吗？我们要理解呀……”杨先生觉得是这么个理儿，火也就消了。

男孩到了青春期，情绪变化的会更快，青春发育期作为一生中迅猛发育的时期，形态、生理、心理都在急剧变化，特别是生殖系统的突变，会给青春期的男孩带来不少暂时性的困扰，同时，他们要求独立的意识也随之加强，于是，这时，男孩会像一匹脱缰的野马，那些情绪也随之四处乱撞。可能刚刚那个那么活泼开朗的孩子一下子就变得闷闷不乐、喜怒无常、神神秘秘了。

儿子长大了，很多父母知道为孩子增加丰富的食物营养，却不太注意这个时期的儿子内心世界的变化和需要，对于男孩多变的情绪，也无从理解，这导致最终与自己的距离越来越远，也会很容易产生父母子女关系的对抗，很多男孩发出感叹：“为什么爸妈不理解我？”

因此，当孩子进入青春期以后，父母就要体贴和帮助儿子，要对儿子身心发展的状况予以留意，对他们某些特有的行为举止要予以理解并认真对待。认识到青春期的特点、理解他，才能和儿子做朋友，帮助儿子度过这个“多事之秋”！

那么，当你们对男孩的情绪予以理解以后，父母又该怎样帮助儿子顺利梳理好情绪呢？

心理支招

1.做好表率，在生活中多寻找情绪的出口

家庭气氛的融洽与否，直接关系到青春期男孩的情绪自我控制能力。如果在一个家庭中，父母动不动就大发雷霆，或者父母脾气暴躁，那么，是培养不出一个自我情绪控制良好的男孩的，因为父母解决问题的方法、对他人的态度就会潜移默化地影响孩子，男孩从他们身上接纳的是消极的处事策略，久之，好发脾气、我行我素等不健康的个性就会在男孩身上显现。所以，在家庭教育中，父母要想成为儿子的朋友并用自己的言行积极地影响他，就必须首先改变自己，当你要发脾气之前想想身边的孩

子，控制住自己，换一种方式解决问题；也为自己找个情绪的出口，当你的脾气难以克制，已经发出之后，对身边的男孩说声："对不起，爸爸错了！"

2.告诉男孩"降温处理法"

作为父母，当你的儿子产生情绪后，你不妨先不理他，这既可以让你自己先冷静下来，也给了他一个考虑的时间，避免了在气头上把本想制止他不听话的行为变为"不信我就管不了你"的较量和在他身上发泄怒气，也不给他因"火上加油"造成继续发作的机会。

其实，这是一种心理惩罚，他会发现，自己的这种情绪完全是没有道理的。当男孩的情绪"温度"被降下来以后，你再告诉他你这样做的目的是为了不让他冲动，然后让他也学会这种情绪调节的方法，以此帮助他提高自我制约能力。

3.培养男孩理智的个性品质

每个男孩与生俱来都有着不同的个性特点，但不管哪一种个性的形成都是一个渐变的过程。有些男孩把什么都挂在脸上，做事冲动，情绪易怒等，如果父母对于男孩的这种个性品质听之任之，那么，男孩就会把父母的容忍当成武器，而如果父母在生活中能够对孩子晓之以理，让他从各个方面了解做事情绪化的危害，那么，男孩也就能慢慢学会控制自己的情绪，逐渐变得理智、成熟起来了。

以上是几个简单的能帮助青春期男孩调节情绪的方法，总的来说，父母和男孩做朋友，用理解、劝导的方式来指导他们，他们一定可以快些度过这一情绪多变期！

“我就是要与众不同。”——总是在追求个性的少年们

家长的烦恼

唐先生的儿子小天今年14岁，初二，某天，放学回来的儿子顶着一头黄头发，黄头发中间又夹染几撮红头发，还穿了一条满是破洞的肥牛仔裤，耳朵上好几个耳洞，唐先生无法接受，就来到学校，希望老师能对孩子作出一些疏导，但令他惊奇的是，他发现，儿子班上大部分男生都是这个打扮。

事后，班主任老师对唐先生说：“青春期的孩子就是这么叛逆，他们知道我们无法接受，但每次看到我们这些长辈和周围的人所表现出来的异样的目光，他们就洋洋得意，因为他们觉得自己受到了关注。”

作为父母，你是不是发现你的儿子最近变了，到了青春期后，他不爱穿以前的衣服了，因为那些衣服其他小伙伴也有，他们不想听父母的话，他们不再喜欢可爱的小萝卜头……这倒是其次，你甚至会发现孩子喜欢上了一些新奇的打扮，让你无法接受。你的儿子为什么会变成这样？其实，这只是男孩叛逆的一个方面，随着自我意识和好奇心的增强，他们希望自己活得有个性，希望成为周围的人关注的对象。于是，很多青春期男孩会不遗余力让自己变得很另类。除此之外，为了使自己像个大人，容易交到朋友，更显得轻松、潇洒、大方，许多男孩用零用钱吸烟、喝酒，有的男孩在青春期过分追求穿戴打扮，更有16岁左右的中学生与同学传出恋情……家长每天都在管儿子，可男孩们依然我行我素，有时家长管严了，孩子竟以离家出走相要挟。这些青春期叛逆的孩子让家长头痛不已。

通常，父母会忧心，不知道儿子心里头在想什么？担心他们行为偏差或有更出格的状况出现，也怕孩子崇尚名牌乱花钱，更担心他们的安全。的确，青少年的逆反心理如果得不到及时合理的调适，进而发展成不可调和的矛盾或者难以愈合的伤口，那么就很可能做些带有明显孩子气的傻事和蠢事，最终酿成悲剧。

心理支招

1.对于孩子与众不同的行为不要大惊小怪，更不要直接批评孩子的审美观点

如果我们直接对儿子说："瞧你什么德性，跟小混混有什么区别？"那么，他多半会立即反驳："你不懂，你不了解我的感受。"从而排斥父母。父母要阅读一些流行信息，或利用机会教育，如：跟儿子外出在地铁或路上，看到有人穿露臀的低腰裤，跟儿子讨论："你如何看待穿着暴露的女孩子？""女孩子如果穿着暴露的衣服走在大街上，你感觉如何？""你认为这样好看吗？""你喜欢这样穿吗？""这样露给别人看，想证明什么？"引导男孩思考。

2.真正关心男孩，不要只在意他的学习成绩

生活中，有些父母工作太过繁忙，他们只关心男孩每次的考试成绩，甚至孩子换了一个新发型、一件新衣服，他们都没察觉出来。于是，这些孩子会采用一些新奇的打扮、怪诞的行为来引起父母的关注。

对于这种情况，作为父母的你，一定要对他说："对不起，爸爸妈妈一直以来都忽视了你的感受！"真心向男孩道歉后，你就必须用行动证明自己在关心儿子，不仅要关心他的学习，更要关心他在生活中的细小变化等。你可以告诉他："不错，今天这发型绝对回头率高！"得到父母的认可，他们对自身的形象会信心大增。

3.引导男孩认识心灵美才是真正的美，才会赢得他人的真正尊重与佩服

很明显，我们都明白，只有学习成绩和良好的道德品行才会得到周围人的认同，但对于青春期的男孩，他们并不一定有这一层次的认识。因此，作为父母的我们，不妨以事例引导："你爸爸今天在回家的路上拉了

一位差点被车撞的老大爷，周围的人个个都竖起了大拇指。”或者和孩子一起观看具有启发意义的电影、电视剧等。另外，我们还可以和孩子一起评价周边的人等，在这个过程中，给孩子传递我们要注重外表，但是内心的美才是最重要的观念，让男孩的思想在潜移默化中得到改变。

总之，在青春期追求个性并无过错，他们只是希望获得关注，因为他们需要的不是我们大呼小叫的训话，也不是我们无休无止的打骂，他们需要的是我们循循善诱的引导和疏导。

“我还是个孩子！”——引导男孩幼稚的心理

家长的烦恼

一位母亲说：“现在孩子的劳动意识真难培养，我儿子都初中一年级了，还是衣服脱到哪儿就扔到哪儿，更别说收拾整理了。我们像他这么大的时候都自己洗衣做饭了。”

另一位家长说：“我也觉得对孩子进行家务劳动教育很重要，但现在的孩子功课这么紧张，玩的时间也没有，再说，他们似乎已经形成依赖心理了，有次我让儿子去帮忙倒个垃圾，他就说：‘我还是个孩子呀。’当时我在想，你已经十五岁了呢。”

可能不少父母也会发现，即使你的儿子已经进入青春期了，已经是个大小伙子了，但还是像个孩子一样，甚至当你希望他们去做一些力所能及的事时，他们会以“我还是个孩子呢”这样一个理由回绝你，很明显，这说明，你的儿子内心还是幼稚的。

其实，男孩在青春期依然幼稚，与我们父母的教育是分不开的，很多男孩都在被父母长辈宠爱的家庭长大，他们所有的精力都放到学习上，很

多父母也习惯了为男孩操办一切，而这样没有独立意识和自理能力的男孩是危险的，也很难在未来社会独自生存。为此，作为父母，从现在起，我们有必要逐渐引导男孩幼稚的心理，使其逐渐成熟起来。

心理支招

1.学会放手，培养男孩的自理能力

首先父母要有让男孩独立的意识，否则所有的行为都是一句空话。而所谓独立的意识，简单一句话就是男孩能做的让他自己做，因为每个人的生活终将是每个人自己过，家长不能在他青春期时剥夺他独立生活的意识。只有这样，男孩以后才能走得好、走得让家长放心。

从男孩学走路的那一刻，男孩就已走上自己独立的征途。对父母来说，则要做到，孩子能自己走，哪怕走得歪歪扭扭，会摔跤，也要让他自己走。

2.让男孩学会分担父母的负担

在一次课堂上，老师为同学们讲了这样一个故事：

有个小男孩，从五岁的开始，因为家境贫寒，他不得不工作，他的工作就是捡垃圾，每天放学后，他会捡一个小时的垃圾，然后拿到附近的垃圾回收站，再拿换到的钱去附近的小卖部去买点面条或者酱油等，剩下的钱他会自己存起来。十五岁那年，他的爸爸突然得了疾病，需要钱做手术，妈妈和其他亲戚心急如焚，不知从哪里筹钱时，他将一万多块钱拿给妈妈。

妈妈问：“你怎么会有这么多钱？”

他说：“我是家里的男子汉，从小存的，以备不时之需，这次能用上了。您拿着吧。”拿着钱，母亲的眼睛湿润了，给了他一个大大的拥抱。

一个五岁的男孩的就懂为父母分担，在自己的父亲有性命之忧时，他救了父亲一命，这就是一个男子汉的责任心，更是孝心。作为父母，我们也要把儿子培养成这样的男孩。

3.鼓励男孩积极投入到社会实践中

要想让男孩积极投入到社会实践，并从中有所收获，我们可以尝试在假期给男孩找一份工作，主要是一些服务性行业的零工，如卖报纸、送报纸、当小保姆、售货员、售票员等，因为这种服务性行业对体力要求不大，只是对男孩的工作态度有一定要求，更重要的是这些工作可以与各行各业的人打交道，同时又可以获得一定的报酬，让学生很容易获得一种成就感并体会到劳动的乐趣。

在工作中，通过扮演不同的角色，可以让男孩亲身体验工作的辛苦，这样不但可以体会到父母的不易，并由此对父母更加尊敬和爱戴，就会自然而然地产生一种感恩意识，而且还可以培养孩子勤俭节约的意识。

总的来说，我们一定要让青春期的男孩多动手，告诉他“自己的事情自己做”，这有利于培养男孩自理的习惯和自立的能力，更重要的是，男孩的幼稚心理能得到改善，另外，我们一定要有耐心，只有这样，才能培养出一个独立、成熟的男孩！

第 2 章

做儿子的“消防员”，疏导青春躁动的叛逆情绪

每个男孩进入青春期后，随着身体的发育，他们在心理上也发生剧烈变化，他们有着敏感的神经，这种敏感针对于他们周围的每一个角落，他们可能动不动就发脾气、自尊心强、爱攀比、总是和父母顶嘴等，此时，我们父母决不能用言语暴力去激化矛盾，而应该在孩子的这一极端时期扮演“消防员”，该放下架子，主动和孩子聊天，了解他们的心理状况，如果发现问题，最好以建议的方式引导他们，通过关爱他们给予孩子稳定感，帮助你的孩子疏导青春期的种种情绪！

易冲动——青春期男孩自控力差、攻击性强

家长的烦恼

这天，王先生被学校老师叫到学校，原来，他的儿子王飞跟体育老师起了点冲突。

这天下午，天气很好，在第6节课的上课铃响之后，陆陆续续地只有十几个学生来到操场上集合。体育老师面对这种情况，就叫体育委员去班上把其他学生叫来。慢慢地，其他人都来了。但此时，王飞还在远处的沙坑边上跳远。体育老师用力吹了几下哨子，王飞才小跑过来。

在王飞快要站回队伍时，体育老师喝道："站住！"并用眼神狠狠地盯着王飞。

"你没听到老师吹哨子吗？为什么还慢慢地、大摇大摆地过来？"老师问，王飞没回答。

看到王飞没反应，体育老师一下子火就上来了，打了王飞一巴掌，这下子王飞也被激怒了，居然也要动手，旁边的学生见状，迅速上前把王飞两个拉开。

可以说，王飞和老师的冲突的确是两人都有错，教师向学生发火，有他不对的一面，但作为学生的王飞，他的行为也是不合适的。

其实，青春期的男孩相对于其他年纪的男孩来说更容易冲动，处于叛逆期的他们，一旦遇到什么事，就很容易血液上涌。作为父母，我们要了解青春期男孩多变的情绪特征，并帮助他们梳理情绪，因为冲动是魔鬼，如果任凭男孩发泄自己的负面情绪，那么，他必定会一败涂地。我们要帮助男孩做到自制，帮助他学会理智思考并克服自己的情绪。

毕竟，人生漫漫，任何人都不要让自己输在心态，心态决定人生，也决定了人的生活方式，懂得自制，能控制自己的情绪，就会控制由冲动带来的一系列恶性情绪反应。心情好，就什么都能做好。

对于青春期的男孩来说，他们必须学会控制自己的冲动情绪，因为收获一种健康心态极为重要，对此，我们父母可以教导男孩掌握以下几种控制冲动情绪的方法。

心理支招

1.转移

转移的含义就是，冲动的时候，应把注意力转移到那些能让你高兴的事情上去。

2.分解

任何烦恼都可以分解，然后将这些分散后的问题一个个解决，那么，那些看起来无法解决的烦恼也就自然迎刃而解了。

3.弱化

其实，那些令人无法释怀的烦恼其实并不是什么原则性的问题，你把问题看得太重，它又怎么轻得了？

4.体谅

你在为别人的错误而生气吗？生气就是对自己的一种惩罚，原谅了别人也就饶过了自己。另外，将对方看作一个客观存在的事物。

5.解脱

这就需要你跳出当前的令你烦恼的问题，站在更好的角度看，你会发现新的角度，也就能对问题作出新的理解。如，塞翁失马，焉知非福，就是经典的解脱思维。

总之，作为父母，我们要理解青春期的男孩，情绪容易冲动，但我们要让男孩记住，态度决定一切。也就是说，冲动的情绪往往会把一切事情都办糟糕。即使遇到了好事和良机，也会因为不良的情绪，使自己产生出无形的压力，自己的能力无法充分发挥，错过这些机遇。

脾气暴——男孩遇到不顺心的事就暴躁易怒

这天，工作忙得焦头烂额的林太太居然接到学校老师的电话，被叫到学校，原来是儿子在学校闯祸了，可是令她不解的是，儿子一直很乖，连和人大声说句话都不敢，怎么会闯祸呢？

匆匆忙忙赶到学校，才问清楚情况：原来是班上有些男生挑事，说林太太的儿子小强是“胆小鬼”。老师告诉林太太，班上传言，小强喜欢某个女生，但一直不敢说，这些男生知道后，就拿这件事嘲笑小强。而小强则因为这件事很生气，于是大打出手，体型高大的他把这几个男生都打得鼻青脸肿。

“我的孩子怎么了？”林太太很是不解。

案例中，一向乖巧的小强怎么会突然这么容易被激怒而向同学大打出手？日常生活中，如果我们被人叫作“胆小鬼”，兴许我们会生气，但绝不会太过情绪激动而做出一些伤人害己的事。

可能很多父母发现，当我们的儿子进入青春期后，脾气就异常火爆，稍微遇到一些不顺心的事就会发脾气，有些父母在不了解男孩情绪特点的情况下，甚至教训男孩，让青春期男孩的叛逆情绪更突出，亲子关系更紧张。

实际上，青春期是一个负重期，作为青春期的男孩，他们至少面临着三方面的压力和挑战：

一方面，身体正在急剧发育，使他们积蓄了大量能量，容易过度兴奋；

另一方面，学习上的任务很重，面对激烈的竞争，心理压力普遍比较大；

更重要的是，随着年龄的增长，他们渴望对外部社会有更多的了解，

人际交往也逐渐增多，各种各样的信息纷至沓来，这就使他们需要处理的问题越来越多，越来越复杂。每个青春期的男孩的血液里也流淌着亢奋的血液，青春期的他们把什么都挂在脸上，不像成年人那样善于控制或掩饰自己，常常喜怒皆形于色。在与人交往的过程中，一旦产生矛盾，很容易爆发，这也就说明为什么很多青春期的男孩总爱发脾气。

可见，作为父母，我们只有了解青春期孩子情绪的特点，才能和他们做好沟通工作，帮助他们控制并合理宣泄不良情绪。

心理支招

要帮助男孩控制自己不要乱发脾气，我们父母可以从以下两个方面努力：

1.告诉男孩发火前长吁三口气

你要告诉男孩：“发火前长吁三口气。”事实上，很多事情都完全没有想象得那么严重。如果不学着控制自己的情绪，任着性子大发脾气，不仅解决不了问题，还会伤了和气。

2.告诫男孩学会正确地宣泄自己的情绪

青春期的孩子是脆弱的、敏感的、容易受伤的，即使是男孩，他们也会悲伤沮丧，此时，你可以告诉他，不妨哭出声来。在很多青春期的孩子看来，一个坚强的人就应该始终不能哭，哭是懦弱的，而其实并不是如此，在过度痛苦和悲伤时，哭也不失为一种排解不良情绪的有效办法。哭不仅可以释放身体内的毒素，还能释放能量，调整机体平衡。在亲人和挚友面前痛哭，是一种真实感情的爆发，大哭一场，痛苦和悲伤的情绪就减少了许多，心情就会痛快多了。流眼泪并非懦弱的表示。所以你可以告诉男孩，你该哭当哭，该笑当笑，但要把握好一个度，否则会走向反面。

总之，我们父母要明白，青春期是男孩心理波动较强的时期，在这个期间，可能儿子的心理承受能力比较差。我们要认识男孩的情绪，并帮助他们控制自己的情绪，只有这样，我们的儿子才能始终保持稳定的情绪！

虚荣心——帮助青春期男孩克服虚荣心

家长的烦恼

强强今年12岁，从小就很喜欢武术，所以父母就让他学习武术特长，但是，他也是个十分“奢侈”的孩子，他穿的衣服不是“耐克”就是“阿迪达斯”，用的也都是名牌产品。总而言之，从头到脚都是名牌。有些时候父母给他买来的不是名牌的衣服，不管多好看，他都一概不穿，还为此哭闹了很多次。

父母对他这点也十分头疼，实在不明白为什么孩子这么小就如此热衷于名牌，而强强的理由就是：“让我穿这些，我怎么出去见人啊？我的同学都穿名牌，我要是没有，人家会笑话我的。我不穿，要不我就不去上学。”

不仅如此，强强还“逼”着爸爸给他买笔记本和高档手机，原因也是“同学都有”。

其实，像强强这种现象，在青春期男孩中早已不是特例，尤其对于那些家庭环境优越的孩子，他们从小就穿名牌衣服、吃优质食品、玩高档玩具，于是，进入青春期后，便学会了互相攀比。

其实，很多时候，男孩的虚荣心，和家庭以及父母的教育有很大的关系。现在许多父母溺爱自己的儿子，认为只有一个孩子，又有经济承受能力，所以舍得买高档玩具、流行服装。有些父母不注意男孩的修养和教育，喜欢在吃穿打扮、玩具图书等方面与他人攀比，甚至给男孩大把零花钱以显示自己的富有和与众不同。他们总喜欢讲自己儿子的优点，甚至在亲朋之间也炫耀自己的儿子，亲朋为了礼貌也都讲孩子的优点，他在生活

中一直听到的都是一片赞扬声，很少有人讲孩子的缺点。家长对男孩一味“吹高”“捧高”，让男孩在一片赞扬声中长大，从不受任何挫折，这样也就慢慢形成男孩的虚荣心。

我们不能否定的是，比较是很正常的心态，每个人或多或少都有攀比心，包括成人。有时候这种心态的存在可以促使人去努力、去奋斗，从一定意义上说，攀比心是促进人前进的动力，良性的比较能使人奋发，但作为青春期男孩自身，如果不克服自己的虚荣心，很容易误入歧。

那么，作为父母，我们该怎样帮助青春期男孩克服虚荣心？

1.以身作则，为男孩树立榜样，提高自身审美情趣

青春期的男孩虽然已经有独立的意识，但很多行为观念还是受父母耳濡目染的，尤其在审美情趣上，如果父母也盲目追求名牌或者奇装异服等，男孩自然上行下效，但是，妈妈如果告诉儿子：“这件衣服虽然不贵，但穿在你身上还是很好看的！”这样，男孩就会认为，不一定衣服贵才好看。

另外，现在很多家长有炫富心理，认为现在生活条件好了，不必省吃俭用。孩子是自己的招牌，让孩子吃好、穿好，面子自然就有了，其实，这也是对孩子的思想观念的一种误导。

2.避免物质生活过于奢华

人们贪念的形成。多半都是从物质上开始的，有了点钱就想更有钱，住了房子想住别墅等，同样，很多青少年身上也有这样的缺点，总是想吃高档食物，总是要买名牌衣服，而假若你从小就注重生活的节俭，还怎么会有这样的性格缺点呢？

3.帮助男孩充实内在，淡化虚荣心

有些父母认为，男孩在青春期的主要任务就是学习，当然，这是正确的，但青春期，也是男孩人生观、价值观的形成期，作为父母，不要把全部的注意力放在提高男孩的学习成绩上。只有充实孩子的内心世界，他才不会盲目与人攀比，比如，你可以为孩子购买一些能充实孩子内心的书籍，这样，男孩就不是一个“绣花枕头”，通俗上说，男孩很爱看书，自然也就不会整天琢磨外表或其他的事情了。

总之，虚荣心人人都有，但作为青春期的男孩，如果不经父母的帮助和指点，很容易因虚荣心而误入歧途。因此，家长要引导男孩，要帮助男孩充实自己的内心，这样，你的孩子一定会健康地成长！

嫉妒心——青春期男孩容易患上“红眼病”

家长的烦恼

一年一度的学生年度表彰大会又来了，很多家长也都如约而至。陈女士就是其中一位，而且，她的儿子阳阳是这次受表彰的学生之一。陈女士感到高兴的是，儿子一直是同学和朋友中的佼佼者，这次，他那些死党中，儿子也是唯一的受表彰者。原本，陈女士担心，儿子的这些朋友会因此而不高兴，但在会上听到这段对话后，她心里的一块大石头终于落下了：

阳阳好奇地问同桌晓晓：“你不讨厌我吗？”

“我为什么要讨厌你？你是我最好的朋友啊。”

“我的意思是你应该讨厌我，每年这个时候我都不愿意参加，因为我拿奖的那一刻，我都怕会失去很多朋友。”

“你认为我牛晓晓是那样的人吗？我心胸宽广，那种小肚鸡肠的嫉妒心理我是没有的，放心吧。你拿奖，受表彰，我应该替你高兴嘛，我朋友优秀，我心里也高兴的不得了。”

听完晓晓的话，另一个男孩也开玩笑说：“真正的朋友就是有福同享有难同当，你的荣誉就是我们的荣誉嘛，那今天晚上阿姨肯定会给你做大餐，我有口福了。”大家都笑了。

在领奖台上，阳阳说：“感谢我的老师、爸爸妈妈，还有我最铁的几个朋友，我感谢他们的理解，我们要一起努力……”

晚上阳阳回来后，陈女士已经准备好了庆祝的晚饭，看着这些可爱的孩子们，她感到很欣慰。

我们每个人都生活在一定的人际范围内，都会不自觉地常常喜欢与他人作比较，但当发现自己在才能、体貌或家庭条件等方面不如别人时，就会产生一种羡慕、崇拜，奋力追赶的心情，这是上进心的表现。但有时也会产生羞愧、消沉、怨恨等不愉快的情绪，这后者就是人的嫉妒心理在作怪。

青春期是个需要朋友的年纪，青春期男孩也慢慢成为一个社会人，青春期是为友谊劳心劳力的年纪，每个男孩都有几个朋友，但似乎这些孩子间都有一个威胁友谊的最大杀手——嫉妒，因为在同龄的孩子之间，往往免不了竞争，因此，很多男孩在面对比自己优秀、比自己成功的朋友时，就会产生心理不能平衡，“和她做朋友，感觉自己像个小丑一样，简直是她的附属品”，这种心理很多孩子都有过。

作为男孩的第一任老师，父母在培养孩子健康的竞争心态上起着极为重要的作用。在培养孩子竞争意识的过程中，也应让孩子明白，竞争不应是狭隘的、自私的，竞争应具有广阔的胸怀；竞争不应是阴险和狡诈，暗中算计人，而应是齐头并进，以实力超越；竞争不排除协作，没有良好的协作精神和集体信念，单枪匹马的强者是孤独的，也是不易成功的。

心理支招

1.引导男孩发现别人的长处和不足

如果你的儿子能以这样的心态面对比自己优秀的朋友或者同学，不仅能学会用客观的眼光看自己和对方，也能弥补自己的不足，这样，就不至于为一点小事钻牛角尖，还能交到帮助自己成长的真正朋友。

2.教育男孩在竞争中要学会宽容

现实生活中，部分在竞争中失败的男孩，往往会流露出不高兴的情绪，会对对手充满敌对情绪，这点也反映出这些孩子还未能积极、正确地面对竞争，这就要求我们在培养儿子竞争意识的同时，提高孩子的竞争道德水平，教育他在竞争中要学会宽容。让他明白竞争不应该是狭隘的、自私的，竞争者应具有广阔的胸怀。

3.教孩子在竞争中合作

竞争越是激烈，合作意识就越是重要。唯有竞争没有合作只能造成孤立，带来同学关系的紧张，给自己平添许多烦恼，对生活和事业都非常不利。

比如，你可以告诉孩子："这次足球赛中，××队的确赢了，但你发现没，他们这个团队合作得非常好，实际上，你所在的团队每个队员都有各自非常好的优势，但却有个缺点，那就是你们好像都只顾自己，这是团队比赛中最忌讳的。"

总之，作为家长，培养男孩的竞争能力，就要让男孩明白只有与嫉妒告别的人，才有可能获得最后竞争的胜利，取得优秀成绩。

爱攀比——相比之下，青春期男孩容易自惭形秽

家长的烦恼

张太太的儿子小磊今年刚上初一，上了初中以后，小磊变了好多，不喜欢说话了，周末的时候，也不愿意与以前的朋友一起玩了，一有时间，就把自己锁在房间里。

"小磊很奇怪，他这是怎么了？"张太太问自己的丈夫。

"我也不知道，最近他好像突然一下子自卑起来了，有一天，他还对我说：'我和以前不一样了，小学的时候，我是尖子生，可是上了初中，班上优秀的人太多了，我成绩不如以前了，连人缘也不好，我简直一无是处了！'"小磊爸爸说完这些，长叹了一口气。

接着他说：“开学第一周的情景我还历历在目。一下子，作业远比小学时多了很多，而且做完孩子自己还要对答案，判正误，并改正，每一项家长都要签字。如此下来，晚上十点都完成不了。小磊很不习惯。看着他睡眼蒙眬的样子，真是痛苦。小磊甚至说：‘爸爸，我是不是变笨了？要是永远上小学多好，中学太难了，作业太多了，老师要把我们累死了，我不喜欢上学！’”

“是啊，孩子上初中了，学习环境变了，学习难度加大了，这种心态的出现是正常的，但我们作为家长，一定要帮助孩子及时调整好，不能耽误了孩子后面的学习呀！”

“你说得对呀……”

小磊的这种自卑心理，在很多青春期男孩身上都出现过。十几岁的他们进入中学阶段，学习和生活环境的改变，让男孩不自觉地与周围的同学进行攀比，而比较之下，他们就容易自惭形秽，变得对学习失去了兴趣，不愿意与人交往等，成绩也随着下降，家长也经常抱怨：我的孩子很自信、成绩很好，表现也很优秀，为啥现在全变样啦？其实，很简单，你的孩子需要鼓励，需要找到自己身上的优点。因此，作为父母，对于孩子这种低落的情绪，一定不要听之任之，也不能采取棍棒教育，而是要做到“言传”，帮助孩子顺利度过这个心理过渡期。

那么，家长应该怎样让男孩看到自己身上的优点，从而精神饱满地投入到青春期的学习和生活中呢？

心理支招

1.让男孩学会自己和自己比，促进孩子进步

人们通常都会将自己和他人比，于是，会产生自卑等情绪，事实上，如果我们能告诉儿子，让他和自己比，例如，让孩子今天和昨天比，这个月和上个月比，本学期和上学期比。在比较中，男孩会看到自己的进步：原来不会做的题型现在会做了，原来不会骑自行车现在也会了……这些比较可以让孩子获得自信，并在欣赏自己的过程中努力超越他人。

2.鼓励男孩，相信他能行

无论男孩做什么事，我们父母都要给予鼓励，而不是一味地给男孩施加压力，你要告诉他："爸妈相信你，你一定能做到！"

3.肯定男孩的能力

比如，孩子的学习科目一下子增加了很多，晚上做作业到很晚，有点沉不住气了，开始有点泄气，你不能严加指责孩子，而应该说："没什么难的，老师留作业多，是把你们当中学生要求了。其实这很正常，只是新环境要适应，过几天就好了。妈妈同事家的孩子，比你完成作业的时间还晚呢！你可比他快多了！"男孩听到家长的肯定，便会精神倍增，家长的肯定是男孩最大的学习动力。在家庭教育中，父母最好不要在男孩面前发表负面意见，多从正面引导。

另外，我们多寻找男孩身上的其他优点，转移孩子的注意力。尽管说，学习是学生的天职，但分数并不是最重要的。当孩子成绩不理想时，不要横加指责，而如果你的儿子没有自信，你更不要过于注重他的分数，你要试着在他身上找到其他的优点：比如他的动手能力强、孝顺父母、团结同学、热爱劳动等，并举出事例，这样，男孩即使成绩不好，也会有值得自豪的优点，也就不会丧失信心了。

爱顶嘴——叛逆期的男孩总是家长说一句他顶十句

家长的烦恼

这天，在一个心理诊所，一位母亲表示很苦恼，希望得到医生的帮助，这位母亲说，他的儿子过了这个暑假就念初三了。可不知怎么回事，从这个暑假一开始，就感到儿子好像变了一个人，平时要么不是一个人闷在房间里上网、玩游戏，要么就是对家长不理不睬。更奇怪的是，前两天

她和爱人想跟儿子好好沟通一下，谁知没说几句话，儿子就顶撞说：“我就是不知好歹，不可理喻。”还在自己的房间门上用电脑打印了几个字“请勿打扰”贴在上面，气得自己无话可说。

实际上，生活中，还有一些青春期男孩，比案例中的这个男孩更为逆反，他们基本上不和父母沟通，父母说一句，就顶十句，而且，无论怎么样，他们总觉得自己是对的。而作为过来人的父母，自然更有“发言权”，于是，很多父母便为了更正孩子的观点而极力发表自己的观点，如果双方始终坚持自己的立场，那么，便极容易产生一种对立的关系。其实，作为父母，如果能感受男孩的想法，你会发现，其实孩子的想法也有其一定的道理。

很多家长一看到孩子出现与以往不同的举动，就认为这是青春期的逆反行为，担心自己的让步就意味着孩子的越轨，然而，对孩子的每个小细节都横加指责会使较小的争吵升级为全面战争。因为，孩子最厌恶的就是父母对自己管得太多、干涉太多。

为此，在男孩有逆反苗头的时候，家长首先要反思，也许是自己正在挑起这种情绪，或者男孩对自己的什么做法有意见，然后有针对性地找办法解决。

1.把命令改为商量

在很多问题上，父母不要太过武断，也不要替男孩做决策，而应该先询问孩子的意见，“你是怎么认为的呢？你打算如何处理呢？你打算什么时候开始做呢？”这就表示了我们对男孩的尊重，在了解了他的想法后，如果有些想法不正确，那么，我们再以研究和探讨的语气与之商量：“我能理解的想法，但我们还要考虑这件事的可行性，不是吗……你认为妈妈的意见对吗？”

青春期的男孩都是聪明的，有判断力的。如果你的话有道理，他也是会采纳你的建议的。同时，交流会越来越多，亲子关系更好。

再比如，男孩想周末去朋友家玩，你可以和他商量，和更多的孩子去交往是好事，但一定要讲究原则，比如你去的地方要告知家长，你什么时候回，都有哪些人，玩多长时间。如果他要求在朋友家住，你要告诉他不行，如果晚了，爸爸妈妈可以去接你。那样爸爸妈妈不会担心。支持他，同时也告知不能破坏原则。这样男孩得到他的快乐，也不会放纵他。给男孩一个空间，让他自己去体验，去成长。家长永远是孩子的后盾，是支持者和帮助者，才不会让男孩离自己越来越远，才会让孩子幸福快乐地成长。

以商量的方式去解决问题，即使商量失败，但感情氛围会增强，有利于以后问题的沟通。家长经常的错误是，当前问题没解决，还破坏了感情气氛，阻断了感情沟通，失去今后问题解决的机会。

2.不妨让男孩吃点“苦头”

这个阶段正是男孩形成主见的关键时期，小错肯定难免，所以，家长应该允许他犯一点错、吃点亏，不要过分束缚男孩的手脚。

举个很简单的例子，如果你的儿子“要风度不要温度”，寒冬腊月坚决不穿毛衣，如果商谈没成功，不用着急，让他挨冻一次没关系，真感冒了，他会明白你的意图，至少以后会考虑你的意见。

总之，对于青春期叛逆的男孩，支持要比压制好，商量要比命令好，另外，只要孩子的想法合理，就要给以全力的支持！

自尊心强——青春期的孩子更好强、在意别人的评价

小宁已经三天没回家了，这让曹先生一家人如热锅上的蚂蚁，小宁一直是个很乖巧听话的孩子，他还是学校初三年级的学生会主席，这次怎么

突然说不见就不见了呢？

给学校打了几次电话之后，曹先生才了解到，原来前几天儿子代表学校参加了全市初中生英语演讲大赛，而因为紧张，他表现不大好，没拿到奖项，被学校的一些同学嘲笑了几句，原本儿子打算把这次的奖状当作是自己15岁的生日礼物，但没想到却是这样的结果。曹先生明白，小宁一直都很好强，但这次的失利无意对他来说是个很大的打击，更别说被同学在背地里说来说去了，怪不得儿子会“玩失踪”，后来，曹先生想到一个地方——小宁外婆去世前留在农村的老房子。果然，小宁就在那里，见到爸爸妈妈，小宁哭了，哭得很伤心。

曾有人说，越是那些好强的人，越是经受不住失败。可见，这句话是有道理的，青春期男孩也是一样，这个时间段的他们，已经有了竞争意识，已经明白成功会带来被人敬佩和夸赞的眼光，也更在意别人的评价，于是，在这些孩子之间，会形成一个你追我赶的竞争态势，对于这一点，家长要给予肯定和支持，但男孩若是太要强的话，就很容易使得这种竞争心走向歪曲，比如，他们一旦失败，就会质疑自己的能力，失去自信，回避类似的竞争，甚至一蹶不振，或者眼红别人的成功、在背后诋毁别人等，这都会耽误他们正常的学习和生活。

心理支招

1.青春期的男孩也需要家长给足面子

俗话说，“树要皮，人要脸。”青春期的男孩和成年人一样，他们也有“面子”，也需要得到众人的尊重。当他做得不好时，你马上指出来的话，有没有考虑场合，考虑他的自尊心呢？

如果你当着别人的面说：“看人家多自觉，你能不能长进点？”你会发现，男孩以后的问题会越来越多，而且越来越不听话。因为你不给男孩留面子。如果你当着老师的面、亲戚的面数落他，那情况就更糟，他要么变成可怜的懦夫，要么成为一个偏激者。因此，父母切记：不要在男孩面前说太多坏话。否则，你的“抱怨”会毁了孩子的社会形象，也毁了自己在儿子心中的形象。

2.不要总是负面地评价男孩

一般来说，如果男孩学习成绩不好或者在竞争中不断受挫时，一般会出现负面情绪，此时，我们对男孩的归因引导应有一定的引导策略，孩子输了的时候，不要出现“是因为你笨！”之类的评价，避免男孩将失败归因于自己能力差等内部因素，引导男孩在竞争中学会分析自己的能力、任务的难度、客观环境等，客观地进行归因。

3.帮男孩找到竞争的优势

我们要鼓励男孩，告诉他不必过分在意别人的评价，要相信自己。每个人都不可能是全才，有长处也有短处。能帮助男孩找到自己的优点，帮助孩子建立坚定的自信，这是我们家长首先要做的。家长要引导孩子挖掘自己的优点，不断强化，使孩子走出自卑的困扰而变得自信起来；帮助孩子发现自身优点和长处是克服害怕竞争的良方。

另外，我们要告诉男孩，即使处于劣势时，也要保持积极进取的态度，而不要采取贬低或破坏对方来获得自己的优势，也不要心生嫉妒或采取不正当的手段，更不要就此一蹶不振。

总之，我们应该教会男孩看重和享受竞争的过程，因为人生说到底就是一个过程，而不是结果。人的进步在于不断地超越自己，而不是和别人比高低。

第3章

解析青春叛逆期的行为，引导男孩的叛逆和不驯

男孩到了青春期，便不像童年那样听话了，他们的独立性大大增强，他们更渴望参与成人角色，要求独立、得到尊重，他们开始营建自己的“小天地”，不愿意依赖父母，甚至出现心理闭锁，尤其是不愿意与家长沟通，这无疑都会让身为父母的我们感到苦恼，其实，我们需要掌握一些引导他们的方法，真正走入男孩的世界，用心体会青春期的风云变化，理解他们，才能让男孩真正接纳你后、愿意与你敞开心扉了！

“我也有说话的权利。”——给孩子发表意见的机会

家长的烦恼

这天，儿子放学回家，进门就把书包丢在桌子上，然后对着在厨房做饭的妈妈嚷嚷：“妈，从明天开始，我不去学校了，你别劝我！”

妈妈是个温和的人，她不像丈夫那样火爆脾气，她知道儿子肯定是受了什么委屈。

“为什么不去呢？”

“没什么，感觉不大舒服。”

“不舒服，哪里不舒服？怎么不早点请假回来呢？”

“不想耽误学习啊，你别问了，反正我不去。”其实，妈妈是聪明的，儿子说话这么有力气，怎么会身体不舒服，一定另有隐情。

“可是，今天不舒服，明天不一定不舒服啊，要不，妈妈带你去医院吧。”妈妈在说这话的时候，故意露出一点笑容，儿子明白，妈妈看出端倪了，于是，他只好说：“妈，你儿子是不是很没用啊？”

“怎么这么说，我儿子一直是最棒的，有最棒的体格，最棒的学习接受能力，待人温和，还疼妈妈。”

听到妈妈这么说，儿子笑了，主动招出了今天遇到的事：“妈，今天老师叫我们写一篇作文，我拼错了一个字，老师就嘲笑了我一番，结果同学们都笑我，真没面子！”

此时，妈妈没有说话，只是搂着伤心的儿子。儿子沉默了几分钟，从妈妈怀中站了起来，平静地说：“谢谢你听我说这些事，我要去公园了，同学们还等着我呢。”

从这个故事中，我们看到一对母子间的和谐关系。可见，懂得和儿子沟通的父母，绝不会不给男孩说话的机会。

任何父母，都希望自己的儿子把自己当朋友，尤其是青春期男孩的父母，他们更希望儿子能向自己吐露心声，但事实上，我们看到的却是很多父母和男孩之间上演的口水战，一些男孩因为父母剥夺自己说话的权力而和父母争论。久而久之，一些男孩也不再愿意与父母沟通了。而聪明的父母都会引导男孩发表自己的意见，让孩子畅所欲言。

其实，不仅是青春期，男孩自打出生时，就有要发表意见的要求，比如用手去触摸自己喜欢的东西，不喜欢有些长辈抱自己时，就大声地哭闹，对于此时男孩的这些行为，父母一一接受了，可是随着年龄的增长，父母为什么又把这种自主权搁置了呢？压制男孩发表意见，就是压制他的主见，这对男孩的成长是极为不利的，会让青春期的男孩关上自己的心门，不愿与父母交流。

其实，孩子要求发表意见、要求自主的意识是随着年龄的增长越来越强烈的，父母要给予孩子的是尊重，给他发表意见的机会，而不能压制。

心理支招

1.不要压制男孩的想法

即使男孩的看法与大人不同，也要允许男孩可以有自己的想法。父母应考虑到他的理解能力，举出适当的事例来支持自己的观点，并详细地分析双方的意见。父母不压制男孩的思想，尊重儿子的感觉，儿子自然会敬重父母。

2.支持男孩在小事上自己拿主意

家长可以支持男孩自己管理自己，并提醒他界限何在。当男孩做选择时，他觉得自己的确享有主导权，这一点会令他开心。

3.父母保持适当的权威

许多家长也许在自己的孩童时期，所接受的教养方式是极端威权的，父母说一，他们决不敢说二，所以，他们从未享受发表自己意见的权利。于是，他们把这种教育方式传达给了自己的儿子。而如果男孩所争取的是对他自己的自主权，而不是对父母的或其他人的管理权，那么他的要求就没什么不对。父母应将大人的权力保留在适当范围内，别将它过分延伸到男孩身上。但同时，也要让男孩尊重父母的权威。

事实上，任何一个男孩，从襁褓时期对父母完全的依赖，到发展自我意识、建立自信、试验探索，终于长大成一个独立的成人，这都需要主见的培养，要想男孩有主见，父母可以遇事问他的看法和想法，不管是学校的事还是家里发生的事，报纸上登的事，或者是路上看到的事，包括爱吃什么，爱穿什么，爱玩什么都要问他的意见，这样，还能感受到被尊重，那么，他不但学会了独自思考，还能拉近亲子间的关系，让儿子对我们敞开心扉。

“回家晚是帮同学补课了。”——教育出诚实、不说谎的男孩

家长的烦恼

周五这天晚上，小宁到七点还没回家，宁先生和妻子很着急，他们给小宁最好的同学打了电话，小宁也不在那，正当他们去学校寻找儿子时，小宁气喘吁吁地回来了。

“怎么这么晚才回来，你知道爸妈多担心吗？”宁先生问儿子。

“哦，我去大军家补课了，课堂上几个知识点没搞懂，就问了问他。”小宁对爸爸说这句话的时候，都没敢看爸爸的眼睛，而宁先生也明白，儿子在撒谎，因为他们刚给大军打过电话。

但宁先生并没有点破儿子的谎言，而是说：“小宁，爸爸妈妈知道，现在的你已经是大孩子了，很多事都能自己处理，但爸爸妈妈希望我们之间能做到敞开心扉，你能把我们当成真正的朋友，有些问题即使你自己解决不了，还有我们呢。”

小宁知道爸爸话里的意思，于是，他只好承认了事实：原来，他这次考砸了，老师在放学后把他留了下来，和他好好谈了谈，就回来晚了。

现实生活中，可能不少父母都为儿子经常撒谎的行为感到苦恼：以前的儿子乖巧听话、什么都跟父母说，为什么现在学会了撒谎了呢？

的确，诚实是做人的原则，是一种正直的品格，历来受人推崇。莎士比亚有句名言："质朴比巧妙的言词更能打动我的心。"爱默生曾说："诚实的人必须对自己守信，他的最后靠山就是真诚。"任何父母，也都希望自己的儿子是个诚实的人，那么，为什么一些青春期的男孩会撒谎呢？从故事中的小宁身上，我们能看出来的是，他是为了逃避责任。

那么，我们该怎样培养诚实的男孩呢？

1.防微杜渐，让男孩认识到不诚行为的危害

我们可以告诉男孩这样一个故事：

有位美国学者，为了给自己的某个研究找素材，他来到某监狱，并采访50个罪犯，最后，他发现一件有意思的事。

有一个罪犯在坦白自己是怎么走上犯罪这条道路时这样说：

"我是从撒谎开始走向犯罪的。"

"那你为什么要撒谎呢？"

"小时候，家里面兄弟姐妹好几个，有一次分苹果吃，其中一个苹果又大又红，我们都想要那个大红苹果。我对妈妈说：'妈，大的红苹果给我吃。'妈妈瞪我一眼说：'你不懂事，你怎么带头吃大的呢？'当时我观察发现，谁越说要妈妈就越不给谁，谁不吱声或说了反话，谁就最有希望得到。这时我就撒谎说：'妈妈，我就要最小的苹果。'妈妈说：'真是个好孩子，就把大苹果给你。'说假话可以吃到大苹果！越想要就越不说，到时候，你'表现好'就可以得到。我们为了吃大苹果，所以就说假话。"

的确，一次次小的撒谎行为就可能酿成整个人生的悲剧，这些罪犯之所以会走上人生的错误之路，就是从小小的谎言开始的。

2.告诉男孩要凡事诚实，不要敷衍任何人

要做一个诚实的人，因为只有诚实才能看清自己的未来，触摸到幸福。生活中，我们要告诉男孩，无论是对待老师，还是同学甚至是家长，都要做到诚实面对，凡事做到问心无愧，你一定会成为一个正直的人。

3.帮助男孩和父母、老师、同学建立相互信任的关系

生活中，我们发现有这样一些男孩，他们会向父母谎报成绩，向同学骗钱，而长此以往，他们越来越喜欢欺骗的感觉，而周围的人也开始不愿意相信他们，最终，这最终会影响到男孩们正确的品质的养成。因此，我们若希望男孩成为他人眼中值得信任的人，就要告诉他们必须诚实面对他人，也面对自己的内心，有时候，与其承受撒谎的内心煎熬，还不如坦诚告知。

4.及时纠正男孩的不诚实行为

人都犯过错，包括撒谎。也许你的儿子曾经也为了逃避一次罪责，为了获得某件东西而撒过谎，但你一定要帮助他认识到行为的错误性，让其主动找对方道歉，当男孩敞开心扉后，他的内心必定会畅快很多。

总之，我们要让男孩明白的是，一个杰出的、具备高素质和高能力的男子汉，必须信守诺言。人在少年时一定要赶快积累知识和财富，但同样也要注重德行的修养。诚信是人生最大的美德，它像一根小小的火柴，燃亮一片心空；像一片小小的绿叶，倾倒一个季节；像一朵小小的浪花，飞溅起整个海洋。

我就是要跟你唱反调——正确处理男孩的对抗情绪

家长的烦恼

这天，学校召开了一次家长会，很多男同学的家长纷纷提出，儿子到了初中后脾气就变坏了，父母的话根本听不进去，甚至还公然和父母对抗。

“儿子上小学时很懂事乖巧，叫他做什么就做什么。自从上了初中就跟变了一个人似的，老说我唠叨，多说一句就厌烦我，摔门走开。我为他做了这么多，还不领情！”

“儿子13岁，年前还是个很听话的孩子，过完春节就不行了，学习成绩急剧下降，偷着上网吧，跟不好的孩子玩，作业也不做。我现在处处监督他，可是越管越不听，特逆反，老跟我顶嘴，和我对着干。求他也不是，骂他打他也不是。我没招了！”

案例中家长的烦恼，或许很多家长都遇到过。我们会发现，儿子到了青春期后，好像总是故意和自己作对似的，总和自己唱反调。很多父母感叹：“我让他往东，他就是往西。”“我说的话，他就没有听过。”的确，青春期的男孩，常常会产生逆反心理。

其实，作为父母，我们自身也应该反思，你理解你的儿子吗？你有真正聆听过他的想法吗？很多时候，叛逆的青春期男孩并没有太大的事情，他们只是想找个倾诉的人而已，把内心的烦躁说出来。

作为父母，我们一定要学会聆听男孩，这里说的聆听，是需要你用心去聆听，用心去感受男孩成长的变化，来合理地引导男孩。我们不要以为以前的教育方式就是很正确的，那是因为孩子还太小，处于弱势，没有拒绝的权利和抗拒的能力。而到了青春期，男孩就敢于对家长说“不”，敢于“抗旨”，而家长也开始变得困惑、生气、抱怨、伤心……

1.给彼此五分钟冷静的时间

任何教育方法的前提都需要我们父母能够控制住自己的情绪。在气头上的父母，怎么会有能力、有智慧运用良好的方法呢?

“五分钟后再继续谈。”面对男孩的事情，给自己留五分钟的冷静时间，冷静下来，你会发现其实没什么大不了。男孩走进青春期，需要父母用耳朵、用心去倾听孩子，理解孩子。

2.做出一些让步

让步可以在很多时候表明你欣赏男孩的成熟，并且意识到他对更多自由和自主的需求。

这里，我们需要明白两点：

①可以商榷的：

对于那些不影响学习、不涉及男孩的生活质量和生活习惯的，就是可以商榷的，比如，睡觉时间、发型、衣服的样式，这些可以商榷，并达到协议。

②不可以商量、妥协的：

不符合以上原则的，也就是不能商榷的，比如，男孩不做作业、抽烟喝酒等，就绝不能妥协。对此，即使他与你争吵，你也不必害怕破坏与孩子间的关系。而一味妥协让步，需要通过规定限度与制定标准来规范孩子的行为。

事实上，即使父母们的规矩不多，他们也不会得到青春期孩子的“较高评价”。父母可以通过交流与让步避免强烈的冲突，但是他们必须制定一些标准，这是让男孩学会自律的主要方式之一。

3.契约法

父母与男孩之间的冲突，都是因为在某些问题上没达成一致意见，于是，男孩还是继续挑战父母的极限，他高举着“我青春期了，我要……”

的大旗：明明规定的是8：30之前回家，但是最近男孩总是频频违规，早则9点，晚则10点多。面对这样的孩子，你会怎样做？

对此，我们可以采用契约法：

如果你是一个事必躬亲的家长，连儿子的饮食起居、学习、情感都想掌控的家长，那么，你必须做出一些改变。

其实，“契约教育法”的秘诀就在于：儿子的行为一旦约定俗成，家长就不用三令五申，照章考核孩子的行为就行了。它可以帮助男孩自我观察，建立良好行为，父母省去了许多说教，亲子之间的情绪冲突大大减少，男孩也会因此学会自主管理。

总之，青春期的男孩和我们唱反调，我们就要作出教育方法上的调整，该放手时要放手，教会他去为自己负责，该信任的时候要信任，给男孩锻炼的机会，这样才能让男孩在体验中成长。

我很孤独——引导男孩别封闭自己，轻轻叩开他的心门

家长的烦恼

严太太是一名公务员，在单位，她一直表现突出，在家庭，她也对儿子寄予厚望，希望能按照自己的想法规划他的人生。在大家眼里，儿子一直是个乖孩子，但不知从什么时候起，儿子好像变得孤僻了，再也不愿和自己包括周围的长辈们说话了。

最近一段时间，严太太还发现，儿子的书包里好像多了一本日记，难道儿子有什么秘密？不会是恋爱了吧？怀着强烈的好奇心，一个周末，严太太趁着儿子不在家，看了日记，令严太太意外的是，儿子并没有什么秘密，日记的内容只不过是学习压力的倾诉以及与好朋友相处的过程中遇到的问题。

看到这些，严太太悬着的心终于放下了，但从这件事之后，细心的儿子居然给日记上了锁，转而让严太太又产生了很多疑问。

案例中的严太太的教育方法很明显不恰当，只会引起儿子的反感。有时候，男孩写日记，只是因为他们需要找一个倾诉的对象。这是因为青春期的孩子都有孤独心理。

那么，为什么青春期的男孩总说我很孤独呢？

男孩一到青春期，随着身体上的发育，他们在心理上也产生种种变化，他们对于以前父母灌输给自己的种种思想也产生质疑，甚至不再相信成人，因此，他们既觉得孤独，又需要一个倾诉的对象。日记就是其中一种方法。

可能不少父母会感到疑问：为什么儿子宁愿写日记也不愿意向自己倾诉，其实，我们为何不反省一下自己与孩子沟通的方式呢？粗暴的干涉方法只会让男孩疏远我们。可见，我们父母，只有找到与男孩的沟通方法，才能让孩子对你敞开心扉。

心理支招

1.了解青春期孩子身心发展的特殊性

的确，处于青春期的男孩，他们身心发展迅速且不平衡，很容易出现各种问题，也包括变得孤僻，但对此，家长不必焦虑，而应该调整心态，以平常心对待，否则反而会影响亲子关系。

2.改变以往的教养方式

我们不再以对待小孩子方式对待正在向成人转化的男孩，对男孩要有尊重的意识，孩子是一个独立的个体，不能以自己的想法代替儿子的想法，所以要学会倾听男孩的心声，而不是一味地管教。这样才能化解男孩的对立情绪，愿意把心里话说出来。

3.“蹲下来看孩子”

理解孩子就要学会和男孩沟通。怎样沟通？就是“融进去，渗出来”。有一个故事说：

有一位国王的儿子生了一种怪病，认为自己是公鸡。别人与他讲话他就学鸡叫。有一个人找到国王说他能治好王子的病。他一看到王子，就钻到案子底下学鸡叫，两人一下子就能沟通了，在一起玩、吃、住。慢慢两个人感情深了。突然有一天，这个人说，我要变成人了，王子也说，我也要变成人了。

这个寓言故事很好地阐述了“蹲下来看孩子”的教育理念，也就是说，蹲下来，你才能看到和孩子眼界里一样的世界，就更容易理解孩子看到了什么，在想些什么。只有这样，才可以达到有效的沟通。

4.做男孩的朋友

这是一种亲子之间的新型关系，当男孩进入青春期后，便产生一系列独立自主的表现：他们要求和成人建立一种不同以往的朋友式的新型关系，迫切要求老师和家长尊重和理解自己，如果家长和老师还把他们作为“小孩”而加以监护、奖惩，无视他们的兴趣、爱好，他们可能以相应的方式表示抱怨，甚至产生抗拒的心理。一般地说，从这时起，男孩便开始疏远父母而更乐于和同龄人交往，寻找志趣相投、谈得拢的伙伴。他们的交往的范围也不断扩大，先在班级中而后可能发展到班外甚至校外。

因此，我们家长不要再把他们当作“小孩子”来对待，要放手让他们独立处理一些事情，尊重他们的意见，信任他们，主动和男孩商量家中的一些事情，满足他们的正当要求。这样，他们便同样以朋友的身份与你沟通了！

“你能不能不管我？”——青春期男孩该怎么管

家长的烦恼

很多年前，刘先生的妻子就出车祸去世了，他不得不一个人带着儿子。一直以来，亮亮都是个听话的孩子，但最近，刘先生却发现儿子越来越难管教。

这天，班主任老师把刘先生请到了学校，班主任说，亮亮最近学习情绪不大好，成绩下滑很厉害，而且，学习劲头很不足，希望刘先生能多关心和帮助孩子。听到班主任这么说，刘先生自己也很伤脑筋，他说："其实，我也很纳闷，亮亮最近好像变了很多，他根本就不愿意和我说话，一回家就躲进自己房间。有一次，我实在看不下去，就跑到他房间去问他在学校的学习情况，他竟然把我推出房间了。"

在刘先生的印象中，亮亮一直是个乖巧的孩子，"他小的时候很听话，学习也很努力，自己考上了这所名校，当时我觉得很骄傲。可自从上了初中，听话懂事的孩子变了，问什么都不说，还总嫌我烦。成绩也不如以前了，眼看着就要上初三，他现在这样的学习状态可怎么办？一个人带孩子很不容易，但我的工作现在压力也很大。"

听到刘先生的烦恼后，班主任答应自己亲自开导亮亮。当班主任老师问亮亮为什么变得不听话的时候，亮亮的回答让张老师吃了一惊："我都14岁了，再听父母的话，会被同学们笑话是长不大的孩子。"

现实生活中，可能不少青春期男孩都和案例中的亮亮一样变得不服管教，这让我们父母很苦恼。其实，这是青春期孩子叛逆心理的正常表现。

当男孩进入青春期时，他的身体发育加快、思维成长到一定完善程度时，开始思考自我，思考人生，也开始被身心成长过程中的很多问题所困惑，此时，他要本能地去解脱这些困惑，这是人的生存本能。尤其他从小至今始终在家人的呵护下成长的过程，使他手足无措地发现现在遇到的事情和情况很麻烦，但是又不知道如何和家长说明，这种困惑和无助，致使他在挣脱困惑时趋向企图独立，于是就什么事情都不告诉家长，讨厌家长"多余"的帮助，要有自己的人格和见解，家长说什么都不听，对家长的建议不加思考地一律做否定回答。这就是叛逆！

所以，大部分青春期的男孩都认为，自以为长大的孩子，就不应该再听父母的话了，认为这是一种不成熟和没长大的表现，对此，家长一定要加以引导，让男孩正确认识是否该听父母话。

1不必让男孩盲目听父母的话

童话大王郑渊洁说他从来没有对自己的孩子高声说过一句话，也从来没有说过“你要听话”。“因为我觉得把孩子往听话了培养那不是培养奴才吗？”因此，如果你的儿子不听话，你不妨告诉他：“爸妈并不是要你盲目地听我们所说的每一句话，什么都听父母的孩子就是庸才。”这样说，会很容易让孩子感受到父母对自己的理解。

2.鼓励男孩学会自己思考

你不妨告诉男孩这样一个故事：

一位幼儿教育专家到国外看到一个幼儿用蓝色笔画了一个“大苹果”，老师走过来说：“嗯，画得好！”，孩子高兴极了。这时中国专家问教师：“他用蓝色画苹果，你怎么不纠正？”那个教师说：“我为什么要纠正呢？也许他以后真的能培育出蓝色的苹果呢！”

其实外国教师或家长这样容忍孩子“不听话”是有道理的，它可以保护孩子的想象力，激发孩子的创造力。

同样，青春期的男孩，他们也有自己独特的思维，作为家长的我们，如果用成人的思维方式对他们粗暴地干涉，就会扼杀他们的想象力和创造力。

3.给男孩一个行为标准

这个行为标准的制定必须是在和男孩已经站在统一战线的前提条件下，也就是男孩认可父母的话有时候是正确的。

此时，你应该告诉男孩一个原则，一个标准。在这个标准下，他知道什么东西应该去执行，什么东西坚决反对，掌握好这个度就可以了。不是不管他们，而是怎样合理地管的问题。

因此，综合来看，对于青春期男孩不听话这一问题，我们一定要辩证地看，我们不需要培养那种盲目听话的“乖孩子”，因为“乖孩子”真正成为社会精英、业界尖子的不多，他们大多在一般劳动岗位上工作。当然，并不是说“不听话”的孩子就一定聪明，出尖子。男孩的“听话”应更多体现在生活规矩、行为道德上，而青春期男孩天性叛逆，有自己的想法，父母应做出正确的引导。

“我不想跟你说话！”——怎样引导让亲子间沟通畅通无阻

家长的烦恼

杨女士是某公司的老总，她能把公司管理得井井有条，但对自己的儿子，她却用“无能为力”来形容，尤其是儿子到了青春期后，更变得叛逆起来，不管她说什么，儿子总会与她对着干。在无奈的情况下，她才找到了心理咨询师，心理咨询师试着与这个孩子沟通，但出乎她的意料，这个孩子很合作。

“为什么总是与妈妈做对？”

他直言不讳地说：“因为妈妈总是像教训、指挥员工一样来对待我，我都感觉自己不是他儿子，所以我总是生活在妈妈的阴影里。”

心理咨询师把这个男孩的原话告诉了他的妈妈，然后把他们母子请到了一起，杨女士十分激动而又真诚地对儿子说：“儿子，你和我的员工当然是不同的，妈妈希望你更出色！”

听完这句话后，心理咨询师立即给予纠正：“您应该说‘儿子，你真棒，在妈妈心里你是最优秀的，我相信你会更出色’。”

杨女士不明白为什么要纠正，心理咨询师说：“别看这是大同小异的两段话，其实有着很大的不同，前者是居高临下的指挥，后者是朋友式的赞美和鼓励，我觉得您在教育孩子上，不妨换一种方式，多一些引导，和孩子做朋友，而不是教训孩子！”

杨女士听完，若有所思地点点头。

其实，杨女士的教育方式，在中国很典型，对于男孩，他们多以教训和指挥的口气来教育。在男孩还很小的时候，也就习惯了父母的教训，但到了叛逆的青春期后，他们开始反击，除了与父母对抗这一表现外，他们还喜欢用沉默来面对父母，于是，很多父母纳闷，为什么儿子不愿意与自己说话呢？

其实，这是我们的教育方式出了问题。对于青春期的男孩，我们要做的是引导，而绝不是教训。

因此，我们要在内心里把自己和男孩放在平等的地位，把他看成是我们家庭中很重要的一个成员来对待，遇到问题也要和男孩多商量商量，对孩子多加引导。要尊重孩子，尊重他的人格，尊重他的意见。不可动辄训斥有加，那样只会使他离你越来越远。

心理支招

1.转变思维，摒弃传统的家长观念

我们要想使自己与儿子的关系更加亲密，让儿子乐意与自己“合作”，首先要做的就是转变思维，即打破那种传统的家长观念，不是去挑男孩的毛病，而是不断使自己的思维重心向这几个方面转移：儿子虽然小，但已经也是个大人了，他需要尊重；我的孩子是最棒的，他具备很多优点；允许男孩犯错误，并帮助他去改正错误……

2.放下长辈的架子，与男孩平等沟通

有些父母为了维护在男孩心中的地位，而刻意与儿子保持距离，从而使男孩时刻都感觉到家庭气氛很紧张。亲子之间存在距离，沟通就很难进行，在没有沟通的家庭里，这种紧张的气氛往往就会衍化成亲子之间的危机。

因此，我们不能太看重自己作为长辈的角色。因为长辈意味着权威和经验，意味着要让别人听自己的。但事实上，在急速变化的多元文化中，这种经验是靠不住的。不把自己当长辈，而是跟男孩一起探索、学习、互通有无，这种做法会让你在与男孩的沟通上变得更加自由和开明了。

3.开通沟通渠道，让男孩“有话能说”，自己“有话会说”

家长与男孩交流时，要坚持一个双向原则，让孩子有话能说。比如，在交流的时候，无论男孩的观点是否正确，你都应该给予赞赏，然后可以批评指正，这样可以鼓励他更大胆、更深入地交流。同时，作为家长，更要有话会说，同样的道理，采用命令的口吻和用道理演示达到的效果是不一样的，很明显，后者的效果会更好。如果能用通俗易懂的话说明一个深刻的道理，用简明扼要的话揭示一个复杂的现象，用热情洋溢的话激发一种向上的精神，男孩自然会潜移默化，受到感染，明白父母的苦心。

总之，我们要想让男孩打开心扉与我们父母沟通，就要做到真正与男孩平等沟通。你对男孩的理解和尊重，必然有利于问题的真正解决，有利于两代人的沟通！

你们做的对吗——如何应对男孩的质疑和批判

家长的烦恼

阿进生活在一个幸福美满的家庭，家里的经济条件优越。父母的文化程度虽然不高，但一直都努力工作，想把最好的都给儿子。以前，阿进一直是个听话的孩子，但升学后，叛逆期的他似乎什么都爱自己拿主意，爸妈说什么，也不爱听了。

这天早上出门前，妈妈顺口嘱咐了一句："在学校听老师的话。"

"你们就希望我听话，真是的，为什么要听话，难道你们说的就对吗？"阿进反驳道。

"你这孩子，怎么这么说话？"

"难道不是吗？你们就喜欢和老师串通，老师在你们面前说我在学校的坏话，你们也向老师传达我在家里的事，你们别以为我不知道，你们有

考虑过我的感受吗？我是个大人了。”

听完儿子这么说，妈妈无言以对。

生活中，可能也有父母遇到过这样的情况：儿子直接质疑并批判我们的做法，我们该怎么回答？

对于每个家庭来说，孩子的青春期同时也是危险期，需要父母的关爱和引导，但很多父母很少静下心来听孩子的想法，而是一味地命令孩子：“你不听也得听。”男孩的想法被压制住了，也就变得更叛逆了。很多父母感叹：儿子批判自己的教育方法该怎么办？

其实，我们父母是否想过自己的教育方法真的正确吗？男孩批判你，证明你的方法没有对他起到作用。

每个父母都希望自己的儿子听话、乖巧，但他并不是父母的私有财产，如果希望男孩样样服从自己的安排，结果将会适得其反。家长在言行上的矛盾教育常让男孩无所适从。我们在学习家庭教育理论知识的同时，还要善于反思、总结，不断提高自己的素养、转变自己的旧观念，把理论灵活地运用到实践中去，才能有好的效果。

心理支招

1.不要把你的观点强加给男孩

你越是将自己的观点和价值观强加于男孩，并自以为男孩会与你分享，他拒绝接受它们的可能性就越大，即便年纪较小的男孩也是如此。

因此，我们要想办法弄清儿子的想法。比如，你可以这样说：“我喜欢这个想法，但重要的是你如何看待。”而不是说：“太棒了，你不这样认为吗？”或者可以说：“你怎么看待那个电视节目？”而不是说：“那个电视节目简直就是胡说八道。”

2.别独裁，让男孩学会自己拿主意

父母总把男孩放在自己的掌心，而他却渴望一片自己的天空。这种“独裁”只会把你的儿子从你身边拉走。中国的家长们太喜欢包办代替，操心受累之余还总爱不无委屈地说一句：“我什么都替他想到了，能做的我都做了，我容易吗？”可是对于这一“替”，你的儿子不但不领情，反而加剧了他们的逆反心理，尤其是进入了青春期的男孩，他们更愿意固守自己的意志而拒绝家长的好心安排。

其实，让父母的良苦用心可想而知，但却让男孩感到不受尊重。

大多数时候父母都会认为，孩子还小，很多事情他们不懂，我们选择的对他们才更有好处。殊不知，男孩以及进入青春期了，他们也有着鲜活的思想和情感，有自己的兴趣。只有从兴趣出发，男孩才能自主地学习，才能学得又快又好，才能享受到学习的乐趣。

3.沟通时考虑男孩的感受，尽量避免与男孩产生冲突。

既然是沟通，肯定会容易产生意见分歧的时候，尤其是与青春期男孩交流，他们的情绪容易冲动，稍有不慎，便会导致男孩产生逆反心理，引发抵触情绪并有碍沟通交流。所以，与男孩沟通，一定要注意考虑到他的感受，尽量避免冲突，如果产生了冲突，也要让自己冷静下来，立即采取适当方式主动停止争辩，待双方冷静后，再来开导男孩效果会好得多。

总体来说，教育青春期的男孩，我们一定要了解他们叛逆的心理，也要及时反省自己的教育方法，真正尊重男孩，做孩子的知心朋友，为其提供所需要的成长环境，使其获得更多的力量与信心，才能与男孩一起成长！

第4章

掌握青春叛逆期的教育要点，选用恰当方法不和男孩较劲

男孩进入青春期后，都会变得叛逆起来，他们开始意识到自己不再是孩子了，他们开始有意地反抗父母，不但不希望成年人干涉自己，还喜欢与成年人尤其是自己的父母较劲，作为父母，我们一定要理解青春期男孩的逆反心理，千万不要与青春期的男孩较劲，而应加以引导，只要我们方法得力，恰当处理，就可以兴利抑弊，使其从消极转化为积极，帮助男孩度过暴风雨般的青春期。

“我已经不是小孩子了。”——转变教育男孩的思路

家长的烦恼

场景一：

周一的早上，小林穿着一套运动装准备出门，谁知，他被妈妈叫住：“怎么穿这套，去，把前几天我给你新买的衣服换上。”

“我不想穿，这套舒服。”

“我让你穿什么，你就穿什么。啰唆什么，快去！”

场景二：

赵宇刚上初中一年级，学校要举行全校性的纠正错别字竞赛，赵宇告诉妈妈：“老师想让我参加纠正错别字竞赛。”

“这是件很好的事，你去报名了吗？”

“还没有。”

“为什么？是不是没有想好？”妈妈问。

“竞赛时台下会有很多人看，我有点害怕。”赵宇很激动，毕竟这是他第一次参加这种集体性的竞赛活动。

“要是参加竞赛的话，也可以锻炼锻炼自己，不过这件事你还是自己决定，我只是告诉你我的想法。”妈妈鼓励道。

后来，赵宇自己决定参加这次全校范围内的纠正错别字竞赛。

以上两个案例中，哪个母亲的做法是正确的？很明显是后者。事实上，男孩到了青春后，已经有了自己独立的意识，我们可以让他们自己选择，案例二中的赵宇的妈妈是位家庭教育的有心人，她也是明智的。

事实上，每个青春期男孩的父母，都应该改变教育思路，不要再把男孩当成儿童了，青春期的男孩都有了独立的意识，他们不再是偎依在我们父母身边的小孩子了，我们应该给他们足够的空间和选择的权力。

1.学会放手

生活中，我们每个人都需要自由，男孩也一样，对男孩大包大揽，要么会导致你的儿子越来越娇气，使其最终将成为永远长不大的男孩，要么会激化男孩的叛逆情绪。

其实，每个男孩的成长过程就像走台阶，随着时间的推移，他们走过的台阶就越多，是搀扶着上，还是抱着上？不同的父母会有不同的答案。显而易见，如果家长牵着、搀扶着孩子，就会使男孩产生依赖性，常常把父母当成拐棍而难以自立。如果家长抱着儿子上台阶，把儿子揽在襁褓里，那么，孩子就会成为被“抱大的一代”，不经风雨，不见世面，更难立足于社会。平时，孩子饭来张口，衣来伸手，上学接送，晚上陪读，甚至考上大学父母还要跟着做“保姆”。男孩大学毕业后找工作，又得父母跑单位，这样的男孩是很难自立成人大有作为的。

而相反，家长让男孩自己去登这人生的台阶，告诉他：加油，要勇敢地向前冲！即使他摔了很多次，但他在摔跤的过程中，积累了不摔跤的经验教训，也锻炼了他的意志，这对于他的成长是受益无穷的。

为此，我们父母一定要对男孩放手，鼓励他独立完成力所能及的任务。让他学会自己照顾自己，当他遇到困难时，不要一味包办，要让男孩自己想办法去解决。当然，开始时父母要予以必要的指导，使孩子慢慢学会自己处理各种事，而不能一下子不管，让男孩手足无措，更加胆小。

2.把他当做成人一样尊重

“男孩是小人，小人也是人。”做父母的应尊重男孩，把他当作家庭中平等的一员来对待，要尊重他在家庭中的地位，任何涉及儿子的事情，应尊重或听取儿子的意见。要尊重他的见解，甚至当你不同意时，也要以商量的口吻表示对孩子的尊重。如对话时，不要中断或反驳他；不要干涉他自己喜欢的方式等。

再者，我们还要像故事中的赵宇妈妈一样，要让男孩学会自己做抉择。作为成年人，父母幸运地拥有大量选择机会，可以更好地控制自己的生活。而男孩，作为未成年人，也应该拥有选择的机会。如果你的儿子了解自己的偏好，对自己的偏好充满信心，足以顶住外部的压力，并且能够全面考虑他做出的选择可能给自己及他人带来的后果，他就会做出更加正确的决定。与他一起生活和学习的成年人应该尽可能帮助他培养这些思考和反思的技能。

总之，教育青春期的男孩，我们必须改变教育思路，走出教育的误区，不要把男孩当成我们的附属品，而要把他们当作成人一样，尊重他们，给他们足够的空间，与他们平等对话，只有这样，才能抚平他们的叛逆情绪，使其愿意与我们做朋友。

每次都会吵起来——当亲子间发生矛盾后如何灭火

场景一：

上初三的儿子染起了黄头发。

父亲：“谁允许你染头发的？你照照镜子，活脱脱一个小流氓，明天不染回来就不许进家门！”

儿子：“我就是喜欢，为什么要听你们的？”

父亲：“我是你爸，我就要管你。不管成什么样子了。”

儿子：“有什么了不起，你就会对我发脾气……”

一场父子之间的战争开始了。

场景二：

妈妈：“儿子，妈妈想跟你谈谈可以吗？”

儿子：“什么事？”

妈妈：“妈妈知道你最近交了几个朋友，他们对你也很好，但是他们毕竟是社会青年，不像你那么单纯，妈妈不阻止你跟他们来往，但妈妈希望你能多留点心，保护好自己。”

儿子：“嗯，谢谢妈妈提醒，我明白，我会跟他们保持距离。”

以上两个案例中的场景，相信不少家长都遇到过。很明显，案例二中的母亲的做法才是正确的。青春期的男孩大多是叛逆的，如果我们不注意与他们沟通的方式，那么，很容易造成亲子间的沟通障碍，甚至产生矛盾。

不少父母发现，当男孩到了青春期后，好像总是故意和自己作对似的，总和自己唱反调。很多父母感叹：“我让他往东，他就是往西。”“我说的话，他就没有听过。”的确，青春期正是叛逆期，与叛逆期的儿子沟通是很多父母头疼的问题。

逆反心理是指人们彼此之间为了维护自尊，而对对方的要求采取相反的态度和言行的一种心理状态。

那么，青春期的男孩为什么会如此逆反呢？

青少年之所以产生叛逆心理，第一是与青春期男孩的身心发展有关系。这个阶段，男孩的心理随着这个年龄段自身的变化而变化，第二性征的出现给他们的心态造成了冲击，他们面对自身的变化常常感到不知所措，从而产生了浮躁心态和对抗情绪；

第二，青少年心理状态呈现青春期心理的特殊性，他们觉得这个时候的他们已经像个成年人，因此在面对问题时他们常常呈现一种幼稚的独立性，并未成熟的他们会处在反抗期内。

第三，由于自我意识和好奇心的增强，加之社会、媒体的冲击，促使青少年对许多东西产生兴趣，他们便要通过表现个性、追逐潮流来满足自

我意识和好奇心；

另外，社会和家庭的传统教育的一些弊端，阻碍了他们自身发展的需求，成了叛逆心理产生的源头；此外，青少年如今面临的各种压力，比如集体压力、学习压力以及生活中的无聊情绪等，也是叛逆心理产生的“沃土”。

青春期男孩叛逆心理的出现打乱了正常的家庭秩序，也给自己制造了成长中的烦忧，有些男孩甚至在青春期一味地反抗家长而走向了违法犯罪的道路，因此，在这个过程中，家长的疏导就显得尤为重要。

然而，生活中，一些父母一看到自己的儿子与以往的举动不同，就担心男孩会做错事、走错路，便对男孩对横加指责，青春期的男孩本身就有逆反情绪，于是，生活中的一些小细节便升级成亲子间的全面战争，事实上，青春期的男孩最厌恶的就是父母对自己管得太多、干涉太多。

那么，当亲子间产生意见分歧、有矛盾的时候，我们父母该怎么灭火呢？

心理支招

1.先从自身找问题

亲子间产生矛盾的时候，我们家长首先要反思，是孩子还是自己先挑起战争的呢？是不是自己本身就对儿子有意见？

很多时候，矛盾只是来源于生活中的一些小细节。如儿子换了一种新潮的发型，你完全可以把这种现象当作普通的爱美之心。

如果男孩事事和你作对，拒绝接受你的任何意见，就需要第三方的介入，让男孩信任的长辈与他好好沟通；或者寻求心理医生的帮助，进行家庭干预或家庭治疗。

当我们与儿子间的矛盾比较激烈时，学会心平气和地去开导他们，也可以适当地请教心理专家，用理解的心态逐步解决问题。

2.对“合理的一面”进行妥协

在亲子间产生矛盾的时候，我们父母不要一味地强调自己正确，事实上，有时候，男孩的想法也并不是不正确，只是角度不同，观点就不同。对此，为了防止矛盾升级，我们可以和男孩进行妥协，比如，对于晚归这

个问题，你可以和儿子约法三章：晚上十点之前必须回家；最好结伴回家；晚归要给父母打电话等。父母与男孩各退一步，能有效缓解沟通中的矛盾。

总之，青春期是男孩人生的关键期，需要家长多些关心，对于亲子沟通中产生的矛盾，需要我们家长保持平静心态，找到解决的方法，更多帮助孩子解决实际问题。

能不能不要数落我——改变教育男孩的方式

家长的烦恼

似乎上了初中以后，大卫变得越来越不听话了，经常在学校惹事，他的爸爸也经常被老师请去，这不，大卫又在学校打架了。回家后，爸爸并没有训斥孩子，而是心平气和地把孩子叫到身边。

“我知道，老师肯定又把你请去了，我今天是少不了一顿打。”儿子先开了口。

“不，我不会打你，你都这么大了，再说，我为什么要打你呢？”爸爸反问道。

“我在学校打架，给你丢脸了呀。”

“我相信你不是无缘无故打架的，对方肯定也有做的不对的地方，是吗？”

“是的，我很生气。”

“那你能告诉爸爸为什么和人打起来吗？”

“他们都知道你和妈妈离婚了，然后就在背地里取笑我，今天，正好被我撞上了，我就让他们道歉，可是，他们反倒说的更厉害了，我一气之下就和他们打了起来。”儿子解释道。

“都是爸爸的错，爸爸错怪你了，以后别的同学那些闲言闲语你不要听，努力学习，学习成绩好了，就没人敢轻视你了，知道吗？”

“我知道了，爸爸，谢谢你的理解。”

案例中，大卫的爸爸是个懂得和青春期的儿子沟通的好爸爸。儿子犯了错，他并没有选择粗暴的责问、无情的惩罚，而是选择了倾听。倾听之中，表达了对儿子的理解，让儿子感受到了爱、宽容、耐心和激励。试想，如果他在被老师请去学校以后就大发雷霆，不问青红皂白地将孩子打骂一顿，结果会是怎样呢？结果可能是父子之间的距离越来越远，男孩的叛逆行为也可能越来越明显。

但现实生活中，这样的家长又有多少呢？随着现代社会生活步伐的提速、竞争压力的加大，作为家长，为了能给男孩一个优越的生活环境，常常由于工作忙碌，而忽视了与男孩多沟通，陪孩子一起成长。当青春期的男孩稍微出现一些“异常”行为，他们就会采取训斥、打骂的方式，希望儿子能好好接受自己的管教，而情况常常是事与愿违。事实上，青春期的男孩是叛逆的，教育他们，不能再像从前那样，采取棍棒式的教育方式，而应平等地与他们沟通，男孩如果缺少父母的理解，那么，亲子关系就会越发紧张，甚至对孩子的成长还会产生不利影响。

那么，具体来说，我们该如何改变棍棒式的教育男孩的方式呢？

1.凡事只说一次。

生活中，一些男孩说：“每次，我都想跟爸妈谈谈心，可是他们太啰唆了，只要我做错点什么，他们就不断地数落我，其实，我已经知道错了，但他们的口吻真让我受不了。”很多父母没有意识到的是，你的儿子已经是个大孩子了，他们已经有了独立的自我意识，也学会了如何审视自己的行为，凡事只说一次就好，这也是尊重男孩的表现，只有让男孩子体会到家长对自己的尊重，他才能更加信任家长，达到和家长以心换心、以长为友的程度。

2.来软的，避免正面冲突。

对于自我意识逐渐增强的青春期男孩来说，他们有很强的自尊心。教育他们，一定要讲方法，如果他们一旦犯错，就采取谩骂、呵斥的方式，那么，不但不能让孩子接受并改正错误，还会让家庭生活带来很多困扰。

可能你的儿子做的不对，但作为家长，不要急于批评他们，应该在倾听之后，对他表达你的理解，在男孩接纳你、信任你之后，你再以柔和坚定的态度和男孩商讨解决之道，从而激励他反省自己，帮助他从错误中学习成长。

3.把焦点放在“解决”上。

作为大人，很多时候，会认为孩子的想法是不对的，甚至是不符合常规的，抱着这样的心态，我们很容易以先入为主的心态教育男孩，实际上，我们必须要明白一点，出现了问题，最重要的是解决而不是批评他，我们应该做的是，等男孩把话说话，再提出解决的办法，这才会让孩子感受到尊重。

总之，教育青春期的男孩，就一定要考虑到他们的叛逆心理，不可与之对着干，而要重在引导，让男孩感受到尊重，才能真正听进去我们父母的话。

我就是不想跟爸妈沟通——当男孩和你的关系开始疏远怎么办

家长的烦恼

磊磊与阿明是很好的朋友，从小一起长大，又进了同一所初中，但磊磊与阿明的性格不大一样，磊磊性格内向，不怎么喜欢交际，但什么都跟阿明说。上了初中以后，磊磊与阿明走得更近了。

最近一段时间，磊磊妈发现儿子变得很奇怪，除了吃饭时间，他几乎不出自己的房间门。不仅如此，他对妈妈的态度十分冷淡，有时候，妈妈跟他说上半天话，他才会勉强答一句。

周末，阿明来找磊磊玩，趁着儿子下楼买水果的空子，磊磊妈妈悄悄问阿明："阿明，磊磊这几天这是怎么了，对我好像有很大意见呀。你们是好朋友，他一定告诉你了。"

"阿姨，磊磊是告诉我了，可是我不知道该不该告诉你？"阿明有点难为情地说。

"只有你告诉我了，我才知道问题出在哪里，才能使磊磊摆脱烦恼呀，你愿意帮助你的好朋友吗？"

"是这样的，阿姨，我们已经都长大了，也有自己的隐私了，也懂得自理了，尤其是内衣和袜子，他希望自己可以洗，他曾暗示过你好多次，但你好像都没有明白他的意思。"

磊磊妈妈这才恍然大悟，怪不得上次还发现儿子把内衣放在被子里，原来是要自己洗。这下，她知道如何缓和与儿子之间的矛盾了。

这种情况可能很多家长都遇到过，聪明的家长，当自己和儿子无法沟通时，会懂得从儿子身边的人"下手"，找到和儿子之间的症结所在，事例中的磊磊妈妈就是个聪明的家长，当她发现儿子有心事而拒绝与自己沟通时，她选择了向儿子的好朋友阿明求助，这不失为一个沟通的良方。

可能很多家长都发现了，男孩进入青春期以后，似乎一夜之间变了，变得好像与父母相隔千里，过去无话不讲的孩子突然不说话了，避免交谈，下学后回到家，就一头扎在自己的屋子里，甚至宁愿把那些心事告诉陌生的网友，也不愿意与父母交流，对此，很多父母不解，更多的是不知所措。

男孩出现这些情况是有原因的，包括生理上的和心理上的。进入青春期后，他们再也不是天真无邪的儿童了，他们有了成长的烦恼；同时，来自学习的压力、家长的期望，这些都会对这个并不成熟的孩子产生压力，于是，他们需要发泄，需要向他人倾诉。但是他们不好意思向家长诉说这

些事情，而且，就算他们愿意向家长诉说，大部分家长也都不能以正确的态度对待男孩的这些问题。听到男孩这些“心事”，他们要么会训斥男孩“不务正业”，要么会嘲笑男孩，总之会使男孩很尴尬。所以，这些男孩宁愿把“心事”讲给陌生人听，也不愿意告诉家长。

那么，面对男孩不愿意与父母沟通的情况，我们该怎么办呢？

1.与男孩的好朋友保持沟通

国外心理学家通过一项对2万多名青春期孩子的研究也发现：孩子在12岁以前很愿意与父母交谈他们的想法，但之后却有明显的变化，尽管父母对孩子的态度一如既往，但孩子有了问题和想法，他们更多地会与朋友交谈。因此，与孩子的好朋友保持沟通，是一个家长可以掌握青春期孩子心理变化的巧妙方法。

人以群分，同龄的孩子之间往往有更多的语言，他们面临的是同样的学习环境，成长中共同的烦恼，因而他们都愿意与朋友或者同学倾诉自己的心事，因为他们会得到理解。因而，青春期的男孩一般都会很注重友谊，不愿意把朋友托付给自己的秘密透露给他人，可见，父母要想和孩子的朋友沟通、了解孩子的内心，是需要下一番“功夫”的。

2.与男孩的老师保持联系

男孩在学校的学习情况和生活如何，老师都看在眼里，我们父母都要参加工作，不可能随时随地掌握男孩的“行踪”，因此，我们有必要经常与老师保持联系。不过，与老师联系，并不是要家长去监视孩子，这是不尊重男孩的表现。对此，父母最好不要让男孩知道，因为男孩并不能理解父母的良苦用心，甚至会激怒他，亲子之间的关系会更恶化，此时，你的好心可能就办了坏事。

男孩自理能力差——放弃包办与“帮助”

家长的烦恼

有一天，吴太太在单位遇到一个同事，那同事一看见吴太太，就开始诉苦：“昨天晚上因和同事有约，所以回家晚了一些。回到家后，看到家里乱七八糟的一切，看看儿子做的饭和杂乱的厨房，我是又气又恨又心疼。真是不容易啊，结婚后，我哪天休息过啊？家里家外所有的家务全是自己一个人料理。买菜、做饭、洗衣服、收拾房子，孩子的学习等，全部都是我的任务。我怎么这么累啊？”这位女同事抱怨完，终于松了口气。吴太太刚想劝她，结果又开始抱怨起来了：

“不过我还是很疼爱我的儿子的，儿子从小和我在一起，是我自己一手带大，母亲对子女的那种疼爱让我不仅对他宠爱有加，而且几乎没舍得让他做过任何家务。慢慢的，连儿子都认为妈妈就是在家里伺候他和爸爸的，于是能干的事情也不愿意去干，总是妈妈长妈妈短的叫个不停，而我也因为看不上儿子做的一些事情彻底剥夺了他想自己动手的念头，结果儿子的依赖心越来越重了！”

“你有没有想过，你的儿子也该自理了，孩子也上初一了吧，如果孩子能自理，你的任务也就轻了很多，也不会那么累了。”

“是啊，也应该让他锻炼一下自己的自理能力了，我不能一辈子这样照顾他呀。”

不得不说，现在的男孩大多都是独生子，他们生活在优越的环境里，备受长辈的呵护和关爱，他们在家里的一切都由父母包办代替，是家中的小太阳。一切生活琐事都无需自己动手，潜移默化地就养成了他们依赖别

人的习惯。缺乏独立生活和艰苦生活的磨炼。而青春期的男孩，更面临着紧张的学习，更多的时间放在了学习上，自我锻炼的机会就更少了，而这个阶段也是各种能力形成的重要阶段。如果忽视对男孩生活自理能力的培养，那么不久的将来，他必将成为“饭来张口，衣来伸手”的人，怎么能接受社会的洗礼呢？

所以，家长一定要有意识地培养男孩的自理能力，那么，家长应该如何做呢？

心理支招

1.自己的衣服自己洗

男孩进入青春期，已经到了十二三岁，已经具备了一些动手能力。比如，他们完全可以自己洗衣服了。而如果你的儿子比较懒惰，不愿意自己洗衣服，那么，我们不能粗暴地批评，而要进行耐心的说服教育，帮助他逐渐学会洗自己的衣服，并鼓励他向自理能力强的同学和朋友学习，早日提高自理能力。

当然，除此之外，我们还可以引导男孩自己的被子自己叠、自己收拾书包和房间等。

2.把家务进行合理分工

青春期的男孩也是家庭的一分子了，他们可以帮助父母做一些家务，比如，当他们放学回家后，爸妈还没下班的情况下，可以让他们先煮好饭；周末，他们也可以抽出半天时间帮爸妈进行大扫除……这虽然都是一些小事，但却能锻炼男孩的自理能力。

如果男孩不愿意做家务，我们可以把家务进行分工，比如父亲负责清扫房间，妈妈负责做饭，儿子负责喂养宠物或洗碗等。这样，男孩会逐渐认识到自己的职责，也就逐渐能养成自理的习惯。

另外，男孩在刚开始进行自理的时候，家长还应该注意以下几个方面：

①考虑男孩的实际情况，不要超出男孩的能力范围，以免孩子因挫折而产生抗拒和畏惧。

②先要对男孩进行引导，与男孩一起培养自理能力，面对男孩越帮越

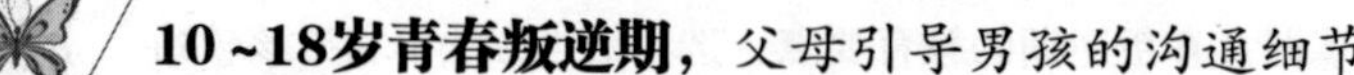

忙，把现场搞得一塌糊涂、乱七八糟时，要耐住性子，教男孩改正及正确示范方法。

③“多容忍、少责备”，在指导男孩的时候，口气要温和，不宜破口大骂，有耐心、有步骤地教导男孩学习。

④在让男孩学会自理的过程中，父母要一起参加，不要让儿子产生“男孩子不需要自理”的错误观念，应让他有正确认识到“家”是属于每个人的，所以家里的每一件事，大家都有义务去做。

⑤安全问题也是不容忽视的，不要让男孩接触一些危险物品。

总之，我们父母要明白的是，男孩进入青春期后，已经具备了自理的能力，家长应该也要适当放开你包办的手了，给他们一个锻炼自己，提高能力的机会吧！

亲子沟通怎么这么难——一定要和男孩认真谈一谈

家长的烦恼

陈先生几年前和妻子离婚后，他独自带着孩子。一次，他在自己的一篇日记中写道和儿子沟通的过程：

今天我又和儿子谈了很多，自从儿子青春期后，我深感到和孩子沟通的困难，他似乎总是对我存在偏见。但经过这些天的沟通，他似乎理解我了，我也更深刻地明白了，和孩子沟通真的需要寻找最好的时机。以前，我去和儿子聊天，儿子总是一副不耐烦的样子，我还感叹和他的沟通怎么这么难。这会儿才明白，原来是我选的时机不对。就像这一次，一开始，我是在客厅和他谈的，他正在看电视，就不可能太注意我的谈话 ，能搭几句就不错了。等到我们一起包饺子的时候，很安静，也没有别的事打扰，儿子就和我聊了很多，这是以前无法相比的。

而儿子的有些事也是我从来不知道的，包括以前老师对他做的一些事。还有，他告诉我，他要是考不上很好的大学，就出去找点活干，这是他从来没告诉我的，也是他对自己的将来做的打算。我就非常认真地告诉他，我会完全支持他做的决定，不过，现代社会，只有知识才是永恒的竞争力，书是要读的，他好像听懂了，连连点头。

和儿子聊了很多很多，我对儿子有了更深的了解。我也更有信心，儿子是非常优秀的，在许多事上虽然想的不全面，却有自己的见解。我知道，只要我坚持和孩子沟通，我和儿子之间的关系会越来越好，孩子的身心也会健康成长。

现代家庭，代际沟通似乎越来越困难，很多父母感叹：“现在的男孩真是很不像话，小学还好，尤其是进入青春期后，自己的主意一下子多了起来，好好地同他讲道理，他却不以为然，道理比你还多，有时还把我们父母的话看成是没有意义的唠叨，总之一个字——烦！他嫌我们烦，我们因他的烦而烦，一天话也说不上几句了。”

问题在哪里？是男孩的问题，还是父母的问题，还是沟通方法的问题？也许男孩不是一点问题没有，但更多的问题可能出在父母身上。作为父母，你反思过没，你是否曾愿意与儿子倾心长谈一次呢？在儿子小的时候，你一般会用故事、音乐、聊天来哄儿子入睡，等他长大了，你是否还愿意抽出时间与孩子交流呢？如果在孩子入睡前我们能一起坐下来清理一天的“垃圾”，不让忧愁过夜，这是不是一种积极的生活态度呢？有一位教育家说过：“父母教育孩子的最基本的形式，就是与孩子谈话。我深信世界上好的教育，是在和父母的谈话中不知不觉地获得的。”如何做有效的沟通，是我们需要学习与探讨的。

心理支招

1.找对谈话的时机

选择好的时机进行谈话是非常重要的，否则谈话达不到预期的目的。一般情况下，解决问题，最好越快越好，如果事情拖延下去，否则问题就会沉淀。

另外，从时间上来说，如果你需要和儿子交流一个严肃的话题，不要选择孩子放学回家刚放下书包的那段时间，因为一天下来的疲劳使人难以集中注意力，也不容易控制自己的情绪。生理规律告诉我们，下午5~7点是生理活动最低点，迫切需要补充营养，恢复体力。而晚饭过后，心情逐渐开朗，这是与儿子分享家庭幸福，进行沟通的比较好的时机。

从心理需求上来说，在男孩心理上最需要帮助和鼓励的时候是恰当的时机，如果在此时和他沟通效果会好得多。

另外，如果你需要和孩子静心交流、和孩子谈心的话，则应该选择一个平和安静、风景美丽的地方，因为这样的地方，可以让彼此心平气和，情绪稳定，心情舒畅，易于接受对方的意见。比如利用周末或假期，带孩子到公园或风景游览区，一边游玩，一边说说悄悄话，这样的沟通和交流一定会起到很好的效果。

2.每次只谈一个话题

有些父母认为，和孩子说话，机会难得，一定要多沟通。青春期的男孩虽然已经有了自我意识，但他们依然未成年，在同一时间内未必能接受父母的很多观点。另外，与男孩谈的太多，也容易引起他们的反感。

总之，我们和儿子沟通，一定要选择恰当的谈话时机，这有助于给沟通创造一个良好的谈话氛围，心平气和地解决教育问题，同时，父母还应记住，与男孩沟通，一次只能谈一个话题！

我总是不如别人家的孩子——聪明妈妈，不要拿他与别人做比较

这天，在某小区门口，14岁的强强和小飞打起了架，路人叫来了他们

的父母。问到原因，强强说：“我妈总是说王飞好，每次考试完，她都说，你怎么不学学人家王飞，人家能拿第一，你怎么就不行？要是我做错了什么，她就说，你怎么这么没出息，你看人家王飞多听话……如果王飞那么好，为什么她不去认王飞做自己的儿子？”

旁边的强强妈很吃惊，原来自己平时无意中说的几句话对孩子的伤害这么大，于是，她对强强说：“乖儿子，妈妈错了，妈妈之所以那么说，是希望你能向王飞学习，做个听话、爱学习的孩子，妈妈没想到这些话那么伤害你，希望你能原谅我好吗？”听到妈妈这么说，强强流着泪抱住了妈妈。

生活中的很多父母，可能都有这样一个习惯，喜欢拿自己的儿子与他人比较，总觉得自己的儿子没有人家的优秀，不知不觉地会用其他孩子的优点来比自己孩子的缺点，嫌自己的孩子不够优秀，于是，他们常常会这样对自己的儿子说：“你看你，怎么这么笨，这点小事都做不好，你看你的同学××多懂事。”“怎么又考这么差，你看××，回回都是第一名。”可能这些是父母们无心的话，但说的多了，难免会留在男孩们的心里，对他们造成伤害，尤其是对于青春期的男孩，他们更加敏感，久而久之，他们就会像父母认为的那样，也认为自己笨、毫无优点、没有自信心等。无形中，男孩的心灵被扭曲了，这样的后果是惨重的。

其实，任何做父母的都爱自己的孩子，拿自己的儿子和别人家的孩子对比，也是出于善意，希望他们能向优秀的孩子学习，超越别人，为父母争光争气。但是，有时候善心也会做坏事，爱孩子，就不要拿自己的孩子与他人做比较。任何一个青春期的男孩，都会反感父母将自己和其他人进行比较。

心理支招

1.看到男孩的优点，并赞扬他。

父母对男孩的期望、态度一样会影响到他。如果你认为你的儿子是优秀的，那么，他就会按照你的期望去做，甚至会全力以赴让自己变得优秀起来；而反过来，如果你总是挑他的缺点、毛病，那么，他们就会产生一种错觉：我不是好孩子，爸爸妈妈不喜欢我，我好不了了。因此，家长积极的期望和心理暗示对男孩很重要。

可见，对于青春期的男孩来说，他们最亲近、最信任的人是他们的父母，因此，父母对他们的暗示的影响是巨大的，如果他们长时间能接受到来自父母的积极的肯定、鼓励、赞许，那么，他就会变得自信、积极。相反，如果他们收到的是一些消极的暗示，那么，他们就会变得消极悲观。

2.即使批评也要顾及男孩的面子

心理学家曾经做过一个关于“青春期孩子最怕什么”的调查，结果表明：孩子最怕的不是生活上苦、学习上累，而是人格受挫、面子丢光。的确，青春期是人格形成的重要时期，男孩们已经开始有自己的独立意识，虽然尚未形成，但也开始在意别人的评价，而他们最在意的是父母的看法。

对于生性敏感的青春期男孩来说，他们都有自尊心，都要面子，作为家长，我们不但不能拿男孩和其他人对比，更应该时刻注意保护好孩子的面子，不要在众人面前说他们的缺点，不要在众人面前批评他们。因为男孩每一个行为都是有原因的。这是由他的心理、生理年龄特点所决定的。也许这些原因在成人看来是微不足道的，但在男孩的眼里却是很严重的事情，不了解原因当众批评他，非但不能解决问题反而会使问题变得更糟，使青春期男孩产生逆反抵触情绪，导致对男孩的教育很难继续下去。

3.根据自己儿子的特点进行教育

任何妈妈都不要拿自己的儿子和其他孩子对比，而应该根据自己孩子的特点进行教育。例如，你的儿子脑子迟钝一些，教育儿子笨鸟先飞，多卖些力。男孩有了进步就应该鼓励。只要孩子付出了努力，已经尽其所能，父母就不要提出过高的要求。

总之，聪明的妈妈要明白，任何人都渴望被赏识和赞扬，我们的儿子也是，为此，无论何时，我们都不能拿自己的儿子和其他孩子进行对比，而要看到他们的优点，并给予他们鼓励，相信你的儿子会变得优秀。

唠叨的妈妈真讨厌——当青春期遇上更年期

场景一：

下面是很多家庭中可能发生过的一幕对话：

妈妈说："天冷了，穿上毛裤吧。"

儿子说："用不着，我不冷。"

妈妈说："天气预报我刚听过，还能有错吗？"

儿子说："我这么大了，连冷热都不知道吗？"

妈妈："你怎么越大越不听话，还不如小的时候呢？"

儿子说："你以为我傻呀，真是的。以后少管闲事。"

场景二：

刘先生的儿子小凯今年14岁，正值青春期，而他的妻子40岁，正是更年期，当青春期遇上更年期，少不了几场战争，刘先生常常夹在妻子和儿子之间左右为难，不过他总是能找到解决的办法。

这天，儿子在房间做作业，妻子大声嚷嚷起来："小凯，你昨天又去踢球了啊，衣服怎么不拿进卫生间，我都忘记洗了，都臭了。真是的，这孩子。"

小凯随口应了句："哦。"

听到儿子这么随便的态度，妻子有点生气了，提高了声调："你这什么态度，每次都这样，能不能有点责任心。"

妈妈的责备让小凯也生气起来："不就是洗个衣服吗？至于吗？"

刘先生见情况不妙，赶紧对妻子说："老婆大人，你天天这么累，都是我不好，你去休息下，我来洗。小凯，你先把作业做完，一会爸爸找你打轮游戏。”说着，刘先生就拿起儿子的脏衣服，往卫生间走去。一场战争就避免了。

案例一和案例二中的场景，可能在很多家庭都出现过。如果你的儿子正值十几岁，你是否发现，最近这一两年的时间，儿子好像很厌倦妈妈的唠叨，事实上，妈妈唠叨，孩子反感，正是青春期撞上更年期的表现。案例一中的妈妈做法不正确，只能加剧男孩的叛逆情绪。而案例二中的刘先生，很明显是个善于经营家庭和调和家庭矛盾的人，在一场家庭战争即将爆发的瞬间，他发挥自己的聪明机智，及时扑灭了这场火。

那么，作为父母，当青春期遇上更年期的时候，我们该如何处理呢？

1.爸爸做好“和事佬”

爸爸要告诉男孩：“在家庭角色中，这是一个很难扮演的角色，那就是母亲，一个女人从步入家庭开始，就逐渐成为一个妻子，然后成为一个母亲，每个母亲都会把自己的角色当成一生的事业来经营，其中要面对柴米油盐的琐碎，要照顾孩子的生活起居，要承担孩子成长的欢乐忧愁……为了家庭和孩子，她们操碎了心，但很多时候，却换来你的不理解。

你已经是一个男子汉了，生活中，对于你自己的事，一定要自己处理，要学会自理。另外，妈妈毕竟是一个女人，你还要像一个真正的男子汉一样保护她。闲暇时间，帮母亲做一些家务吧，尤其是体力活，这会让她真正感受到儿子真的长大了，一定会从心里感到安慰。”

爸爸告诉男孩这些，能让男孩感受到母亲的艰辛，也就能从心底真的理解母亲的唠叨。

2.妈妈向孩子说说心里话

大部分情况下，很多母亲和青春期男孩对话，都是单向性的，而这个阶段的男孩最厌烦的就是母亲的唠叨。作为母亲，如果你能在闲暇时间坐下来和儿子好好聊聊，让男孩理解你，那么，是能消除母子之间的矛盾

的。你要告诉男孩：“要真正理解母亲，就不要做问题男孩，不要让妈妈担心。你能想象，你和小伙伴在网吧彻夜不归的日子，我是多么担心；你和社会青年在一起混日子的时候，我有多么害怕你会走错路；你和同学打架受伤的时候，我比你还疼……青春期固然会遇到一些成长上的问题，但妈妈可以是你倾诉的对象，可以是你的知心朋友，妈妈是过来人，会帮助你度过不安的青春期。无论如何，亲爱的儿子，你要理解妈妈，对于妈妈的唠叨，也别再唱反调了。”

总之，无论是青春期的男孩还是更年期的母亲，心中都有一股无名火，他们常常需要发泄，这难免会造成母子之间的矛盾，面对这一问题，作为父母的我们，一定要寻找方法及时灭火，以防止家庭矛盾的扩大化。

第5章

把握青春叛逆期的早恋心理，引导男孩建立正确的恋爱观

男孩到了青春期，都渴望与异性交往，希望获得异性的注意，但这个阶段的男孩毕竟对爱情和婚姻还没有一个正确的认识，而且，青春期是积累知识的年纪，是为理想和目标努力的年纪，过早的恋爱对男孩的身心发展都不利。我们父母，在对青春期男孩教育的过程中，一定多与男孩进行沟通，当发现男孩有早恋的倾向时，要对男孩进行巧妙引导和沟通，做男孩的知心朋友，聆听他的心声，让他在父母的支持帮助下走出情感的旋涡。

与女同学交往就是早恋吗——理解青春期孩子的情感需求

家长的烦恼

这天，某小区整个楼道里都响彻着一对母子吵架的声音。

男孩一直反驳：“我没有在学校谈恋爱，信不信由你！”

“那书包里的信是怎么回事，为什么抽屉也锁起来了？”

“什么，你检查我书包？你怎么能这样？”

“你知道不，孩子，妈妈是担心你啊，有多少孩子因为早恋误入歧途，耽误学习，妈妈看到的太多，你就听我一句劝吧。”

“我没有早恋。”

“那每天早上和你一起上学的那个女孩是是谁？”

“我们班同学，我一个朋友，男女同学难道就不能成为朋友？”

“真正的男女同学之间的友谊是不会这么亲密的，妈妈明白，你这个年纪需要友谊，可是你要把握好分寸。”

“你真是草木皆兵，你是不是管我爸也这么严？”儿子一气之下说了这句话，“啪”的一下，一记耳光打在了儿子脸上，然后安静了。

这样的一幕估计在很多家庭中都发生过了。很明显，案例中的妈妈的做法是不对的。男孩到了青春期，都渴望与异性交往，男孩与女同学之间的适当交往，对于孩子的成长是有益的。作为父母的我们，不可草木皆兵，引发男孩的对抗情绪。实际上，青春期的男孩都有与异性交往的需求：

1.渴望交流的需要

由于现在的孩子大多为独生子女，没有兄弟姐妹，身边缺少同龄人做

伴，生活比较孤单。一旦心里有话需要倾诉的时候，孩子就会找个说得来的同学或者朋友来替代自己的兄弟姐妹情感。

2.异性交往是人格独立的需要

青春期男孩，除了生理发育和性成熟外，独立意识也大大增强。他们会强烈地意识到自己不是小孩子，希望独立尤其是情感上的独立。于是，男孩不再喜欢依赖父母，跟父母间的交流也不容易产生共鸣，不少家庭的男孩与父母之间还出现所谓的“代沟”。他们往往通过独立认识、交往新朋友、建立自己的同龄朋友圈子来证明自己已经独立、成人了。

3.性格互补和身心健康发展的需要

由于男女同学各自特点不同，男生往往比较刚强、勇敢、不畏艰难、更具独立性，而女性则更具细腻、温柔、严谨、韧性等特点，男女同学的正常交往可以促使双方互补，对他们的性格发展和智力发育都有益处。

有时候，男孩与女同学交往，未必就是早恋，我们父母不能疑神疑鬼，更不能质问男孩，而是要理解孩子的情感，并巧妙引导男孩如何处理与异性之间的情感。

心理支招

总结起来，男孩与女同学交往，有这样一些益处：

1.有利于男孩实现个性完善

人与人交往，本身就是一种关系方式。青春期男孩还处在一种对异性封闭的阶段，而男女个性差异比较大，与女孩交往，通过相互间的交往和交流，能使他们在个性发展上更丰富、更全面。要知道，男孩以后也将成为社会中的一分子，交往范围越广泛，和周围生活的人联系越多样化，越深刻，自己精神世界也就越丰富，个人发展也越全面。

2.有利于丰富男孩的思维类型

性别不同，思维习惯和类型也不同，虽然男女生智力水平基本无差异。在思维方面，女孩擅长于形象思维，凭直觉观察事物；而男性擅长左脑思维，即逻辑思维，常常用抽象、逻辑推演去处理事情，据此，男孩可以实现思维类型和习惯的补充。

3.有利于男孩实现和异性之间的情感交流

青春期男孩和女孩的相互接触，有利于情感的健全。

从情感差异方面看，女生情感较丰富、敏感，富有同情心，情感体验深刻、细腻、含蓄；而男生则比较外露、粗线条。女生比男生更为稳固、持久。

4.有利于性别角色的社会化

无论男女，其性别角色的实现，都要体现在与异性的交往活动中，同样，男孩只有从女孩的眼里，才能读出社会对男性的期望。

人的一生注定要在两性的世界中度过，要适应相应的社会规范，青春期男孩就必然会与异性交往而非隔离。当然，这种交往应该是大方、有利于身心交往的发展。

总之，我们父母要认识到，异性交往，是培养男孩正确的性别角色和健康性心理的必修课。我们要明白的是，正常的异性交往不仅有利于孩子的学习进步，而且也有利于个性的全面发展。如果能正确对待并妥善处理异性间的交往，不仅可以让男孩顺利度过青春期，还可以起到学习上互助、情感上互慰、个性上互补、活动中互励的作用，对自我的发展是十分有益的。

与异性交往的尺度——男孩与异性交往过密怎么办

林大姐的儿子过了暑假就上初二了，当初儿子考入初中的成绩相当不错，能在班上排入前十。但从初一下学期以来，儿子在学习上一再退步，老师也反映儿子读书“很不专心”。林大姐私下找了儿子的同学了解，也

偷偷看了儿子的日记，原来儿子在初一下学期多了一个很谈得来的同年级女同学。

林大姐也曾试着委婉提醒儿子，不要陷入“早恋”而影响学习。但儿子总是很理直气壮地回答自己和那个女生只是比较有话说，是很谈得来的女性朋友而已，两人在一起聊的也是学习上的事情，还让林大姐不要随便“说三道四”。一提到这，林大姐就直犯愁，儿子大了，自尊心又强又敏感，到底该怎么引导，才能让儿子把握好情感的尺度?

其实，林大姐的担心是有道理的，出于青春期的男孩，很难识别异性之间的交往与真正的爱情有什么区别，这也是所有父母所担忧的。

进入青春期的男女同学都有同样的心理，都希望自己能够成为受到异性注目和欢迎的人，为此，他们会尽力地改变自己、完善自己，这也是一个自我发展、自我评价、自我完善的最佳心理环境，是克服自身缺点及弱点的好机会。从小培养男孩与异性建立健康的情感，使他们能够理解异性、尊重异性，与异性发展自然的、友爱的关系，会为他们今后顺利地进入恋爱和婚姻关系奠定良好的基础。

然而，与异性同学间的友谊是青春期的孩子之间最为敏感的话题，同性间的友情是可以公开的，但对某个异性的好感却是隐秘的，在口头上是坚决不承认的，这恰好反映出男孩的矛盾心理，这一时期的男孩对异性会有一些兴趣，会关注他们的言谈举止，这种好感是朦胧的、短暂的、不稳定的，所以当他在对某个异性产生兴趣的这段日子里，他非常反感别人来刺探他的想法，更讨厌别人干涉他的做法，当家长、老师问及这方面的事时，他一般予以否认，仅说是普通同学关系，事实是，这一时期的孩子情感正处于朦胧期、矛盾期，他自己也很难说清楚。为此，很多父母很担忧。

心理支招

1.告诉男孩，青春期是学习自律的关键期，成功的异性交往取决于自觉遵守规则青春期与异性交往有许多益处，家长应支持。而对男孩最大的支持，是制定交往的规则，提醒男孩学会自律。

父母可以与男孩共同讨论媒体报道的案例或某些电视剧的情节，发表各自的看法，增强男孩自我控制的意志力。在异性交往中善于自我控制，可有效避免许多不必要的麻烦和被性侵害的不良后果。另外，自控能力是建立在正确的知识观念基础之上的。家长还应该开诚布公，与男孩讨论与异性交往有关的问题。不必有什么禁忌，凡是孩子感兴趣的话题，都可以摆到桌面上进行讨论和争论，必要时还可以查阅书刊或请教专家。

2.教导男孩学会抗拒诱惑，明辨是非，正确选择自己的成长道路

男孩在异性交往中也会面对形形色色的人和事，如果缺乏分辨力，或是被表面现象迷惑，就可能被社会上负面的东西欺骗或侵蚀。怎么办？一方面，父母在对待婚姻家庭、异性交往的态度行为上应该为男孩做出榜样；另一方面，要对男孩信息透明，不要以为孩子看到、听到的都是正面的东西，就不会出问题，关键还是引导男孩学会自主地选择，要有能力自我保护。

总之，男孩进入青春期渴望与异性交往，是其身心健康发展的重要标志。教会男孩学会与异性和睦相处，是对未来婚姻家庭的准备，也是对未来事业发展和社会人际关系适应的必要准备。

什么才是真正的爱——向男孩灌输正确的恋爱观

我们先来看看一段母亲和儿子的对话：

“孩子，其实妈妈明白你的心情，妈妈也是过来人，在你这么大的时候，也喜欢过一个人，那时候，他经常来学校找我，并对我无微不至地

照顾，我发现自己爱上他了，可事实上，原来他已经有了家庭，我伤心欲绝，学习成绩更是一落千丈。”

“后来怎样呢？”儿子好奇地问。

“后来，就在那段时间，我们学校转来了一个新同学，他开朗、乐观，成了我的同桌，我们无话不谈，一起学习、交流心得，很快，他帮助我走出了那段情感的阴影。你知道这个人是谁吗？”

“不知道。”

“他就是你爸爸啊，我们很快相爱了，但是我们并没有沉浸在爱情的幸福中，而是约定要一起考大学，一起追求梦想，后来，我们大学毕业后就结婚了……”妈妈沉浸在甜美的回忆中。

“爸爸太棒了！”儿子赞叹地说。

“是啊，不然我又不会喜欢他，那你认为他呢？”

“我不知道，但他长得很帅气。”。

“孩子，妈妈也给你一个建议：你不妨跟她做个约定——你们要一起考上大学，等你考上大学之后，如果你还是很认可这段感情，那么你不妨开始一段美丽的爱情。在这之前，你可以跟她做很好的朋友。”儿子点点头答应了。

并不是所有家长都能和这位母亲一样理解男孩，事实上，很多家长在知晓儿子在青春期谈恋爱后，都会火冒三丈，然后“棒打鸳鸯”，而最终结果是，男孩子只会越来越坚信自己的选择，甚至做出更加“出格”的事。而家长的理解则是男孩接受家长建议的前提。因此，作为家长，我们不妨放下架子，与孩子来一次促膝长谈，帮助孩子脱离早恋的苦恼，从那段青涩的爱情走出来。

“父母是孩子的第一任老师。”鼓励男孩把精力用于学习生活中，并指导男孩与人交往，尤其是要把握住与异性交往的安全距离，离得太近或太远都会给人一种不舒服的感受。

那么，我们父母应该怎样向男孩灌输正确的恋爱观呢？

心理支招

1.理解男孩，谈话式教导，引导孩子走出恋爱的误区

我们要关注男孩，应经常询问孩子对周围异性伙伴的印象如何，以了解孩子的情感倾向和所思所想。同时，父母可讲讲自己的青春期异性交往经历与故事，让男孩说出自己的看法。要注意，最好避免用早恋这样的字眼，因为这一时期男孩与异性交往大多只是出于一种朦胧的爱慕心理。

2.告诉男孩如何处理“被追”的情况

作为父母，在对男孩情感理解的基础上，还要告诉男孩如何处理摆在面前的“爱情”，比如情书，情书是青春期的少男少女们表达爱的一种最主要的方式，父母要告诉男孩：如果有人给你写情书，这表明你很有魅力。的确值得高兴，但是过后一定要把情书收起，把那份美好埋在心底。

3.告诉孩子与异性交往的分寸

我们不妨直言不讳地告诉男孩，青春期对异性产生好感并不可耻，但一定要把握分寸，大胆、大方地与异性交往，即使对异性有好感，也只能让感情作为一种美好的愿望，珍藏在心底，等自己真正长大成熟时，它会以百倍的力量、热情、成熟来迎接你！

4.让男孩转移视线，明确初中阶段学习是主要任务

青春期是孩子长知识、长身体的黄金时代，世界观还未形成，缺乏必要的社会知识与经验，如果过早地陷入爱情的旋涡中，势必会影响自己的学业和身心健康。我们要告诉男孩，你现阶段要做的是，明确自己在青春期的奋斗目标，把精力重新投入学习中，才是明智之举。

总之，男孩开始进入青春期后，身心上的巨变，都会让他对爱情产生一些懵懂的意识。这段时间的男孩经常会陷入迷茫，他们不知道自己要做什么，根本不知道什么是正确的恋爱观。如果家长们能够给予他们足够的理解、支持、关心和耐心，鼓励他们说出自己的想法，然后告诉他该怎么做，男孩就会找到内心与外在世界的平衡，顺利地度过这段危险期！

“英语老师真好！”——告诉男孩这是对老师的崇拜，而不是爱

家长的烦恼

这天，王太太帮儿子收拾房间时，无意间看到从书本里掉出来的一页纸，好像是儿子的信件，挣扎下，王太太还是觉得要看一看，信件内容是：“我确实长大了，我今年15岁了，一开始我问自己是不是疯了，真的觉得太不可思议了。但现在我明白了，这是人生的必经之路，爱一个人没有错，我想我也不会再迷茫了。经过反复思考，我发现我真的爱上她了。的确，我自己无法阻挡。她其实并不漂亮，不过我依然爱上了她。因为她有一颗善良的心。我是从初二开始发现的，那个时候，我还在黑暗里挣扎，每天浑浑噩噩地过着，是她给了我方向感，她把我挽救了出来。在我没有信心的时候，是她给了我信心，她让我重新站了起来。在我有危险的时候，她会不顾一切地帮我。为了我，她付出了很多。一开始我只是感激她，我对她一点点产生了依赖感，我发现我离不开她了。可那时，我只把她当作我的姐姐。不过，现在我发现我不止把她当作姐姐，我爱上了她。谁能理解我呢？”

看到这里，王太太心里一惊，儿子以为自己爱上了女老师，这可怎么办？

一个15岁的男孩爱上了自己的老师，的确是有点不可思议，但首先说明的是，他成熟了，开始情窦初开了，这是生理与心理成熟之后的必然。

的确，青春期是每个男孩情窦初开的年纪，而与之接触最多的除了同学就是老师。对于男孩来说，他们容易对稍长几岁的女老师产生一种爱慕之情，因为温柔、善良、知识丰富，即使最枯燥的知识也能讲栩栩如生。

于是，很多男生感叹：爱上女老师该怎么办？

但事实上，这并不一定是爱，很可能是崇拜，很多青春期男孩，对曾经帮助过自己的女老师都有类似的情感，以为这种情感就是爱，其实不一定，有时候，也可能是恋母情结的一种反应，潜意识里把她当作自己的母亲一般去爱。这并不是真的爱情，而是一种崇拜和敬畏。对于这种情况，作为父母，我们一定要对男孩进行引导，让他清楚崇拜和爱的区别，否则，男孩很容易陷进情感的泥潭中。

1.先让儿子冷静思考以下几个问题

（1）爱一个人或许不需要理由，但必须知道爱她什么，也就是她有什么特质吸引了你。

（2）爱是相互的，爱一个人从某种角度讲，其实是意欲将自己的情感强加于被爱者，必须明白对方的感受或意愿。

你清楚老师被你“爱”的感受或意愿吗？

（3）爱除了是一种感觉外，更需要责任心。爱一个人说白了是要对对方的一生负责，包括生老病死、包括贫穷与灾难，包括可能的她的移情别恋。任谁都有权利爱或被爱，但必须清楚自己的她的储备是否足够对方一生的消耗。请认真清点自己的储备是否充足？

（4）爱情也需要经济基础。

在经济社会，没有刨除经济、社会地位、人文环境的“纯粹的爱情与婚姻”，爱的双方必须拥有相对平衡的社会平台。

2.告诉儿子：“她并不是适合你的人。”

你可以这样告诉儿子：“首先，你们年龄上就有一定差距，人生经验和社会阅历上有差距，人生观，价值观上也有不同点，当然这并不是很重要的问题。

其次，青春期的喜欢并不稳定。你们之间并不是相互了解，你之所以喜欢她，是因为你把她想象的比现实中完美了。而你也许是情窦初

开，等心理成熟以后，就会发现其实你所选择的她并不是你想要的那种人。

还有，在学校里容易受到周围人的影响，可能你并不想谈恋爱，但是别人都在谈，你也许就会去留意某一人，而实际上并不一定就是你心目中原来的那个白雪公主。”

总之，我们要让男孩明白的是，他应把对老师的爱慕转换为学习的动力，如果能教导男孩把这种喜欢的感觉用得恰到好处，让男孩产生学习的动力，那么是能对男孩的成长起到真正的督促作用的。

失恋了怎么办——引导男孩摆脱失恋的痛苦

家长的烦恼

有一天，林先生和儿子童童在一起看电视，播到一则新闻：某校初三男生赵强对本班一名女孩爱慕已久，在暗恋三年以后，他终于鼓起勇气给那名女孩写了封情书，但却被女孩拒绝，于是，男孩一气之下，因爱生恨，将女孩毁容。

看到这里，林先生就试探性地问儿子：“你在学校有没有喜欢女孩子啊？”

“没有，我怎么可能呢？不过这个男孩真是变态哦，怎么能这样呢？可是，如果失恋了怎么办呢？”童童一脸疑惑。

林先生说：“青春期的孩子对爱情并没有什么理性的认识，更缺乏稳定爱情观的支持，随着时间和空间的变化，他们可能就会‘爱’上别人，因此，一般来说，青春期恋情多数是很短命的，也是流动性最大和最容易发生变化的，今天看你好，明天可能就不好；今天在这个环境喜欢这个，换一个环境又会有新的恋情。所以，我不能说绝对，但基本上，青春期的爱情都是不成熟和欠考虑的，不是真正的爱。很多少男少女都开始情窦初

开，开始对异性同学产生倾慕的心理，这是很正常的，但要以正确的方法去处理这些事情，青春期恋情是不合时宜的，要学会跳出来看这份不成熟的感情，青春期的恋爱影响学习和目标实现，其结果是梦中的甜蜜，梦醒后的苦涩！而当跳出这份感情，然后理性地分析看待青春期恋情时，就不至于盲目地糊涂地去爱了。”

“哦，我明白了，原来是这样。”

的确，随着青春期的到来、对情感的懵懂理解，青春期的男孩会很容易搭上早恋这班列车。但同时，也可能有不少青春期男孩都有失恋的经历，比如好不容易下定决心送出的情书被退回以后，心灰意冷，自我价值被否定，以为是世界末日来了，提不起精神学习，没有激情生活，更有偏激的男孩，对异性报复打击，或者自我伤害。

青春期的感情是很单纯的，一旦认为自己喜欢上某个人，会钻牛角尖，怎么办？对此，我们不但不能横加指责，还要帮助男孩走出失恋的阴影。

1.要有清醒的头脑，决不能打骂男孩

作为父母，我们要理解男孩青春期渴望与异性交往的心情，当孩子真的失恋时，要给予宽慰，而不是打骂他，早恋也绝非洪水猛兽，失恋了的男孩更需要父母的引导。

2.帮助儿子转移视线

我们可以告诉男孩，不要将眼光始终放在那个女孩身上，不妨改做一些一些有意义的事，去做自己喜欢的事情，做什么可以忘掉这些就去做什么，哪怕是暂时的。因为，本身青春期所谓的“喜欢”都是暂时的，而时间是治疗的良方，很多人随着时间的推移就淡化和忘掉了。比如，踢足球就是很好的转移失恋带来的消极情绪的方法。踢的过程可以发泄失恋带来的不良情绪。散步、慢跑后都可以愉悦心情，忘掉烦恼。

其实，青春期恋情没有那么可怕，“恋爱像出水痘，出的越早，危害越小。”这句话是有道理的，恋爱是男孩们成长路上必经的一个过

程，没有经过爱情的人是不成熟的，在恋爱的过程中，了解异性、接触异性，也是有助于男孩自身的完善和发展的，这是他们心理成熟的过程，是成长中的代价，他们会在情感挫折中越来越成熟。从流动的、发展的角度去看青春期恋情，有时就不会那么如临大敌了，就可以平和应对和解决了。

但这些并不意味着青春期的男孩就可以肆无忌惮地不顾学习而恋爱，努力学习，为目标奋斗，始终是青春期的主要任务，努力提高自己，让自己成熟起来，才能在成人之后，用更加正确的眼光去发现适合的人生伴侣。

总之，我们要让男孩明白的是，中学时代是打基础时期，将来从事何种事业还没有定向，他们今后的生活道路还很长，中学时代的早恋十有八九不能结出爱情的甜果，而只能酿成生活的苦酒。当孩子能正确处理青春期的“爱情”和“失恋”时，也就能把握好人生的舵，不会过早去摘青春期的花朵。

暗恋她，我该怎么办——引导男孩摆脱挥之不去的单相思

家长的烦恼

钱女士的儿子天天今年15岁，是个很懂事的男孩，钱女士虽然没什么学力，经济情况也不是很好，但却很会教育孩子，天天也一直把她当成好朋友，最近，她看儿子好像心事重重的，便在周末的上午，把家务忙完以后，她来到儿子房间。

“天天，你是不是遇到什么事情了？”

“我不好意思开口，太难为情了。”天天说。

“很多事，妈妈都是过来人，我想我能帮你，如果你实在不好意思开

口，你可以给我发邮件，我会给你回的。”

“好吧，妈妈。”

晚上的时候，钱女士打开自己的邮箱，果然看到儿子的邮件，内容是这样的：“我感觉到我真的喜欢上一个女孩了，是一种我从未有过的感觉，那个女孩是隔壁班的一个，我确定，世界上真的有一见钟情的存在，因为从我第一次看到她，我就喜欢上了她，可爱、纯真、活泼、美丽……我简直无法形容她的好了，反正，我觉得她是世界上最漂亮的女孩，我开始每天都想见到她，我每天都被一种奇妙的感觉牵引着……我的情绪也开始被她影响着，她开心，我也开心；她忧郁，我也跟着难受。当我心情不好的时候，只要一见到她，心中马上就豁然开朗。总之，我的心情随她而变，我可以确定，我是爱上她了，可关键的是，我不敢说出口，因为她那么优秀，那么美丽，肯定不会看上我这样一个普通的男生。妈妈，我该怎么办？”

看来，儿子真的是情窦初开了，那么，这封信该怎么回呢？

很明显，案例中的天天是对隔壁班的一个同学产生了倾慕之情，但又不敢说出口，这就是人们说的暗恋。有人说初恋是纯真的，其实，最美的还是暗恋，青春期性萌动，哪个少男不钟情？暗恋，永远是那么甜美那么涩。

事实上，大多数情况下，男孩们心中的女孩也许并没有想象的那么完美，俗语说：“情人眼里出西施。”这些说法都说明喜欢一个人的感觉，主观而片面，听不进他人的意见和建议，一定是他认为的好就是好，你说不好也听不进去，当家长持反对意见或者试图阻止时，他就呈现出逆反心理，不然就转入地下，这是最让家长感觉头疼的地方，青春期男孩，可以说，基本上都有自己心仪的女孩，但是由于各种原因，很多男孩都只是暗恋，并不敢说出口，天天就是这种心态。

在教育男孩的过程中，很多家长认为，尤其对于青春期的男孩，一定要严加看管，否则孩子很容易陷入早恋的泥潭，于是，男孩与异性说话都成为他们捕风捉影的信号。而很多父母的这种态度是男孩不敢向父母倾诉

暗恋心情的原因。

庆幸的是，案例中的钱女士是个明事理的妈妈，她深知儿子对情感问题难以开口，便建议儿子采取写邮件的方式倾诉出来，对于儿子单恋某个女孩这一事实，也没有采取打压式的方式，而是在寻求方法引导孩子。

1.理解男孩的情感

的确，其实，无论是谁，喜欢上异性都是难以自控的，尤其是青春期男孩，更为将心中的小秘密告诉不告诉对方而烦恼，不说自己心里很想念，说出来又怕对方不接受，于是辗转反侧，心烦意乱。

我们父母，要告诉男孩，一个情窦初开的男孩，青春期对异性产生好感，甚至有与之交往的冲动，这是正常的，这都是成长经历中的必经过程。但你要学会合理控制自己的情感，掌握交往的分寸。要知道，青春期恋情多数要影响学习，是自己实现理想道路上的岔道和障碍，因此，将小秘密埋藏在心里是明智的选择，让这份初恋的感情在心里发酵，随着时间的推移日久弥香。

2.与其苦口婆心地劝导，不如巧妙引导

现实生活中，我们常常见到这种现象：一些父母只要感受到儿子有什么不对劲，便不断盘问，并警告男孩绝不能早恋，父母这样做，只会加快男孩将暗恋转化为明恋的脚步。这是因为，人都是自主的，青春期的男孩也开始有了一定的独立意识，他们开始关注异性，而父母越是反对，他越是偏向选择自己倾慕的恋人。因此，深谙教育艺术的父母绝不会苦口婆心地劝阻孩子，因为他们知道这样，只会让孩子爱得更深。

男孩在成长过程中，他们会不断长大，自然会出现一些心理波动，作为父母，我们不妨采取一种讨论的态度，和儿子平等地讨论爱情，让儿子明白青春期是积累知识的时期，对异性的好感并不是爱情，并采取一些方法强化孩子的家庭归属感，让孩子重新把精力集中到学习上来。

“我想和她见面了。”——引导男孩理智对待网恋

家长的烦恼

李太太的儿子李小鹏，平时很少说话，但却有很多朋友，而这些朋友都是虚拟的，也就是一些网络朋友，除了“哥哥”、“姐姐”外，还有“女朋友”，和其他男生不一样，他上网不是玩游戏，他一般都是和自己的“女朋友”聊天，别看他仅仅是个初二的学生，却是个地地道道的“网虫”。一般情况下，他都在网吧等待他的“女朋友”上线。

有段时间，李小鹏特别开心，因为他马上就可以见到他的“女朋友”了，这事被老师知道后，老师很快就联系了家长，果然，经过他们调查，李小鹏这个所谓的“女朋友”是在娱乐场所从事不正当职业的人，也骗过好几个青少年。李太太当时吓出一身冷汗，儿子差点被骗了。

后来，李小鹏痛苦地说：“我原来是班里的前三名，自从迷上了网恋后，现在却是班里的倒数第三名，其中数学仅考27分，另外，还有4门功课不及格。网吧真是害死人！”老师听完他的讲述后，给他分析了网络的利弊，希望他以后多加注意，对待网络朋友一定要慎重。

随着计算机技术的发展，网络正以前所未有的强大力量冲击并影响着人们的生活，它在发展青少年智力的同时，也有其弊端，网络使人像吸海洛因一样成瘾中毒，它对网迷特别是青少年网迷的身心健康发展带来较大危害。不少青春期男孩不但迷上了网络游戏，还开始了网恋。

出于对儿子的爱，很多父母担忧儿子会陷入网恋的泥潭，于是，他们现在每天的首要任务就是监督男孩的上网情况，不能超时，不能视频，不能和陌生人聊天，不能……不能……你的儿子能顺服于众多的不能吗？更

有些男孩不服从父母的管教，半夜逃跑到网吧上网了。这种现象在生活中并不少见，可见，其实，这些孩子已经成为了网恋的牺牲品，而这种结果的出现，正是父母错误的管教导致的，可怜天下父母心，男孩的心思越来越难捉摸了。对网恋中的青春期男孩，“堵”不是办法，因势利导才是上策。

作为家长，可以试着从以下几个环节入手：

（1）假装不知情，以某种正当理由限定男孩的上网时间和次数。

（2）生活上给男孩更多的关爱。增强家庭成员之间的情感交流，能使男孩体会到家庭浓浓的亲情和爱意。

（3）关注男孩的日常学习生活，帮助他养成良好的生活、学习习惯。男孩旺盛的精力都被利用了起来，自然就没有闲工夫再沉迷于“网恋”了。对成绩不好的男孩多鼓励，赏识男孩作出的一切努力，不要一味地批评，把男孩“逼”到网络世界中寻找虚拟的快乐。

（4）多带儿子参加户外活动，让他充分享受到现实世界的美好。同时，鼓励男孩多参加学校集体活动，男孩见识到更多、更优秀的同龄人，自然就不会盲目沉迷于“网恋”了。

（5）要培养男孩广泛的兴趣爱好。网恋与网瘾是分不开的。凡是有网恋的男孩，一般都是经常沉迷网络，精神世界空虚，没什么兴趣爱好。因此，父母可通过读书看报、唱歌跳舞、绘画、种花草、家庭旅游等，培养孩子多方面的兴趣爱好、充实男孩的精神世界。

（6）要重视与男孩平等地交流与沟通。父母不能只关心男孩的学习与生活，而且要关心男孩的思想，经常听听男孩的心里话；要针对青春期孩子易冲动的特点，帮助男孩学会分辨现实与虚拟，不受网络虚拟情感的诱惑。

（7）要与老师保持经常联系，掌握男孩在校的全面情况。一旦发现儿子有什么异常，就要及时与儿子沟通，多去理解和关注他的成长。

男孩子网恋不是问题，其实，换个角度想，作为家长是否可以因此欣慰：因为这表明你的儿子真的长大了，情感有了新的需求。最重要的是我们作为家长如何面对和接受，如何去引导他健康发展，给自己的心情也放个假，抽时间多陪陪他，能够真正创建一个温馨欢快的家庭环境，让男孩能够真正融入家庭，能够与父母敞开心扉，是做父母的最开心的事。平时也要关注男孩，了解男孩的思想情感动向。如果网恋影响到了学习，家长要选择恰当的时机，和男孩朋友似的交谈，明了网恋的厉害，一定要把握好语言、方式，切忌伤害男孩稚嫩脆弱的情感，造成男孩逆反和抵触心理，或者给男孩成长留下阴影，青春期的男孩就像透明美丽的易碎品，家长一定要轻拿轻放，要能够放下心态，真正走进孩子的心灵。

第 6 章

解开青春叛逆期对性的困惑，引导男孩正确学习性知识

青春期是男孩身体发育的年纪，而这些发育期的生理剧变，会带给男孩情感上的变化。进入青春期后，很多男孩产生了对异性的了解与认识的强烈愿望，性的成熟随之会给他们带来许多心理问题和令人困扰的事情，甚至表现出一系列性心理行为，如对性知识的兴趣，对异性的好感，性欲望，性冲动，性幻想和自慰行为等，这些都是我们父母不容回避的事实。此时，我们应该充当男孩的性教育老师，要及时地为儿子解除这些困惑，帮助他健康、快乐地度过青春期！

什么是性——怎样和青春期男孩讲解性

家长的烦恼

周末的一天，费太太和儿子强强在家看电视连续剧，说实话，强强最讨厌看这种又臭又长的电视剧了，但强强的几个死党这天都有事，没人陪他打球，他在家也实在无聊，就勉强与妈妈一起看。

现代都市的情感剧免不了一些“少儿不宜”的镜头，以前在看到男女接吻的时候，强强总是遮住自己的眼睛，觉得很害羞，而费太太如果看到儿子在的话，也会马上调台，可这次，强强居然目不转睛地盯着电视，费太太一下子意识到儿子长大了，孩子对“性”开始有了懵懂的意识了。

“妈，男人与女人为什么要亲嘴？结了婚为什么就生小孩了？我又是怎么来的？”儿子一连串的问题让费太太不知道怎么回答，她明白，是时候告诉儿子这些性知识了，“性”的问题，不能对儿子避而不谈了，孩子终归是要长大的。但她觉得，这些问题，还是让丈夫来解答比较合适，于是，她对儿子说：“强强，这些问题晚上让爸爸给你慢慢解答……”

不少父母发现，我们的儿子正在一天天长大，昨天的他还是一个在父母怀里撒娇的男孩，今天他的个头比你还高了。昨天的他还是一个和邻居小男孩抢零食的小男孩，今天的他看见了女生都会退避三舍……此时，性健康教育成为摆在很多家长面前的一道不可回避的难题。我国目前社会文化价值观相对混乱，在青少年性等待期长的特殊时期，青春期的性教育已成为无法回避的问题。

然而，面对这个问题，大人们似乎总是很害羞，大多数家庭中仍然是

谈“性”色变；有一部分思想开明的家长想给孩子提前教育教育，却又欲说还“羞”，不知从何说起。

可见，作为男孩的父母，我们有必要结合男孩身心发育不同阶段的特点，及时进行性生理、性心理、性道德等知识教育。

1.转变观念，不可对男孩封闭性知识

青春发育是人生必经之途，由于性成熟而出现对性知识渴求和对异性向往是自然的。青春期男孩十分需要从正规渠道（当然包括孩子的父母）获得有关性与生殖健康的知识。如果封闭了正确的性知识，不但不能起保护作用，反而使男孩从其他渠道接受片面的、似是而非的甚至色情淫秽的内容，妨碍其身心健康的发展。青春期教育如果出现缺失和失误，在男孩成长史上就会留下无法弥补的遗憾。

2.从正面教育

很多家长为了避免儿子产生性尝试的欲望，往往从消极面教育男孩，比如说，性会导致艾滋病和其他疾病、少女怀孕、强奸当然，告诉孩子这些是必要的。但我们更要注重正面教育，要告诉男孩，正当的性是人类美好的东西。

当男孩向我们提出性问题时，作为家长，不要恐慌，这证明你的儿子已经长大了，应该为之高兴，同时，如果你的儿子做了一些诸如手淫之类的事时，我们既不要大喊大叫，也不要痛斥他们是什么“坏”孩子。手淫不会使男孩性狂热，性无知和羞怯才会对他们产生消极的影响。

3.充实自己的性知识，为男孩解疑答惑

为什么许多家长在与儿子谈论性问题时感到困难或者无从回答？这其中一个主要的原因是家长自身对这些问题也很迷茫。事实上，正是因为家长们对这些问题避而不谈，导致了他们对性的知识也有限，因此，作为家长，应该学习一些有关性方面的知识来充实自己，了解一些与性教育有关的知识。有了比较足够的知识准备，与儿子谈论性问题时才会有自信心。父母亲的自信心是轻松而有效地实施性教育的关键。

4.以自然态度面对孩子的问题，恰当回答

青春期的男孩已经有辨别的能力，因此，在灌输男孩正确性教育前，自己先有纯正思想，而后才能教导他们纯正观念，提供适当的性教育，使男孩在很自然的情况下，吸收性知识。另外，对男孩好奇的一些常规问题，家长既要如实相告，又不能太复杂，否则，只会让孩子更困惑。如：人是怎样出生的？父母可以可以从植物结果讲起，接着联系到人的“性”与生殖，也可以从动物的生殖活动进行示范性比喻。浅显地介绍人类生殖的生理，有助于男孩弄清问题。

在很多有男孩的家庭中，父母总是避讳谈“性”的问题，而让儿子自己去摸索，往往使许多男孩因一时的“性”好奇，而犯下错误。其实，我们父母是性教育的启蒙者，以自然、正常的态度，教导男孩正确的性观念，才不会让男孩从一些非正面的渠道了解，才不会让他对“性”有错误的想法和观念，你的孩子才会身心健康地成长！

我是坏孩子吗——引导男孩正确看待性幻想

家长的烦恼

这天，林女士在给儿子打扫房间的时候，发现掉在电脑桌底下的一张纸，便捡起来看了看，发现是儿子写的，便看了看，内容大致是这样的：

从初二开始，我就喜欢上了一个女孩，我一直默默关注她的一切，最近，对她的感情越来越浓，她不知道我喜欢她，我也不敢表白。前几天，我从她的闺蜜那里得到她的照片，这几天，每天晚上，我看着她的照片，心里就十分高兴，后来，我发现自己居然对着她的照片产生一些奇怪的幻想，比如，亲吻她，抚摸她，有时候想着想着还会射精，我觉得自己很可耻，我不知道该怎么办，也不敢跟爸爸妈妈说。

看完儿子写的话，林女士知道儿子长大了，但这个问题自己跟儿子沟通不方便，还是先跟丈夫商量商量吧，让丈夫跟儿子说也许会好点，毕竟男人之间商讨这个问题会好很多。

可能不少青春期男孩都和案例中的林女士的儿子一样，许多人认为性幻想是一件可耻的事，在幻境中“肆意妄为”令人感到懊悔和自责。其实这是青春期的正常生理现象，但要懂得调节，并把注意力转移到学习上，不可沉溺其中，耽误学业，影响自身成长。

对于这一点，林女士的做法是正确的，这一问题最好由父亲沟通，父亲要引导男孩正确看待性幻想。为此，你最好先告诉男孩性行为和性幻想的区别。

1.什么是性幻想

性幻想是指人在清醒状态下对不能实现的与性有关事件的想象，是自编的带有性色彩的“连续故事”，也称作白日梦。

进入青春期后，男孩的身体会逐渐发育，其中，性器官开始发育成熟，自然会对异性开始产生爱慕情绪，但是又不能发生性行为，只好以性幻想的形式发泄和满足自己的性欲望，于是，就会把自己曾经在电影、杂志或者书籍中看到的片段凑在一起，经过重新组合，虚构出自己与爱慕的异性在一起。

当男孩开始性幻想后，会随着自己的幻想过程，而逐渐进入角色之后，还伴有相应的情绪反应，可能激动万分，也可能伤心落泪。

一般情况下，男孩产生性幻想，会在闲暇时间或者上床后的刚开始一段时间出现。部分人可导致性兴奋，有些男孩甚至射精，有的还伴随有手淫出现。这种性幻想在中学生中大量存在。据国内调查，在19岁以下的青少年中，有性幻想的占68.8%。如果这种性幻想偶然出现，还是正常的、自然的。如果是经常出现以幻觉代替现实，可能会导致病态，应当引起注意和调节。

2.什么是性行为

性科学研究按照性欲满足程度的分类标准，将人类性行为划分为三种类型：一是核心性性行为，即两性性行为：二是边缘性性行为，如接吻、拥抱、爱抚等；三是类性行为。

一般人们会认为性行为只是性器官的结合，其实，这都是狭隘的想法，性行为的含义是广泛的，观看异性的姿容、裸体，电视的色情节目，接吻，手淫，阅读色情小说等，都是地地道道的性行为。

性行为的含义要比性交广泛得多，一般说来它包括以下几种：

（1）目的性性行为，这就人们通常说的是性交。这是人们满足性欲最直接、也是最通常的方式，一般说来，人们在性交以后，就满足了性的要求。

（2）过程性性行为，这是性交前的准备行为，目的是为了激发性欲，如接吻、爱抚等，如果性交后还要通过这样一些动作，使性欲逐渐消退，作为尾声，这也属于过程性性行为。

（3）边缘性性行为，这种性行为的范围很广泛。这种性行为的目的和性交无关，它只是为了表达异性间的爱慕或者是一种示爱的方式，有时候，边缘性行为表现得很隐晦，可以是一个表情，一个微笑或者是一个简单的动作等，至于拥抱、亲吻，如果是作为性交前的准备，那么是过程性性行为；如果只是爱情的自然流露，不以性交为目的，那么就不是边缘性性行为。当然，边缘性性行为，并没有一定的行为标准，比如，可能中国人认为男女拥抱、亲吻属于边缘性性行为，但在某些西方国家，把这些作为一般见面的礼仪，那就同性行为完全无关了。

帮助男孩了解性行为和性幻想的区别，能帮助他们正确看待性幻想。总之，我们要告诉男孩，其实，性幻想并没有错，也不是什么可耻的事情，但要注意自我控制欲望，男孩在青春期应以学习为重，把精力放在学习上，就能转移性幻想对自己的困扰，另外，多参加公共活动，也是一种自我调节的方式。

我为什么会做那样的梦——引导男孩别为性梦而苦恼

家长的烦恼

有一天，卢伟找到他爸爸，很神秘的样子，在房间窃窃私语。

卢伟：爸，我妈不在家吧？

爸爸：不在，怎么了？

卢伟：我妈不在就好，我是有一些男人的问题要问你，我妈在我怎么好意思问呢？

爸爸：男人的问题？什么问题啊？

卢伟：我最近晚上老是做梦，梦到一些我不该梦到的事，我觉得很污秽。怎么会这样呢？我是不是和电视上说的那样生了什么心理疾病啊？

爸爸：你能跟我说你的秘密，说明你很信任爸爸，我很高兴，其实呢，我知道你做的什么梦，爸爸像你这么年轻的时候也做过，你不必害羞，也不是什么心理疾病，这是青春期的正常生理现象。

卢伟：是真的吗？我这是正常的？

爸爸：是正常的，只不过你要记住，青春期是你学习的时期，你需要做的是转移你的注意力，多努力学习、储备知识，等过了青春期，很多问题也就不是问题了。

男性青少年进入青春期后，身体便会表现出一系列男性所特有的性特征。许多刚刚进入青春期的男孩，对于青春期的一些正常心理和生理反应，常常感到困惑，有的甚至惶惶不安。比如，性梦。

许多青春期男孩睡觉时偶尔会在梦中见到自己相识的女性或其乳房、颈、腿等部位，此时阴茎也会情不自禁地勃起，当达到极度兴奋时，就会遗精。许多男孩由此自责，觉得自己是个坏男孩，千方百计地去控制自己，可在梦中又不能自已。在医学上，这是一种性梦，是青春期性心理活动的重要内容之一，常发生在深睡或假寐时，以男青年居多，性梦和梦遗不是病态，而是一种不由人自控的潜意识性行为，有关专家指出，性梦是正常现象，不必大惊小怪。

据国外调查报告，近100%的男性做过性梦，男性的顶峰期在15～30岁。性梦与道德品质一点关系也没有。人不可能因为品质好就不做性梦，也不可能因为道德败坏就夜夜做性梦，做梦人完全不必自寻烦恼。

针对这一点，父母一定要让男孩知道，这是青春期性意识成熟的一种表现，不必大惊小怪，但一定要注意调节，不可影响生活和学习。因为性梦是正常的心理活动，但任何事物都要有个度。如果沉溺于其中，对学习、对生活、对自己的健康成长是有害的。

心理支招

1.让男孩认识到性梦产生的原因

青春期的到来和男孩生殖器官的发育成熟，让很多男孩对两性之间的很多问题产生很多困惑，寻求和揭示性的奥秘是很多男孩青春期所向往的事情，因此，当男孩接触到一些与性有关的事物的时候，他们都会产生很多性刺激和冲动，但是因为道德的束缚和繁忙的学习，他们的这种欲望一般都会被压制了，但熟睡以后，大脑的控制暂时消失，于是性的本能和欲望就会在梦中得到反映。所以，性梦大多是性刺激留下的痕迹所引起的一种自然的表露，遗精是男性性成熟的主要标志，性成熟可能是产生性梦重要的生理原因。

2.纠正男孩对性意识活动的错误认识

很多男孩认为这是低级下流、黄色淫秽、道德败坏的。如有的男孩由于性梦或性幻想的对象是自己的同学、邻居、甚至亲友，便会产生罪恶感，认为自己乱伦、道德沦丧等。此时除要向男孩解释性梦和性幻想的正常性和普遍性外，还应重点向男孩讲述性梦对象的不可选择性。要让他明白，他们之所以出现一些困扰，并不是性意识活动本身所致，

而是自己对性意识活动所持的态度造成的。以下几点是我们要向男孩传达的：

（1）性梦是一种正常的生理和心理现象，性梦与道德品质一点关系也没有，正常的男孩开始成年，就会做性梦，因此，男孩完全不必自寻烦恼。

（2）性梦中，男孩一般会遗精。

（3）性梦属于无意识行为，不受人的主观意识控制，这就是为什么男孩在白天不会做性梦。

（4）性梦是人体对各种器官及系统的自我检查和维护。睡梦中的性高潮不仅能使人摆脱白天的精神压力，还是对现实生活中没有得到性满足的一种补偿。

3.为孩子保密

虽然性梦是正常现象，但如果随意向外界披露性梦的内容和对象，不仅会对男孩造成伤害，还有可能引起纠纷。

总之，我们要让男孩明白：有性意识甚至做性梦都没有错，关键在如何调节和发泄，青春期应以学习为重，把精力放在学习上，就能转移性梦对自己的困扰，另外，多参加公共活动，也是一种自我调节的方式！

乖男孩也会手淫——告诉男孩自慰有哪些危害

家长的烦恼

刘先生的儿子今年15岁，初三，从小学至今都是个品学兼优的好学生，但最近，刘先生发现，儿子好像有点不对劲，学习情绪也很差。情急之下的刘先生不得不偷看了儿子的日记。原来，儿子近来总喜欢手淫而烦恼，他明知道这样不对，但还是无法控制自己的行为。也曾有过骑在凳子

上两腿夹着摩擦而兴奋的经历，同时阴部会产生一种莫名的快感，非常舒服。这种习惯一直到现在，而且越来越强烈，甚至无法满足自己心理的需求，最终通过手淫帮助满足，但随着手淫次数频繁，感觉心理不正常，非常害怕因此而染病，也认为自己很无耻和下流。

刘先生一直家教很严，自己和妻子也是高级知识分子，平时都极力不让孩子接触性方面的知识，可是一直乖乖的孩子为什么会这样呢？

伴随着身体发育的成熟，很多青春期男孩产生了性的冲动，于是，很多男孩采用自慰的方式发泄，也就是人们常说的手淫。手淫是释放男性性压力的一种方式。

实际上，手淫是释放性能量、缓和性心理紧张的一种措施。实际上，男孩对性的追求，并不只是在成人以后，案例中的刘先生的儿子从幼儿早期就有明显的性兴奋，表现在“骑在凳子上两腿夹着摩擦”就是由中枢决定的痒感刺激来达到性满足的。而随着年龄的增长，对性的要求越来越强烈，变成一种有意识的手淫，但男孩在极力压抑自己的性冲动，而对手淫没有正确的理解和认识，产生自责、自罪的感觉，痛苦感油然而生。这是因为很多学校和家庭没有给过男孩正确的性教育，所以他们会把自己的自慰行为看成是无耻和下流的。

关于青春期男孩手淫这一问题，作为家长，一定要明白，这是青春期身体发育后的正常现象，但也要引起重视，并做好引导工作，过度手淫会对孩子的心理造成压力，影响学习和正常生活。

那么，作为父母，我们该如何让男孩孩子正确认识手淫这一问题呢？

1.告诉孩子什么是手淫

什么是手淫呢？手淫是指通过自我抚弄或刺激性器官而产生性兴奋或性高潮的一种行为，这种刺激可以通过手或是某种物体，甚至两腿夹挤生殖器即可产生。手淫在青春期男、女性均可发生，以男性更为多见。

手淫是释放性能量、缓和性心理紧张的一种措施。当然，手淫过度也

是不利的，过度的手淫会使肉体的性感高潮在无须异性的正常诱惑下就得以满足，这是一种异常的、变态的性满足方式。

2.告诉男孩过度手淫会带来的精神恶果

性自慰是青少年为满足性冲动欲望的一种行为，这种玩弄或刺激外生殖器、获得性快感的自慰行为在青少年中普遍存在。其实，适度的性自慰并无大碍，但不能沉迷其中，影响身心健康发展。

长期过度手淫带来的最明显的恶果主要是精神上的。手淫的男孩由于得不到正常性生活所带来的感觉，自慰行为又担心被人发现，再加上社会舆论的压力，使得他们不得不刻意培养自尊的意识和表象，表现出对异性傲慢和不感兴趣的态度，用以掩盖自己的行为。当然，这些畸形的心理并非每个人都会发生，但是对于性格比较内向和脆弱的人，就容易出现这种倾向。

在了解这些性知识以后，可能很多男孩包括父母会产生疑问，那么，到底应该怎样掌握手淫的度呢？手淫一般不会引起任何的疾病，一般以一周一次为宜。频繁、重度的手淫可引起疾病像前列腺炎、遗精、早泄等，不育也是有可能的。

作为父母，如果我们让男孩从正常渠道了解这些青春期性冲动的知识，并告诉孩子以正常的方式发泄性冲动，那么，男孩自然能摆正心态，消除对手淫的羞愧感！

“这些图片真刺激！”——告诫男孩远离色情暴力

家长的烦恼

这天放学后，大概六点多的样子，学校的学生差不多都走完了，班主任严老师因为批改作业，才收拾好，也准备回家了。

严老师正准备去推电动车，他看见班上的男生刘明在操场拐角处神神

秘秘地给人家通电话，严老师纳闷，刘明这么晚不回家在学校干什么。刚开始，刘明称跟他通话的女生是他的表姐，后来，老师故意问出一连串的问题，刘明开始语无伦次。最后不得不承认，跟他通电话的那个女孩不是自己的表姐，而是自己在网上交的女朋友，那女孩给他打电话是要给他一个光碟，老师顿时明白了，估计，单纯的学生被骗了，这是黄毒。后来，老师证实，那个女孩给刘明的，的确是一张黄色光碟。

在老师的劝导下，刘明才逐渐明白自己差点成为黄毒的牺牲品，后悔不已，清醒认识到网络的危险后，刘明开始注意了，不再浏览一些黄色网页，也不随便和网络上的人聊天，他的父母发现儿子开始懂得是非黑白，心里宽慰多了。

的确，处于性启蒙期的青春期男孩，开始对性知识有了很多的好奇，但很多青春期男孩并不是不是通过书本、父母等正常渠道得到的这些性教育，而是色情网站或者一些黄色光碟、图书、刊物等，他们比女孩子更容易受到诱惑，从而陷入一些黄毒的泥潭不可自拔。

大千世界五光十色，无奇不有，在我们的周围存在着很多很多的诱惑。有很多美好的诱惑，激励我们去追寻，但是，在我们的生活中，也有许多干扰我们成功、影响我们幸福生活、甚至严重危害我们身心健康的诱惑。有些诱惑成年人都无法拒绝，更何况青春期的男孩们。那些不良诱惑有时就像“吸血蝙蝠”，让人舒舒服服地上当，在不知不觉中成为它的俘虏。这其中就包括黄色暴力。

对此，我们父母，一定要告诫并引导青春期的男孩们，必须学会分辨并自觉抵制社会生活中的黄毒，才会有健康幸福的生活、学习和未来。否则，将会为之付出惨痛而沉重的代价。

1.告诉男孩黄色暴力的危害

要想让男孩做到自我抵制黄色暴力，就要让他们认识到黄色暴力的危害，对于青少年来说，被黄毒侵害，容易想入非非、性冲动、手淫、纵

欲、嫖娼甚至导致性病、败坏社会风气等，让男孩主动远离黄毒，才能让他们做到不接触，不欣赏，不沾染，不模仿，自觉抵制黄毒的侵袭。

2.告诉男孩几点原理黄色暴力的方法

（1）遇到黄色的东西，比如黄色、淫秽影碟，裸体书画、印有裸体女人的扑克，一律交大人处理并及时告诉老师或家长，让自己平静下来，不受其影响。

（2）与周围的同学和朋友的话题要避开黄色暴力内容。

（3）不要到经营录像的游艺厅去看录像，也不要随意看家长借来的影碟。

（4） 如果有人向你兜售影碟和光盘，要坚决不理睬他，更不要听信他们的花言巧语。

（5）经常参加有益身心的活动，如登山、游泳等，这些健康活动是驱除黄毒的灵丹妙药。

（6）要加强体育锻炼，和女同学健康交往，多参加集体活动。

总之，青春期，是人生的迷茫期，这个时间段的男孩的确很容易被黄毒诱惑，我们父母要做好监督工作，并引导男孩做到自我抵制，才能将黄毒拒之于千里之外，当然，除此之外，社会、学校也承担着应有的责任。另外，从源头上抵制，还要青春期的男孩们做到有良好的自制力，好好把握自己，这是最不可忽视的一个环节。

想偷尝禁果怎么办——告诉男孩青春期性行为的危害

家长的烦恼

期末考试终于结束了，辛苦一学期了，终于解放了，小风想好好地放松一下，他的爸爸妈妈都不是那么苛刻的人，他们说这天晚上可以允许小风跟好朋友出去玩，也可以好好地上一次网，小风一听可以上网，兴奋得像只小鸟一样，马上打开电脑，当然，首先，他就登上了QQ账号，和久违的几个朋友聊了起来。

他有个聊得来的朋友，小风叫他哥哥，一阵寒暄之后，两人聊起来了。好像这个哥哥有很多烦恼，于是，他一股脑儿地都和小风倾诉了。

“小风，我遇到了些麻烦，现在很烦恼，我不知道怎么办？我的女朋友怀孕了，我想我会带她去流产！”

小风一听，吓的半天没说话，在他的世界里，毕竟都是孩子，恋爱、婚姻甚至怀孕这些事离自己太远了。

“哥哥，为什么要人流呢？”

“怀孕了，还没结婚就要人流呀。”

“那为什么你要让她怀孕了呢，我听说人流对身体伤害很大。”

“是啊，我自己也后悔，总之，小风，你要好好学习，不要在学校谈恋爱，更不要做出什么越轨的事，不然到时候和我一样，害了别人，也害了自己。”

小风听完这些以后，久久不能平静。

我们都知道，青春期是童年到成年的过渡阶段，是男孩的身体各个器官逐步发育成熟的时期，也开始有了性的萌动，很多男孩以为青春期就可以过性生活，其实，青春期，无论是男孩女孩，性生活都为时尚早，对身心发展都很不利。

为此，作为父母，我们在日常生活中要对男孩进行引导，不可让男孩在青春期就偷尝禁果。

心理支招

我们父母要告诉男孩以下几点青春期性行为的危害：

1.过早的性生活可造成生殖器官损伤及感染

处于青春期的男孩，甚至器官并没有发育成熟，生殖器都还很娇嫩，对性生活也还没有一定的保护措施，很容易引起感染等，也很容易受伤。

2.过早的性生活可严重影响心理健康

通常情况下，那些青春期的少男少女的性行为都是在偷偷默默的情况下进行的，根本没有任何的心理准备和生理准备，而且，事后，男孩和女孩都会为此感到可耻，又因怕女孩怀孕、怕暴露而产生恐惧感、负罪感及悔恨情绪，久之还会使人发生心理变态，如：厌恶异性，厌恶性生活，性欲减退，性敏感性降低和性冷淡。

3.过早的性生活引起自己今后婚姻生活的不愉快

少男少女从相恋到以后的结婚是一个漫长的过程，男孩身上背负了更多的责任，但事实上，这期间，不能保证始终相好如初，分手的事也是在所难免的，伤害的不仅是自己，还是女孩。这以后，无论男孩女孩，再与他人成婚，如不告诉对方，自己心里会产生谴责感；告诉了对方而得不到对方的谅解，那么，两人的感情将会蒙上一层阴影，婚姻不会美满。即使从青少年时相恋起至成婚，两人相好如初，那么，新婚的甜蜜感也会因此而黯然失色。

4.过早的性生活可影响学习和生活

青春期是每个人人生的过渡期，也是知识的积累期，每个青春期的男孩子都要利用好这段时间学习，如果有性生活必然会影响学习和工作的精力，对本人、家庭和社会都不利，所以说青春期应避忌性生活，青春期应十分珍惜自己的青春与身体，把注意力和兴趣投入到学习、工作中去，这对于自身的健康成长、事业成就、生活幸福都有重要意义。

总之，我们要告诉男孩，青春期身体各系统器官正处在生长发育阶段，尤其是内外生殖器还没有完全发育成熟，这时如有性生活，对身体十分有害。

性冲动了怎么办——教男孩学会控制本能的性冲动

家长的烦恼

莫先生有个很可爱听话的儿子，叫木木。如今的木木已经14岁了。莫先生和儿子的关系一直很好，木木和他无话不谈，在外人看来，他们并不像父子，而像关系很铁的哥们。

这天晚上，莫先生自己在房间上网，突然收到一封邮件，他打开一看，是儿子木木写给自己的。这孩子怎么回事，就在隔壁，写什么邮件？抱着好奇心，莫先生读起了这封信。

“亲爱的爸爸，我想这个问题更合适跟你讨论，妈妈是女性，我实在无法开口。

在我很小的时候，妈妈就让我养成了每天晚上洗下身的习惯，先是妈妈帮着洗，大一点儿后就换成了我自己。对于这个习惯我可从未在意，我只是把它当成一件跟洗脸、洗脚一样每天必做的差事。直到前不久的一天，我在洗的时候，突然想到了自己喜欢的一个女孩，然后就在卫生间手淫了，事后，我觉得自己很可耻。我怎么这样？爸爸，你说我该怎么办？以后万一又性冲动了，我该怎么克制？”

莫先生欣慰的是，儿子木木能把他真正当成朋友，什么话都跟自己说，要知道，性冲动这种事不是谁都有勇气开口的，不过，莫先生也犯难了，该怎样跟儿子讲述这个问题呢？于是，他觉得先上网找找哪些方法可以帮助青春期的男孩克制性冲动，过了一会儿，他给自儿子回了封信。

可能，很多青春期男孩和父母通常都认为，那些学习成绩好，听父母和老师的话就是好孩子，反之，一出现让父母或者老师不中意的事情就

变成了坏孩子。很多男孩在性冲动后，就觉得自己是个坏孩子，羞愧、自责甚至无心学习。实际上，我们父母都明白，性和吃饭一样，是人体必需的。因为，从生理角度上看，性冲动不受大脑支配而是由血液中的激素水平所决定的，是一种不以人的意志为转移的自然现象，也是一种自然能量的积累过程，当它积聚到一定程度就应该有一个合理的宣泄途径。因此，性冲动就产生了。

男孩在步入青春期以后，性器官日趋成熟。在性激素的影响下，都会产生一些爱慕异性的情感，并且，在日常生活中，男孩子还会遇到一些性刺激，比如书籍、图像、电影等，这些都可能会让男孩产生性冲动，青春期男孩只要神经系统正常，大多会有正常的性欲，只是强弱不同而已。性紧张是客观存在的，有人偶尔发生，有人因性欲旺盛经常发生。但人是有理智的，在性要求非常强烈而出现性紧张时，也不能任意宣泄。它必须受到社会的道德观念和法制观念的制约。

可见，我们父母要告诉男孩，青春期有性冲动是很正常的事，不必觉得羞愧，但青春期也是积累知识的阶段，你需要把精力投入到学习中，对于性冲动，只有做到自我克制，才能不至于浪费精力，不至于危害身心健康。

心理支招

我们可以从以下方面告诉男孩学会调节和控制性冲动：

1.帮助男孩养成正常的生活和卫生习惯

你要告诉儿子："男生生殖器的清洗同样重要，平时，你也应注意外生殖器的清洁，避免不洁之物刺激生殖器。另外，睡觉时，要穿宽松的内衣睡觉，尽量避免对外生殖器的压迫和摩擦。"

2.引导男孩转移注意力，减少性冲动的来源

日常生活中，我们可以带着男孩多参加一些积极健康的活动，远离那些黄色书刊和电影等，这样，能有效减少男孩性冲动的发生。

3.教导男孩学会自我教育

我们父母要在日常生活中锻炼男孩的意志，这样，一旦男孩出现性

冲动、性紧张，他可进行自我调节、自我控制、自我暗示：要冷静，不要冲动。

4.父亲可以告诉儿子：采取偶尔手淫的方法缓解

父亲可以告诉儿子："对于实在难以缓解的性紧张，偶尔用手淫缓解一下，对人体无多大害处，但要注意适度，不能因为好奇或追求快感而频繁手淫。"

总之，作为父母，我们要让男孩明白，青春期产生性冲动不足为奇，但也要学会以上几点自我控制的方法，要学会把注意力转移到学习上来，不可荒废了青春。

第 7 章

别让青春期在键盘上敲过，引导孩子正确利用网络

相信任何父母都深知网络对现代人的重要性，作为父母，我们要想让儿子能适应现代文明，就必须引导男孩健康上网，很多父母为了避免儿子受到网络的毒害，因噎废食，其实，这是不正确的，上网也没那么危险，对于青春期的男孩来说，掌握信息技术、利用网络来学习，是能帮助他们提高学习成绩和拓宽视野的。但青少年好奇心强，渴望知识，面对游戏以及网上花花绿绿的虚拟世界，常缺乏冷静而客观的态度。作为父母，一定不能掉以轻心，要为孩子建立起一个绿色、安全、健康的网络天地、信息通道，从而引导其健康上网。

抵抗不住的诱惑——通过疏导，让男孩正确认识网络

家长的烦恼

程先生的儿子程程最近在网上发现了一个很好玩的游戏，孩子毕竟是孩子，对什么产生兴趣之后，就一门心思扑在上面，吃饭的时候，叫了几次都没反应。

晚上吃完饭，程先生把儿子叫到身边。

“儿子啊，你这个年纪，的确爱玩，这当然没错，但是你发现没，你最近玩游戏已经有点影响学习了。”

“是吗？”

“是啊，你看，你以前十点之前就能上床睡觉，可是现在要熬到十二点才能完成作业，上次测验成绩也是大幅度下滑啊！”

“是啊，这倒是。可是，这个游戏是新出来的，很多人都在玩，我也想玩啊。”

“要不，你看这样好不，以后每天晚上你回来，饭前的时间你可以玩游戏，饭后，我就把笔记本搬到我的卧室，我们父子俩分开玩，以后我们还可以交流游戏心得，这就不耽误你的学习了，你说好不？另外，我觉得以后上网呢，还是尽量多以学习为主，你说是不？”

“爸爸，你真是太厉害了，好，我答应你，另外，这次期中考试你就看好吧，我一定拿个好成绩给你看看！”

这里，相信很多父母都佩服程先生的教育方法，面对迷上网络游戏的儿子，他并没有强行制止儿子上网，而是与儿子制定规则，帮助儿子克制自己的网瘾。

现代社会，随着人们对信息的重视程度越来越重视，对互联网信息的掌握程度越深，似乎就越时尚，这种观点在青春期的少男少女中更为明显，“上网”似乎是一种时尚的生活方式。

曾经有一个网上调查，很多青少年自己对泡网吧的利弊也看得相当透彻。然而，在近半数的人认为网吧影响了自己生活和学习的同时，还是有少部分的青少年觉得自己已经对网吧产生了明显的依赖心理：如果几天不去网吧，心里就有惶惶然的感觉。或许对于他们来说，网吧在他们生活中的位置恰如一首歌里唱的那样：“你是一张无边无际的网，轻易就把我困在网中央。我越陷越深越迷茫，我越走越远越凄凉。”

的确，网络的作用在现代社会中，已经无可代替，但同时，它也毒害了这些成长期的孩子们，对于青春期的男孩来说，更热衷于网络游戏，甚至有些男孩上网成瘾，以至“衣带渐宽终不悔，为网消得人憔悴”，网吧成了他们的第二课堂。

网络的作用自不必说，主要是传播信息，作为学生还可以交流心得，获得知识。但青春期的男孩们，你们要明白，你们不能沉迷网络，沉迷网络对你们的身体、智力、心理方面都产生了消极的影响。

心理支招

1.身体素质方面：

我们发现，那些经常沉迷于网络的男孩们，球场上没有他们的身影，公园里没有他们的身影，他们由于长期对着电脑、待在网吧，造成情绪低落、疲乏无力、食欲不振、焦躁不安、血压升高、植物神经功能紊乱、睡眠障碍等，缺少锻炼更是让他们身体素质变差。

另外，沉迷网络还有可能引发各种疾病，比如自主神经功能紊乱，内分泌失调，免疫功能降低，诱发种种疾患：如胃肠神经症、紧张性头疼。此外长时间敲击键盘可引起腕关节综合征；长时间注视电脑屏幕可导致视力下降、怕光、暗适应能力降低，长时间僵坐在电脑前可出现腰背肌肉劳损、脊椎疼痛变形等。

2.心理素质方面：

长期上网会导致男孩不愿与人交往，逐渐导致性格孤僻，也就是人们常说的“网络孤独症”，也有一些男孩，把所有的精神娱乐都放在网络上，并开始“网恋”，认识一些社会不良人士，并陷入这些情感纠葛中，严重的甚至出现精神障碍、自杀等情况。

3.智力素质方面：

网络是多功能的，很多青春期男孩上网并不是为了学习，而是玩网络游戏和聊天，于是，逐渐，他们会失去学习的兴趣，开始迷恋网络，他们正常的学习、生活秩序遭受破坏，学习时间无精打采，学习成绩下降，有的甚至厌学、逃学、辍学。

因此，作为父母，我们一定要告诉男孩沉迷网络的这些危害，并督促他们有规律、有目的地上网，因为学习才是青春期的主要任务，网络只是一个获得信息的渠道，绝不能让男孩沉迷于此。

网络世界真精彩——如何引导男孩上网的三类行为

家长的烦恼

这天，某小区里，三位女士聊起了自己的青春期儿子的教育问题。

“哎，真愁人，最近我们家小军的成绩下降了不少，他就是爱玩游戏，我们把电脑搬到自己房间后，他就拿零花钱去网吧上网，刚开始，他会晚归，现在都彻夜不归了，真不知道怎么办？现在的网络真是害死人啊。”

“我们家明明的情况不同，他就爱网聊，我有一次上网，无意中看到他的QQ挂着，我发现他居然有一千多个网友，真是吓死我了，你说孩子都把时间花在了和那些人聊天上，哪有心思学习？”

“是啊，不过我们家儿子的情况更糟糕，他网恋了，有天，他还很兴奋地给他的女朋友打电话呢，一口一个宝贝地叫着，真怕他上当受骗啊。”

“哎，真不知道怎么办才好……”

相信很多青春期男孩的父母都有以上三位母亲的苦恼：儿子沉迷网络聊天、网络游戏和网恋，该怎么办？

现代社会，互联网在给人们的生活带来方便的同时，也给人们带来一定的毒害，尤其是孩子，现在的男孩，学会上网的年纪越来越小。对于青春期的男孩来说，上网聊天、玩游戏似乎已经成了每日必做的功课，男孩上网无可厚非，但沉迷网络，肯定不是什么好事。大部分家长对孩子上网都持否定的态度。其中担心影响学习、结交不良朋友、接触不良信息成为了家长们反对孩子上网的主要原因。

上网影响学习成绩，是家长们普遍担忧的现象。男孩长时间上网，会导致作业无法按时完成，上课质量下降，甚至会过于依赖网络，利用网络来搜索作业答案，造成独立思考能力下降。未成年学生自制能力差，一旦迷上了上网，便会长时间“寄居”在网上，将大量的时间和精力都投入到网络世界。

一般来说，男孩上网，从事的活动一般是：聊天、玩游戏，网恋三类，这是令父母更为头疼的事，这三类行为更易让男孩产生网瘾。为此，我们有必要着力从这三个方面对男孩进行指导：

1.应对网上聊天——教男孩学会自我保护

青春期的男孩自我保护意识不足，很容易相信虚拟世界中的人。针对这点，我们要告诉儿子，千万不能透露一些信息，比如，家庭住址、学校、身份证号码、财产信息等，因为对方可能别有所图，学会有所保留，才能让男孩学会自我保护。

2.应对网络游戏——转移男孩的注意力

如果男孩沉迷网络游戏，家长可以采取家庭疗法，家长应该多与孩子沟通，这种沟通不是简单地过问学习成绩，而是把男孩当成朋友关注他们的感情世界，和他们一起探讨其感兴趣的话题。另外，调查发现，喜欢网络游戏的孩子都很聪明、而且动手能力强，但是长期下去却有可能导致他们的智力水平降低。这时必须转移他们对网络的注意力，可以多搞一些科技手工活动，充分发挥他们的特长，循序渐进地把求知欲和好奇心引向健康轨道。

3.应对“网恋”——不打、不骂、摆事实

在如今这个高科技时代，网络成为了许多人生活中不可缺少的一个重要成分，甚至网恋也在逐渐蔓延，虚幻的情感使得许多男孩为之神魂颠倒，并呈上升的趋势。也许正是虚幻的美丽，给予大家一个想象的空间，也给了网恋一个极大的市场。但毕竟网恋有的只是情感上、精神上的沟通，真正现实中的许多问题在网络上根本无法体现出来，这并不完全可靠，网络的虚拟与现实中的真正接触还存在着一定的差距。网络上即使有爱，也必须在现实中才能得到发展，否则不过是空中楼阁，海市蜃楼，水中月镜中花，太虚幻，太难以实现了。

青春期衔接着男孩的童年和青年。是人生的岔路口，是长身体、学知识、立志向的重要时期，失败的网恋，会让男孩有一种说不出的痛，因此，家长一定要对此引起重视，别让你的儿子成为网恋的牺牲品。

当我们发现儿子已经网恋时，绝不能打骂，而要巧言劝导，让男孩明白什么是真正的爱情，网络爱情的不真实，还可以运用摆事实的方法，以那些青少年被骗的案例来引导男孩了解网络的虚拟，让其学会自己判断，最终“斩断情丝”，回归正常的学习和生活中。

总之，“父母是孩子的第一任老师”，面对男孩上网的三类行为，我们父母一定要给予引导，使其能安全、健康地上网。

我就是想上网——男孩上网成瘾怎么办

家长的烦恼

曾经有一篇报道，讲述一个15岁的少年小旭迷恋上网、沉迷网路游戏的经历。

小旭和很多90后的男孩一样追求个性、时尚前卫。其实，小旭生长在一个很幸福的家庭，家里的长辈，尤其是爷爷奶奶很疼爱他。所有同龄人拥有的电脑、手机、MP4……长辈都给他买了。

小旭也一直是个很听话的孩子，但不知道为什么，到了初二的时候，小旭突然爱上了网络游戏，平时一放学就钻到网吧，要不就是去同学家通宵打游戏，家长知道这样不是办法，便跟小旭说聊几句，谁知道，孩子不但不听，反而变本加厉，甚至偷钱去网吧上网，一气之下小旭的爸爸打了他一巴掌，从没被父母如此训斥过的小旭便负气离家出走了。

无奈之下的小旭父母只好报警，幸好最后，警察在隔壁市的一间网吧找到了小旭。

看到网瘾对青春期男孩的种种毒害，不能不引起我们的忧虑：男孩沉迷于网络的原因是什么，我们应该怎么帮助他们？家长可以从以下几个方面让孩子解开网络的束缚：

心理支招

1.掌握网络知识，不做网盲

家长不懂网络，就不能正确引导男孩上网、督促男孩健康上网。应该注意发现男孩上网中碰到的问题，在上网过程中及时与其交流，一起制定有力的措施。同时家长还可以在电脑上设置防火墙，防止男孩受到不良文化和信息的影响。

2.和男孩一起上网

网络的确可能会给男孩的学习带来影响，但并不是洪水猛兽，网络的作用不能全盘否定，父母可以和男孩一起上网，不仅能起到监督的作用，还能共同探讨网络中遇到的很多问题，可谓两全其美。

3.定规矩，合理上网

家长应心平气和地与男孩定一些彼此都接受的规则，比如：只能进入指定的几个网站；别人推荐的网站须经过家长同意才能进入；要保护自己和家庭，不能在网上留下家里的电话；上网时间不应超过两小时等。

4.把电脑放在家里的“公共场所”

父母可以把电脑放在家里的“公共场所”，如客厅或公用的书房等，这是帮助男孩安全上网最简单的方法。

5.男孩上网有瘾时，应多加监督和管理，逐步地帮助男孩戒除

对于孩子的网瘾，父母可以巧妙运用递减法。比如，从原来每天上网6小时改为5小时，再改为4小时，逐步减到每天一两小时，慢慢恢复到正常状态。不能急于求成，想一刀下去斩草除根，要在循序渐进中收到成效。

6.引导男孩正确使用网络工具，让生活变得更精彩

网络是把双刃剑，我们应用其利而避其弊，积极引导男孩科学理智地使用网络，成为网络真正的主人。网络的作用，我们已经深深体会到，我们要教会男孩利用网络信息的庞大和快捷，为生活带来方便，比如，当全家要出外旅游时，你可以将查路线、订酒店等任务交给男孩；当你需要某种书籍时，也可以让男孩在网上为你购买，让男孩体会到成就感的同时，还能开阔男孩的视野，培养男孩的生活自理能力。

其实，上网就像孩子上街一样，刚开始，你可以带着男孩，让其注意安全，遵守交通规则。等待他熟悉了基本的路径后，家长就可以松开手，看着孩子操作。只有在男孩形成了良好的上网习惯后，家长才可以轻松地站在男孩的背后！

青春期就不能上网吗——如何让网络成为有用的工具

家长的烦恼

孙女士自己经营一家公司，生意红红火火，工作顺心的她却一直为儿子的教育问题烦恼。最近，在朋友的推荐下，她找到了一位心理咨询师，希望这位老师能给她帮助。她是这样阐述自己的问题的：

唐老师，您好，我是经朋友推荐知道您的，我听说您在教育孩子方面很有一套，您为很多家长解决了难题，很专业也很热心，我很感动，我们这些独生子女的父母真需要您这样的老师给我们指点迷津。

我儿子今年15岁，正在读寄宿初中，今年三年级了。他以前并不是这样的，记得小学的时候，他的学习成绩一直是班上前几名呢，在初一上学期之前，他性格也很活泼，但初一下学期突然回家不爱说话了，迷上了网游，后来一放学就自己待在屋里，不管什么时候都要关上门，作业也不做。他现在整天不上课，不是上网吧就是在宿舍里睡觉，父母、老师的话都听不进去，上个学期考试好几门不及格。除了上网玩游戏外他什么爱好也没有，我曾试着带他一起锻炼、郊游、摄影、逛书店，但他哪儿也不去，周末回家后就是睡觉。原来我们以为是青春期的表现，但已经快三年了，也不见好转，我都急死了，我还希望他能考上一个好的高中呢，我也不知道怎样才能改变他。您能告诉我怎么办吗?

现实生活中，可能不少男孩的父母都有案例中的孙女士的烦恼，网络是个大家关心的话题，孩子作为家庭的一员肯定要参加到这个问题里面来。尤其是进入青春期的孩子，他们在网上相当活跃。他们能在网上大量查询感兴趣的信息，喜欢浏览网页，并敢于向权威人士提问。除此之外，他们也开始进入朋友圈，与其他人分享经验和兴趣。是否能让孩子上网？答案应该是肯定的。但网络的负面作用早已毋庸置疑，针对这种情况，我们对家长提出以下建议：

1.以身作则，父母也要健康上网

为什么国外青少年上网成瘾的现象没有我国严重，国外都是父母首先学会健康运用电脑和网络。如果家长自己沉迷于网络游戏、网络聊天等活动，孩子必然“看在眼里、记在心上”，一旦有机会便会效仿。同样，如果家长抵制网络，不愿意学习网络技术，并利用网络学习新知识，那孩子也会反感新技术，不愿意接触新事物。

因此，作为家长，自己首先应当及时学习充电，了解计算机、网络的一般常识，只有这样，才能有效地起到监督男孩的作用。如果你什么都不懂的话，小心了，你很有可能会受到孩子的欺骗。当你懂得一些网络知识后，可以和儿子一起感受网络所带来的便利与快捷。必要的时候，甚至可以向儿子学习，当然，也可以请一些朋友或老师帮忙。

2.不要杜绝男孩上网，网络并不是洪水猛兽

让男孩“远离网吧”、“远离网络”也只是让男孩远离网瘾毒害的权宜之计。长此以往，若几代人都要18岁后才接触网络，网上信息资源的浪费是其次的，远离信息时代最重要工具的青少年素质及心理健康也会大受影响。文明上网以预防为主，家长不要把电脑视为洪水猛兽，网络是不能抗拒的发展方向，我们要主动迎接这一挑战。

3.运用多种措施对男孩加以引导

（1）要严格控制男孩子的上网时间。长时间凝视电脑屏幕会导致视力下降，进而近视；显示器产生的电磁辐射也会直接侵害孩子的身体；大脑由于处于长时间的紧张工作状态，会变得麻木，混沌；颈椎、脊柱等部位会因弯曲、久坐不动而变形、疼痛。除此之外，还会对其学习、生活产生不良影响。所以应严格控制孩子的上网时间，一般应控制在每天1小时为宜。

（2）要严格控制男孩上网的内容。网络上黄色、黑客等站点会对

自制能力较差的孩子产生误导作用，家长在电脑上要安装网络过滤软件，并经常查看孩子上网的历史记录及收藏信息，发现问题要及时采取对策。

（3）教育男孩要安全上网，不要透露个人信息。家长要时常教育孩子坚决不要把个人及家庭信息暴露在网络上，坚决不要让孩子被别人诱导，将个人账号、生日、住址、工作单位等信息暴露出去。

（4）要引导男孩去上一些启发性强，与自然科学文化知识相关的网站，并引导男孩学会查找一些他们认为有趣的信息。

青春期的男孩毕竟自制力有限，面对网络的各种诱惑，很多大人都难以抵制，更何况他们，对此，家长只有加以监督和引导，才能让网络成为男孩获取知识和信息的有用的工具！

因为空虚才上网——精神富足的男孩懂得迷恋网络的危害

家长的烦恼

王先生的儿子今年17岁，刚上高二，从上高中开始，他每天的时间就是在网上度过的，除了吃饭和睡觉的时间，他的眼睛从没离开过电脑。他不喜欢上课，不跟同学聊天，也不去图书馆。

这天，班主任老师把王先生请到学校，对他说："王奎同学是个很聪明的孩子，刚上我们学校时，我记得是前几名的成绩，但是现在几乎是班上倒数第一了，他不来上课，我已经没办法劝动他了，如果再这样下去，我只能让他退学。不过，我想知道王奎这是怎么回事，他为什么有这样大的变化？"

"是我的错，是我忽略了对他的关心，我从去年开始，公司出了点问题，我就一心扑在工作上，也没管过他，有几次，他都说要去云南玩，我太忙了，哪顾得上这些……”

“是啊，很多青春期的孩子之所以沉溺网络，是因为他们精神世界的空虚，缺乏父母的关爱。”

其实，这样的现象在生活中并不少见，为什么王奎对网络如此的着迷，原因只有一个，就是精神世界的空虚。

沉迷网络的男孩，大多处于青春期，沉迷网络，其实只是一个表现，网络仅是一个载体，问题的本质在于家庭是否在男孩的成长中注入了正确的成长因子。如果家长的教育出了问题，网络也好，游戏机也好，甚至体育运动、唱歌都有可能让男孩沉迷进去。我们教育青春期的男孩，除了要关注他们的学习外，还需要了解他们的精神世界，让男孩在关爱中成长，才是孩子健康成长的保证，而空虚的精神世界则会让男孩试图寻找其他方式来填补自己的精神世界，而沉迷网络就成了他们的首选。

因此，教育青春期的孩子，重要的是全方位细心地关注他的生活、学习中的真正需要，尊重他们，真诚地关心他们，让他们信任我们，像朋友一样交往。其实不仅是对待男孩沉迷网络这件事，对待男孩成长中的其他问题，也同样是这样。培养精神富足的男孩，才会让孩子孩懂得更多，更自信、更坚强、更聪明、更优秀、更健康，才能彻底改变他们以往的不良行为和习惯，从而使他们树立正确的世界观、人生观。

那么，我们父母应该怎么做呢?

1.多带男孩出去走走

有人说，读万卷书，不如行万里路。其实，哪一样都很重要。男孩的日常读书是一个持续的过程，而孩子在青春期的时候，多带他出去体会对大自然的欣赏、对民俗风情的理解以及对另一环境里的人民的生活状态的认识，都会对男孩未来的生活和职业选择产生影响。

2.引导男孩读书

父母往往会把自己的读书兴趣和习惯传递给男孩，男孩会在潜移默化中受到影响。美好的亲子阅读时光和互动，不仅能让男孩自由地发问、思考，而且能增进亲子感情。父母对书中内容的引导，会给男孩留下深刻的印象。

3.让男孩在游戏中学知识

每个男孩都不喜欢枯燥的学习形式，父母和男孩一起游戏，就能够在欢乐的气氛中把知识传递给男孩。

4.让男孩努力学习科学文化知识

学习始终是青春期男孩的天职，男孩如果想要进步，想要紧跟时代的步伐，要想超凡脱俗，就必须要努力学习。

5.丰富男孩的课余生活

诚然，青春期的男孩，最大的任务是学习，但这个时期的男孩是渴望交友、渴望倾诉的，我们要鼓励孩子交朋友，鼓励男孩多参加课外生活，让男孩劳逸结合，当男孩得到身心的放松后，也就不会觉得精神空虚了。

6.让男孩学会多探索，多记忆

（1）多种方式让男孩探索。男孩记忆力是超过父母想象的，他们在眼睛看、耳朵听的同时，还在积极思考。所以，父母可以通过各种方式让男孩在知识的海洋中探索。

（2）营造与孩子的亲密时光。男孩越大，越渴望与父母有交流，只是很多父母忽视了男孩的这种需要。

（3）全面看待男孩的“坏”习惯。男孩不是完美的，总是会有这样那样的“毛病”。比如，喜欢接话茬。如果我们完全禁止他，要他闭嘴，这在一定程度上会影响他的积极性。只有我们教导他如何正确地表达自己的看法，他才会更好地发挥自己的优点。

7.通过各种方式让男孩了解到现代网络的利与弊

家长要明白，把男孩和网络隔离开，是一种不明智的做法。正确的教育与引导才是正确的。

总之，青春期，正是男孩人生观和价值观的形成期，好奇心强、自制力弱，极易受到异化思想的冲击。网络既是一个信息的宝库，也是一个信息的垃圾场，各种信息混杂，包罗万象：新奇、叛逆，而又有趣味性，对男孩的成长极其有害，我们要意识到这个问题，要通过丰富男孩的精神世界让男孩懂得沉迷网络的危害，男孩自然就能远离网络带来的弊端，健康向上地成长！

我有网友了——网友真的可靠吗

家长的烦恼

最近，王太太的发现自己的儿子小凯很高兴，回家都哼着歌儿，周末的时候一大早就出去了，回来手上提的不是穿的，就是吃的，妈妈问他什么事，原来是小凯在网上交了一些朋友，小凯告诉妈妈，他认识的这帮哥们儿人都很好，经常请自己吃饭，还带自己去玩，王太太心里便有点担忧，怕儿子交了不良朋友。

果然，不到半个月，小凯就告诉妈妈："原来他们并不是什么好人，那天，他们说要带我去玩，我们去了台球室，我亲眼看见他们勒索别人，我现在怎么办，他们肯定还会再来找我的。"

王太太对儿子说："别担心，以后回家的路上就和其他男同学一起，人多，他们不敢怎么样。另外，妈妈要告诉你，你这种交朋友的原则是不对的，尤其是那些网友，要知道，这些社会不良青年就是要对你们这些单纯的青少年下手，他们往往就是潜伏在网上。朋友贵在交心，而不是物质上的，你明白吗？真正的朋友是帮助你成长成才的。"

随着计算机技术的发展，网络正以前所未有的强大力量冲击并影响着

人们的生活，它在发展青少年智力的同时，也有其弊端，网络使人像吸海洛因一样成瘾中毒，它对网迷特别是青少年网迷的身心健康发展带来较大危害。

不得不承认，网络技术的发达让信息沟通起来更方便，它可以让两个不认识的陌生人畅所欲言地交谈。忙碌的现代人也习惯了通过网络来传递心声、交朋结友。因为网络具有虚拟性和隐匿性的特点，但也带来了一些弊端，比如网上“交友”、“聊天”以至“网恋”越来越严重。很多社会不良人士就将魔手伸向了青少年，也包括一些青春期男孩。因为青春期的男孩缺乏自我控制和自我保护能力，很多青春期的男孩更是单纯地认为网络中有纯真的友谊和恋情，其实不尽然，当你对网络另外一头的那个朋友已经信任时，或许你正陷入危险之中。近年来，不法之徒利用网络对青少年实施犯罪的案例不断出现，而少男少女因为迷恋网络而犯罪甚至丧命的悲剧也频频见诸报端。

另外，我们父母要明白，青春期是每个男孩的人格发展和形成期，这时候，交什么朋友，与什么样的人交往，会对男孩的一生产生影响，不但影响着自己的言行、穿着打扮、处世方式、爱好趣味，还影响着男孩自身的价值观、对自我的认识。与不良的网友结交，不但影响男孩的学习，甚至还会让其产生错误的价值观，犯下错事。

为此，作为父母，我们必须要让男孩认识到网络聊天的危害，让孩子慎重对待网络朋友。

心理支招

我们要告诉男孩：

1.“对待网络朋友，一定要慎重，你可以问自己是否知道以下几条信息。”

（1）谈吐是否显示有素质？谈话可以看出一个人的修养。那些说话流里流气的人，毫无口德或者满嘴脏话的人要远离。

（2）对方的资料是否较全？如果对方对自己的真实信息遮遮掩掩的话，你要小心了，因为一个坦荡交友的人是不怕把自己真实的信息，如所在城市地址、年龄、职业写出来的。

（3）是否有共同语言？这里的共同语言指的是人生观、价值观等方面是否相同，而不是一些负面的思想。

（4）交往持续多长时间了？时间是可以验证情感质量的。

2.“关键的是自己要一直清醒地对待网络朋友。”

（1）保持警惕心。不要轻易告诉对方自己真实住址、姓名、电话。除非交往时间很长，确认对方可以信任了。

（2）最好能将网络与现实区分开，不要让网络影响现实。

（3）尽量少跟已婚异性交往，对方是否已婚，一般可从谈吐中听出来。

（4）尽量不要单独会见异性网友，尤其是在晚间，防止被骗。

（5）对方要求视频时，尽量回绝。

我们要让男孩明白的是，我们能理解他们正处于青春期，需要朋友，但交友渠道一定要正当，对待网络那些朋友，一定要慎重，要学会保护自己，不要上当受骗！

我想成为游戏中的人——告诫男孩，游戏并不是生活

家长的烦恼

这天，校长办公室里，有位家长正在诉苦：“我的儿子今年14岁，是学校三年级的学生了，过去他是一个十分听话的孩子，学习成绩也一直不错，也一直是父母的骄傲。可现在越来越不听话了，自己想干什么就干什么，根本就不听家长的劝。最近又迷上了网络游戏，学习完全被放在一边。后来一放学就自己待在屋里，不管什么时候都要关上门，作业也不做。他现在整天不上课，不是上网吧就是在宿舍里睡觉，父母、老师的话

都听不进去，更可怕的是，后来，他居然把自己想象成网络游戏中的人，会拿把玩具枪对着我们扫射，有次他还把邻居家弟弟吓哭了，有几次学校老师打电话来说儿子居然在学校打其他同学，我觉得孩子好像魔怔了……

我们试图强力制止，把他关在家里，把网线也拔了，可没想到，他竟然离家出走。给他打手机他也不接，给他发短信，他回答说：如果能够答应今后不要管他，他才同意回家。为了能让他回来，我们答应了他的要求。可他回来第一件事就是上网。对这样的孩子我真不知道应该怎么办？”

不得不说，网络的普及和网络游戏的迅猛发展在给人们带来惊喜的同时也引发了一系列的社会问题，其中青少年网络游戏成瘾问题越来越受到人们的重视。

然而，对于青少年朋友来说，他们身心发展不成熟，好奇心强、缺乏自控力、认知能力不足、自我意识却又很强烈，他们还渴望独立自主、与人平和交往和合作，渴望获得尊重，而网络游戏恰恰迎合了他们的这一心理需求。网络游戏具有极强的互动性，在这样一个虚拟的世界里，青少年同样可以感受到与他人的合作和尊敬，升级游戏更让他们找到成就感。

我们发现，一些青春期的男孩，不但沉溺网络游戏，还会把自己当成游戏中的人物，把游戏中的暴力行为带到生活中，就像故事中的这个男孩一样，会产生暴力倾向。可见，青春期男孩并不是不能玩网络游戏，但要有度，否则，长此以往，男孩不但会失去学习兴趣，影响到正常的生活，甚至连行为倾向都会发生扭曲。

作为父母，我们要告诉男孩，对于网络游戏一定要有自制力，万不可把网络游戏中的暴力带入到生活中。具体来说，我们父母要做到：

1.与男孩多沟通，不要让男孩把多余的精力放到网络游戏中

如果男孩沉迷网络游戏，家长可以采取家庭疗法，家长应该多与孩子

沟通，这种沟通不是简单地过问学习成绩，而是把男孩当成朋友关注他们的感情世界，和他们一起探讨其感兴趣的话题。家长可以多带领他参与一些有益于成长的文体活动。

2.制定规则，约束男孩的行为

如果你发现男孩已经有攻击性行为，那么，你最好对男孩制订一些规则，约束男孩的行为，尽量让其少上网、少接触网络游戏中的暴力画面，想必会得到改善。

3.鼓励男孩多出去走走，多看看外面的世界

爱玩游戏的男孩大致的生活节奏是奔波于学校、家和网吧之间，慢慢地，他们和同学疏远了，和朋友疏远了，生活也似枯燥无味，而鼓励男孩多出去走走，最重要的益处就是能锻炼他的交际能力，还能联络同学之间的感情，拉近和同学之间的距离，让男孩更受同学的欢迎。

再者，这样做，还是帮助男孩适当调节学习压力和吐露心事的一个重要方法，毕竟同龄人之间有着太多的相似点，面对每天同样紧张枯燥的生活，他们更容易引起共鸣，相互之间的交流能减轻生活和学习的压力，彼此之间的鼓励也会让他鼓起勇气和信心，继续努力学习，久而久之，男孩也就不再沉迷网络游戏了！

第 8 章

培养性格优点，好父母要给男孩的 10 个重要引导

处在青春期的男孩正处于人生的岔路口，青春期给他们带来的，除了身体上的巨大变化、逐步发育完全外，还有思想、心理上的变化，任何青春期的男孩都渴望成熟、独立，这个阶段后，男孩会变成什么样的男人，全靠我们的引导，我们要引导男孩变得坚强勇敢，引导男孩具有高度责任感，引导男孩壮志凌云，引导男孩学会换位思考……要知道，任何一个男孩，在未经过正确引导的情况下，都不会如你所愿地健康成长！

自信——赋予男孩自信心比什么都重要

家长的烦恼

淼淼一直爱好音乐，爸爸妈妈虽然不同意淼淼以后以音乐为生，但拗不过儿子，还是答应了淼淼的要求，每周末要么去学钢琴，要么去学小提琴等。但淼淼是个三分钟热度的孩子，兴趣来得快，也去得快，爸爸妈妈从没想过淼淼能学出什么名堂来。

有一个周六的晚上，妈妈和爸爸一起去小提琴培训班接淼淼，回家的路上，淼淼说："爸妈，我想参加市里面的小提琴大赛，我们学校都没几个人敢报呢？你们说我可以报名吗？"

"我看你平时出于兴趣，去学一下那些乐器，我们是不反对的，可是我看你还是别报名的好，肯定没戏……"淼淼爸爸给儿子泼了一头冷水。

"你可别这么说，谁说我们淼淼没戏了，我看淼淼很有音乐天赋，淼淼，你去报名，妈妈相信你一定可以的！"受到妈妈的鼓励后，淼淼顿时精神大振。

从那天后，淼淼把每天的空余时间都拿来练琴，小提琴拉的越来越好，果然，在市里的初中生小提琴大赛上，淼淼不负厚望，取得了第二名的好成绩，而淼淼妈妈也认为自己是最有眼光、最明智的妈妈。

自信心是一种积极的心理品质，是人们开拓进取、向上奋进的动力，是一个人取得成功的重要心理素质。自信心在个人成长和事业成就中具有显著的作用。对于成长阶段的男孩来说，如果他缺乏自信心，常常表现为胆怯、遇事畏缩不前、害怕困难、不敢尝试，他的认知能力、动手能力、

交往能力及运动能力等发展就缓慢；相反，男孩具有自信心，胆子大，什么事都敢尝试，积极参与，各方面发展就快。

男孩进入青春期后，生活、学习环境的改变，竞争压力的加大，很容易挫伤孩子学习、交际的积极性，让他失去信心，同时，来自家庭的因素，比如，男孩从小到大，衣来伸手饭来张口，久而久之，男孩什么也不会干，男孩从小不学习动手做事，他的自信心也越来越缺乏了。

初中阶段，也是一个人个性、心理品质形成的重要时期，这时期的男孩是否自信，也影响到他未来人生路上是否能勇敢面对各种挑战，决定了将来他们是否能成为充满自信、有坚强毅力和足够勇气的男人。因此，自信这种心理品质应该从家庭起步，在青春期阶段应该着重培养。言传不如身教，培养男孩的自信心，不是单纯的几句说辞，而需要父母从生活中的点点滴滴入手。

心理支招

1.发现男孩身上的闪光点

教育要严格，并不是说要将男孩批评得一无是处，为此，我们最好从多方面、多层次了解和评价，不能只盯住他的缺点。

然而，对于很多家长来说，似乎“孩子总是别人的好”，别人的儿子听话、懂事，自己的孩子似乎总是“恨铁不成钢”，而对于自己儿子的长处和优点视而不见，充耳不闻，说什么“成绩不说跑不了”。人们常常可以听到男孩的强烈抗议声：“我什么优点都没有吗？”“为什么老批评我？”应该承认，你的儿子也有优点，只是你没有注意，孩子为什么总是考不好，不是孩子不认真学习，而是你一味地贬低他，让他失去了信心，如果你开始发现他的优点并加以赞赏，想必你的孩子一定会信心大增。

2.让男孩从成功的喜悦中获得自信心

只要尝过成功的滋味，伴随而来就是无比的喜悦以及对自己的坚定信心。所以先让男孩尝尝成功的喜悦，就是使男孩建立信心最简易的方法。当他做成一件事后，你首先应该夸奖他，告诉他：“你做得真棒！”适当的时候，你可以采取一些物质奖励的方式。而当男孩缺乏自信时，你可以告诉孩子："勇敢一点，爸妈为你骄傲！"当男孩体验到成功的美好后，也就不会畏首畏尾，而是大胆地去争取了。

3.不对男孩用"否定词、限制词、挑剔词"

有的父母认为，"棍棒之下出人才。"而事实上，那些很少受到父母表扬、总是被父母批评的男孩很容易对自己失去自信心，对自己力所能及的事都会产生退缩心理，从而慢慢地失去主动性，形成对任何事都漠不关心的态度。

作为父母，生活中，我们总是用否定词、限制词或者挑剔词来跟男孩说话，比如，"不许""不能""不要""不可以"等是否定词，"应该""只能""必须"等是限制词，最常用的"太差劲""太不像话了"是挑剔词语。

试想，否定词、限制词、挑剔词等这些不良的教育语言，等于给家庭语言亮起"红灯"，会使男孩觉得很累、很烦、很郁闷，使他们整天接受父母的负面暗示，最终也会变得自卑起来。

事实上，男孩天生是自信的，但一些男孩接受的后天教育中，他们很少成功，经常被父母批评等，以至于开始变得胆小、自卑、消极，这对于男孩的成长是极为不利的。因此，为人父母，我们有必要关注孩子在成长过程中的情绪变化，一定要避免让孩子产生自卑情绪。

总之，作为父母，我们要明白的是，我们一定要让男孩始终拥有积极正面的能量，应该赞扬和鼓励他，让男孩远离自卑，树立自信心，他才能获得快乐、健康成长。

责任感——有责任的男孩才能成大器

家长的烦恼

一个9岁的美国男孩踢足球时，不小心打碎了邻居家的玻璃。邻居向他索赔13美元。那是在1920年，当时13美元可是笔不小的数目，足可以买125只生蛋的母鸡。男孩没有办法，只好去向父亲承认错误，请求父亲的帮助。然而，父亲却斩钉截铁地说，男孩必须对自己的过失负责。

“我哪有那么多钱赔人家？”男孩非常为难。

“我可以借给你。”父亲拿出13美元，“但一年之后你必须还我。”

于是，男孩开始了艰苦的打工生活。经过半年的努力，终于挣够了13美元这一“天文数字”，还给了父亲。这个男孩就是日后的美国总统里根。他在回忆这件事时说：“通过自己的努力来承担过失，使我懂得了什么是责任。”

生活中的父母，也应该像故事中里根的父亲一样，应该从身边的小事开始，培养男孩子的责任意识，让孩子意识到责任的重要性。

责任心对于一个男人来说，至关重要。男人最重要的品质就是责任感。事业有成者，无论做什么，都力求尽心尽责，丝毫不会放松；成功者无论做什么职业，都不会轻率疏忽。这就是一份责任。青春期是男孩个性、品质形成期，父母必须着力培养男孩的责任感。影响一个人意志形成的因素有很多，家庭环境是十分重要的因素，家长的言行对男孩人格发展有潜移默化的作用，让男孩从小磨炼勇于担当责任的品质，才会把男孩培养成一个真正的男子汉。

因此，对家长来说，培养男孩的责任感，正确的教育方法很重要。从现在起，作为父母，一定要摒弃那些教育男孩的误区，具体来说，家长可以做到：

1.从男孩的动手能力开始培养，让男孩自己的事自己做

孩子的事情家长不应“大包大揽”。中国式家长，对男孩的事往往是“帮你没商量”，主观地为男孩做决定，结果往往事与愿违。如果我们把选择的权利交给男孩，男孩就会对自己负责，就会做出让你感到吃惊的成绩来。

对自己负责就要自己的事情自己做。比如，父母要让男孩做到这些：每天早晨闹钟一响，就应该马上起床，再困也要起来，准时去上学。遇到刮风或雨雪天气，就应该提早起床，坐不上车，走也要走到学校，绝不能迟到。自己的书包、书籍、衣物等物品自己整理，自己的房间自己打扫。你要让孩子明白，以上这些事情，不能依赖父母，要让他记住“这是我的责任”。

2.培养男孩的孝心，让孩子对家庭负责

作为家长，可适当地让男孩了解一些父母的忧虑和难处，提出一些问题，引导男孩独立思考和选择，大胆发表自己的见解。也可以让男孩表达自己的孝心，比如，当家里的长辈过生日时，你可以要求孩子自己动手制作一份生日礼物，并让他写上一句知心的话，让男孩感到家庭的美满幸福，要靠爸爸妈妈和自己的共同参与，进而增强孩子对家庭的责任心。让男孩关心父母，主动帮父母做些力所能及的事，从而让其记住“这是我的责任”。

3.鼓励男孩大胆参加集体活动，让男孩对集体负责

集体责任感的树立还是要回到集体中，如果你的男孩子性格内向，不愿意参加一些集体活动，你一定要给予鼓励：“我相信你一定可以表现得很好！”父母的鼓励是对男孩最大的肯定。同时，当男孩在集体中犯了错误时，也要鼓励孩子承担责任。例如，男孩跟着爸爸妈妈去朋友家做客，不小心损坏了物品。这时应该让孩子知道，是由于自己的过错，才造

成了这种后果，应当给予赔偿。之后一定要带男孩一起买东西去朋友家道歉。

4.适当放手，让孩子体验社会生活，让男孩对社会负责

男孩毕竟是要经历社会的洗礼的，初中阶段，他们已经具备一定的社交能力和参与社会活动的能力，我们不要还是把男孩拴在身边，这样对男孩有害无利。男孩就是一张白纸，你把他描成什么样，他将来可能就是什么样，从小让男孩学做高山，男孩就会长成山；让男孩从小学当大伞，孩子长大了就能顶天立地！

5.父母要对自己的言行负责，为男孩做出榜样

无论作出什么许诺，都要尽可能地实现，如果不能实现的话，一定要向男孩说明。告诫男孩不要轻许诺言，一旦许诺，就必须遵守。家长自身对家庭、对社会的责任心如何，对孩子来说是一面镜子，父母的责任心水平可以折射出男孩的责任心。一个对家庭、社会毫无责任感的父母，不可能培养出有责任心的男孩。

总之，父母对青春期男孩的责任心的培养应遵循这样一个规律：从孩子自己到他人，从家庭到学校，从小事到大事，从具体到抽象！

专注力——引导“毛毛躁躁”的男孩学会专注

家长的烦恼

费晓波是某中学的理科状元，中考毕业后，市里的记者来采访他。

在校办公室，班主任严老师很开心，她说：“晓波能够取得这样的好成绩与他的踏实好学有很大的关系。”

严老师说：“费晓波是个非常明事理的孩子。在他人眼里，费晓波的爱好很少，因为他专注于学习，所以能够取得好成绩。此外，在生活上费晓

波也非常自立，而且非常懂得关心周围的人。”

“好学生也会有问题，比如费晓波喜欢看书，他的思想有时候显得要比其他孩子成熟，所以，有时候与人相处时他会表现得居高临下，我注意到这个细节，曾经找他谈心，后来，费晓波成了班里很多同学的好伙伴。”严老师说。

后来，费晓波的父母也被请到了校长办公室。“晓波好静，他很专注于做一件事，这次他考出好成绩，我为他高兴。”费晓波的妈妈说。

这里，我们看出，费晓波之所以能取得好成绩，其中一个重要的原因就是——学习专注。托马斯·爱迪生曾说过：“成功中天分所占的比例不过只有1%，剩下的99%都是勤奋和汗水。”对于青春期的男孩来说，在未来社会，他们只有专心致志于一行一业，不腻烦、不焦躁，埋头苦干，不屈服于任何困难，坚持不懈；并且，只有坚持这样做，他们才能造就优秀的人格，而专注的这种品格必须从小培养，从日常的生活和学习中培养。

作为男孩的父母，我们也应该深知，专注是一种良好的助人成功的品质，从现在开始培养男孩的这种品质，他才能在人生路上收获成功。

对于学习阶段的男孩来说，他们最主要的任务是学习，而学习并不是一件轻松的事，浮躁心态是学习的大敌，是学习失败者的亲密朋友。因此，在学习上，要想提高他们的成绩，我们父母就必须训练他们专注的学习习惯。具体来说，我们可以这样做：

心理支招

1.为男孩树立一个行为榜样

比如，王羲之就是个学习专注的人。

王羲之小的时候，练字十分刻苦。据说他练字用坏的毛笔，堆在一起成了一座小山，人们叫它“笔山”。他家的旁边有一个小水池，他常在这水池里洗毛笔、冲砚台，后来小水池的水都变黑了，被人们叫做“墨池”。

长大以后，王羲之的字写得相当好了，还是坚持每天练习。有一天，他聚精会神地在书房练字，连吃饭都忘了。丫鬟送来了他最爱吃的蒜泥和馍馍，催着他吃。他好像没有听见一样，还是埋头写字。丫鬟没办法，就去告诉王羲之的夫人。夫人和丫鬟来到书房的时候，看见王羲之正拿着一个沾满墨汁的馍馍往嘴里送，弄得满嘴乌黑。她们忍不住笑出了声。原来，王羲之边吃边看着字，错把墨汁当成蒜泥蘸了。

夫人心疼地对王羲之说："你要保重身体呀！字写得已经不错了，为了苦练把身体弄坏就不值得了。"

王羲之抬起头，回答说："我的字说是不错，但那都是学习前人的写法。我要有自己的写法，自成一家，不苦练是不会成功的。"

经过艰苦摸索，王羲之写出了一种妍美流利的新字体。大家称赞他写的字像彩云那样轻松自如，像飞龙那样雄健有力。王羲之被认为是我国历史上最杰出的书法家之一。

王羲之是个做事专注的人，他的故事告诉我们，学习是一件容不得半点马虎的事，要想学有所成，就必须做到专注。

2.协助男孩学会拟订做事计划

你可以告诉他，无论是学习还是其他事情，都不要把注意力过分放在整件事情上，而应该先拟订一个切实可行的计划，并努力做好第一步，而后再努力做好第三步，第三步……如此各个击破，最终达到自己的目标。

3.告诉他不要同时做两件或两件以上的事

可能你也发现，你的儿子，无论是不是在学习，都把电视开着，或者边玩游戏边学习。试想，这样怎么能聚精会神呢？这样自然不能集中精力去学习，久而久之，你便养成了一心二用的坏习惯。

为此，你必须帮他克服这一缺点，做习题时就专心做习题，玩游戏时就痛快玩游戏，经过一段时间，你会发现，他无论做什么事，都专注多了，而最重要的是，效率也提高了很多。

总之，专注、认真是任何人要做好一件事情的前提，如果对什么事情都敷衍了事，草草出兵，草草收兵，必然做不好。然而认真、专注还是一种习惯，要养成专注于学习的习惯，还需要身为父母的我们帮助男孩在平日里培养。

意志力——意志力就是男孩的成功力

家长的烦恼

杰克·韦尔奇在全球享有盛名，他被誉为“全球第一首席执行官”、“最受尊敬的首席执行官”、“美国当代最成功、最伟大的企业家”。

每个人的成长过程中总有一些回忆，韦尔奇也有，他曾经这样回忆自己的一段经历：“我是个自信的人，但我也有缺乏自信的时候，我记得那是1953年的秋天，那是我上马萨诸塞大学的第一周，我很想家，我想母亲，我住不惯。我的母亲是个很爱孩子的女人，她从家要开车三个小时才能到我的学校，但她经常不辞劳苦来看我，给我打气。”

面对沮丧的儿子，他的母亲说：“你看看你周围的这些同学，他们也是离家很远，但他们却没有你这么想家，你要努力，表现的要比他们还出色。”尽管韦尔奇当时并不是很出色。

母亲的这番话确实对韦尔奇产生作用了，不到一个星期，韦尔奇就振作了，他信心十足地融入到周围同学中，并且，在第一学期的期末考试中，他的成绩还不错。

对于韦尔奇来说，他的母亲的这番话是有力的，因此，他受到了极大的鼓舞。

韦尔奇的故事能给男孩的父母一些启示，意志薄弱者，最终都会与成功无缘。教育个性、人格形成期的青春期男孩，一定要着手锻造男孩的意志力。

对于成长中的男孩来说，困难和挫折是一所最好的学校，在这所学校里，男孩能历经磨炼，“艰难困苦，玉汝以成。”没有尝过饥与渴的滋味，就永远体会不到食物和水的甜美，不懂得生活到底是什么滋味；没有经历过困难和挫折，就品味不到成功的喜悦；没有经历过苦难，就永远感受不到什么叫幸福。从这个角度看，为人父母的我们，如果想让你的儿子变得勇敢和坚强，就要学会“穷养男孩”，就要放开手，让孩子吃点苦。

心理支招

1.让男孩接受一些挫折教育

事实上，挫折总是难免的，人生活在社会上，由于自然因素和社会因素，不可能全是掌声和鲜花，成功和荣誉，更多的是泪水和挫折，比如天灾、人祸、疾病、朋友的背信弃义、理想的突然破灭、地震火山爆发，往往让我们本来美好的家园一夜之间化为乌有。

要知道，对于任何人来说，挫折都是一种珍贵的资源，也是一种人生的财富。古今中外的理论和实践都证明：挫折教育可以增强男孩的适应能力、磨炼意志、形成自我激励机制，这正是男孩们成长所必不可少的“壮骨剂”。

为此，我们父母可以为男孩设置一些生活挫折和障碍，你可以让他完成适当的家务，如打扫卫生，洗碗，清理房间等，还应该多参加社会实践，如卖报纸，农村生活体验，夏令营，与农村孩子交朋友等形式的活动。

2.设定清晰的目标，才有坚持的动力

关于目标，心理学已经证明了目标和成功之间的关系，这一点也已经被我们家长自身的经验所反复证明过。一个目标，一个明确的承诺，可以集中我们的注意力，帮助我们找到实现目标的路线。目标可以简单到购置电脑，或复杂到攀登珠穆朗玛峰。心理学家告诉我们，信念是会自我实现的预言，当我们跨上行囊准备出发时，我们已经相信自己可以到达目的地。

同样，锻造青春期男孩的意志力，也要从帮助他们树立目标开始，有了目标，他们才能学会因正确地定位自己、认清自己，看到自己的价值，然后找准方向，挖掘到自己的内在动力，不断朝着目标奋进，即使遇到挫折，也会因为有目标的鼓励而再坚持一秒。

3.教男孩学会权衡利弊

人们常说，坚持就是胜利，我们也常常会用这句话来鼓励那些做事容易放弃的男孩，但事实上，这句话就是绝对的真理呢？如果坚持了错误的方向，那么，只能在这条错误的方向上越走越远，因此，坚持还是放弃，我们是需要权衡利弊的。

我们也应该告诉男孩，锻造坚韧的意志力，并不是盲目坚持，而是应该懂得反思，坚持和审视自己的行为，懂得权衡利弊，只有这样，才是理智的坚持。

总之，我们都知道，每个男孩都将面临未来社会激烈的竞争，都需要勇气，并且有时需要很大的勇气。它虽然没有硝烟，但有时候面临的恐惧足以摧垮人的意志。因此，每个男孩都必须要勇敢，都必须要有意志力，我们父母，要想锻造这样的男孩，就要在男孩青春期阶段为他“制造”一点挫折，让男孩学会在逆境中保持自信，学会在挫折面前保持乐观，泰然处之；培养男孩的韧劲和抗挫折的能力，以及受挫折后的恢复能力，还有不向挫折低头的精神。

自主——培养有主见的男孩

初一的时候，小星就喜欢上了信息技术这门课程，平时一有时间，他就开始“钻研”电脑，但他的父母则明文规定，不许玩电脑，放学后

必须做多少作业和练习，这让小星很不高兴，于是，放学后，他就尽量不回家，或去同学家或去网吧。不过说也奇怪，小星在这方面确实很有天赋，在那年市青少年科技创新大赛上，小星居然获奖了，这让他的父母吃了一惊，并重新认识了孩子“玩电脑”这一情况。但小星却不领情了，他用自己的奖金买了电脑，从此一放学就把自己关在房间里。有时候，父亲为了“讨好”他，主动向他请教电脑方面的知识，他也不理睬。

有一次，父亲听老师说小星自己建了一个网站，便想看看儿子的成果，这天，他看见儿子的房门没关，电脑也开着，就打开看看，结果他却听到儿子在身后吼了一声：“谁让你动我的东西？”因为自己理亏，父亲也没说什么，不过，从那以后，小星的房门上就多了一把锁。

这里，小星为什么不愿意和父母分享自己的个人爱好与努力成果呢？很简单，因为父母曾经否定过自己的爱好。很明显，面对孩子喜欢玩电脑，小星父母的处理方式不恰当，男孩对现代科技的爱好和探索，家长应予以正确的引导和鼓励，不能以一成不变、简单粗暴干涉的方式来约束他，应该突破传统教育的固定模式，家庭教育也需要与时俱进。

可能很多父母都会认为，儿子只要听话、省心就好，然而，这样的男孩只能生活在父母的臂弯里，因为没有主见，更不能自立，而男孩必须自立自强，因为社会赋予男人更多的责任，需要面对更大的困难，需要不懈地自我奋斗，可以说，成功男人的成长和成熟是一个不断挑战自我艰苦奋斗的过程。诚然，男孩的听话让父母安心，因为这样的孩子，在小时候可以避免许多不必要的危险和麻烦。男孩的听话也让父母欣慰，因为听话的孩子肯定不笨，理解力强，善解人意。然而，这是一个强调创意的年代，作为男孩，如果习惯于听话，那么，在未来社会，他就很可能迷失自己，因为当找不到那个权威的发话人，他不知道该听谁的。

心理支招

具体来说，我们需要做到：

1.给男孩表达意愿的机会

相当一部分家长害怕男孩走了错路，习惯于事事为儿子做出决定，而少有征求儿子的意见；一旦男孩不遵从，就大加责备。其实儿子有自己的想法，家长在任何时候都要注意让男孩充分表达自己的意愿，给他表达自主思想的机会。

事实上，相对于女孩的乖巧来说，男孩更调皮一些，尤其在成长期，他们总是做出一些让父母深感意外的事，而其实，这正是男孩在探索世界，作为父母的我们，要学会引导他们的想法，而不是一味地压制和制定规则，如果你总是告诉他们不许这样，不许那样，那么，男孩很有可能变成什么都不敢尝试的懦夫。

2.不要总是命令男孩

很多家长在要求儿子做事时，往往喜欢使用命令句式，因为他们以为，男孩天生是听话的，应该由别人来决定他的一切，如“就这样做吧”、“你该去干……了”。而这种语气会让男孩觉得家长的话是说一不二的，自己是在被强迫做事，即使做了心里也不高兴。

家长不妨将命令式语气改为启发式语气，如“这件事怎样做更好呢”、“你是否该去干……了”，这种表达方式会让孩子感觉到家长对自己的尊重，从而引发男孩独立思考，按自己的意志主动处理好事情。

3.尊重男孩的爱好，鼓励他做自己喜欢做的事

男孩调皮，喜欢做做这个，试试那个，家长便会担心孩子无心学习，或者染上什么不良的习惯、会接触社会上那些坏孩子等问题。有时候，我们越是干预，越是阻止，男孩越是会义无反顾地去做。其实，我们应该做的，首先就是相信他，你要告诉他，无论你选择什么，爸爸或者妈妈都相信你，但是你也要做出让爸爸妈妈相信你的事情，在保证学习不受影响的情况下，爸爸妈妈允许你做自己喜欢的事。

4.让男孩随时随地自主选择

家长对男孩自主选择的尊重，可以随时随地体现在最简单的日常生活中。

（1）吃的自主。当男孩能力所能及时，在不影响他饮食均衡的情况下，家长可以让男孩自己选择吃什么。例如在吃饭后水果时，家长不必强迫儿子今天吃苹果，明天吃香蕉，而要让男孩自己挑选。

（2）穿的自主。男孩也喜欢好看的衣服，家长带男孩外出玩耍时，在保证安全、健康的前提下，可以让他自己决定穿什么衣服，切忌随自己喜好而不顾他的感受。

（3）玩的自主。不少男孩在玩游戏时，并不想让成人教给他们游戏规则，更愿意自己决定游戏的方式，并体验其中的乐趣。家长可让他自己选择玩具和玩的方法，这样做可以极大满足他的自主意识，帮助他成为一个有主见的人。

当然，不给男孩制订太多的规则，不代表没有规则。具体事情要具体对待，可根据他出现的问题临时性给他制订规则，但一定要征求他的意见，请他参与到规则制订中来。

财商——为男孩将来的富有打基础

家长的烦恼

王先生的儿子叫王奇，王奇有个同学家里经济条件比较好，别人也都习惯叫他“大款”，和他交往时间长了，王奇也变得花钱大手大脚。在不到一个星期的时间，王奇花了好几百，王先生夫妇发现了儿子的变化，就找来了儿子，准备和儿子好好谈谈。

“最近给你的那些钱都花哪儿了？”

“什么都没买啊。”

“那钱呢？好几百呢。”

“那才几百块钱，请几个同学吃了一顿饭，就花光了。”王奇轻描淡写地说着。

“和同学搞好关系没错，可不能这样大手大脚地花钱啊，这样交的朋友充其量是酒肉朋友，不是知己，知道吗？而且，你现在这个年纪，应该学学怎么理财了，况且，你现在还没有挣钱的能力，更不能乱花钱，知道吗？”王先生说。

“理财？就是要管理自己的钱财吗？”

“是啊，知道怎么理财吗？”

“不知道。”王奇很疑惑。

不得不说，随着物质生活水平的提高，青春期男孩奢侈浪费的现象比较严重。有的男孩穿衣服总要穿名牌且喜欢互相攀比；有的男孩喜欢漂亮、高档的文具盒，常常是原来的文具盒还好好的就被丢弃了；有的男孩子早点买多了吃不下便随手扔进垃圾桶内；有的过生日邀请同学聚会……这些男孩只知花父母的钱，完全不知父母的辛劳。大手大脚地花钱、对金钱的依赖，正悄悄地改变着孩子们的价值观、人生观和道德观。这不能不令做父母的感到深深的忧虑。

作为父母，我们都希望儿子能在将来懂得赚钱、不为经济问题担忧，而要培养这样的男孩，就要从现在开始培养男孩的财商，让其懂得理财，懂得合理消费。我们家长可以从以下几个方面努力：

1.穷养——引导孩子合理消费

穷养男孩是一种教育理念，所谓“穷养”，是要在生活、学习的方方面面给男孩子制造“拮据”的环境，让孩子最大限度地体验生活，从而磨炼孩子，提高其耐受力，进而促使其刻苦奋进、独立自强。这一教育理念要求家长在培养男孩的过程中，要让孩子远离奢侈浪费，更重要的是，这

是帮助孩子树立正确的金钱观的重要部分。

尤其是教育处于学生时代的青春期男孩，要避免让他们养成大手大脚的消费习惯，只要他们吃得营养均衡，穿得简洁大方，住得简单实用即可。

2.引导男孩自己去赚钱

小李夫妇为了能让孩子感受到金钱的来之不易，于是准备在一个星期天进行一次社会实践活动，周末，他们带着刚上小学的儿子一起去逛街，在一个繁华的路口，有一位老奶奶正在卖报纸，但却少有路人买。小李从口袋里掏出5元钱交给儿子，让他去买10份报纸。儿子买回晚报，父母一起跟他商量：按原价把报纸卖出去，看看我们能不能很快卖完。儿子在小李夫妇的支持与帮助下，费了很长时间才把10份晚报卖出去。

卖完这些报纸以后，小李夫妇让儿子去问老奶奶，卖一份报纸能赚多少钱。孩子从老奶奶那里知道，卖一份报纸只能赚几分钱。他算了一笔账，花了这么长时间才能赚几毛钱，而且辛苦得很，他突然想到“我一天的零花钱有时候是老奶奶几天卖报纸才赚来的”，于是，他对小李夫妇说：“爸爸妈妈，我以后可不能随便花钱了，挣钱太不容易了。”小李夫妇肯定了孩子的想法，及时表扬了他。这个男孩后来很懂得节俭。

小李夫妇在教育孩子上的方法值得借鉴，让男孩身体力行地尝试赚钱的辛苦，男孩才能切身地感受到金钱的意义和价值，才会明白应该如何正确的消费。

3.投资意识从小培养。

理财的目的在于合理规划自己的钱财，使得自己和家庭的钱财处于一种最佳的分配状态，这是一种长远打算的需要。现代社会，人们对理财的意识越来越强烈，从此种意义上说，理财也应该伴随人的一生。

对于青春期的男孩，当他们开始有零花钱的那一刻时，我们就要培养他们的理财习惯和理财观念。要知道，在此阶段，如果男孩能够养成一些较好的理财习惯，掌握一些必需的理财常识，往往可以受益终生。

比如，我们可以为儿子在银行开立单独账户。此外，当父母到银行办事时，不妨也把男孩一起带去进行机会教育，让儿子了解银行作业流程、自动存取款机功能等。若父母已开始利用此账户理财，则可利用银行对账单、投资报表等向男孩说明，让他们亲身感受“复利”的效果，激励孩子多储蓄。

总之，青春期时，家长就应有意识地培养男孩的理财能力，指导他熟练掌握基本的金融知识与工具。不过在此要提醒的是，训练理财的内容必须依照男孩心智发展情形而定，找出适合他的理财学习方法。教会男孩理财，从短期效果看是养成男孩不乱花钱的习惯，从长远来看，将有利于男孩及早具备独立的生活能力，使其在高度发达、快速发展的时代中，具有可靠的立身之本。

自控力——自制力强的男孩才能管好自己的人生

家长的烦恼

这天，班上今天又发生了吵架事件，其实，就是一件鸡毛蒜皮的事。

“你不知道，他有多差劲，小心眼、成绩差、长相差，甚至是歌唱的也差，哎。估计学校都没人喜欢他。”一群男孩子在讨论某个韩国明星，说话的是小鹏。

“你说谁差劲呢，你也好不到哪里去，一天除了研究那些无聊的游戏，你还会做什么？”这被刚刚路过的飞飞刚好碰到了，他和小鹏的关系一直不好，以为小鹏在说自己，于是，不分青红皂白，展开了言语攻击。

“游戏怎么无聊了？你不知道每天有多少人在玩我这个游戏，估计你爸爸也在玩，你品位低下，也别说别人。”小鹏自然不肯忍让。

“你为什么扯到我爸爸，你有没有道德？”飞飞生气了。

于是，就这样，你一句我一句的两人吵起来了，要不是同学们劝架劝得快，估计两人还要打架。

其实，这种事情在学校里经常发生，很多老师都感叹，现在男孩们怎

么一点绅士风度都没有，都不知道礼让吗？

青春期的男孩脾气差、易冲动，其实，这都是缺乏自控力的表现。有人说，金无足赤，人无完人，人最大的敌人是自己。只有能够战胜自我的人，才是真正的强者。这就考验到人的自制力。一个有着强烈自制力的人，就像一辆有着良好制动系统的汽车一样，能够在很大程度上随心所欲，到达自己想要去的任何地方。因此，我们可以说，美好人生，就是从自我控制开始的。而生活中，人们之所以会做那些让自己后悔的事，归结起来，大多是因为自制力薄弱，抵挡不住诱惑，因此做了不该做的事。

可见，任何一个父母，在教育男孩的过程中，一定要培养男孩的自控能力，让孩子学会约束自己，他才能最终战胜未来生活中的种种困难，取得成功。

当然，任何一个人的自控力都不是一下子就能形成的，对于青春期的男孩来说也是如此，这需要我们父母在日常生活中逐渐引导，并且，对于不同个性的男孩，也有不同的引导方法。

心理支招

1.叛逆的男孩适用自然惩罚法

我们都知道，青春期是叛逆的年纪。在男孩犯错误的情况下，如果我们采取批评、打骂的方式，势必会引起男孩的逆反情绪，那么，他们不但不会意识到自己的错误，还会与家长唱反调，久而久之，他们不但不能约束自己，自控力还会越来越弱。

其实，对于有逆反情绪的男孩，我们最好让男孩自己去发现错误，让他吃点苦头。比如，冬天的早上，你的儿子为了要风度，就是不要温度，坚决不穿保暖裤，那么，你不妨由着他的性子，让他受受冻，相信他以后自然会改正。

2.有惰性的男孩适合被激励

一位母亲说：“我可以用很懒散来形容儿子。他睡瘾很大，白天也爱睡，书看不到半小时，他就开始打瞌睡。想让他帮忙做点事，我还没开口，他先喊累，没有小孩子应当有的朝气。我认为他之所以懒散，是因为缺乏活力。于是，我先激励他，夸奖他阳光、有活力，头脑灵活，儿子十分高兴，然后我顺势给他制订了一个学习和生活计划，接下来就是实施阶段：帮他采取‘分段学习’法，学习半小时休息十分钟，背英语课文也一样，背两段休息一会儿。复习迎考时，我与他用问答方式整理资料，避免他一个人学习时打瞌睡。做完作业，我会赶他下楼和他踢足球、打羽毛球，使他保持活力。坚持的结果是：儿子在中考中取得了意想不到的好成绩，考上了重点高中。他尝到了甜头，情绪很高，对未来也信心十足。”

“现在的男孩知识面广，脑子灵，就是有点‘懒’。”这是很多家长对孩子的评价。当然，男孩懒散的原因是多方面的，但主要是因为现代社会家长对孩子的娇宠，在衣来伸手、饭来张口的家庭生活中，孩子缺乏劳动习惯而变得懒散，久而久之，就导致动手能力差，做事缺乏毅力和耐力。而男孩作为社会的接班人，必须发挥先辈们艰苦奋斗的作风，不能让懒散成为成长的绊脚石，这就告诉家长，必须要帮助男孩改掉懒散的坏习惯。而对于青春期的男孩来说，最好的方法莫过于激励。你可以这样鼓励你的儿子：

（1）多用三个字的“好话”：好可爱！好极了！好主意！好多了！真好呀！做得好！非常好！恭喜你！了不起！很不错！太棒了！

（2）多用四个字的“好话”：太奇妙了！真是杰作！那就对了！多美妙啊！我好爱你！继续保持！你很能干！做得漂亮！

（3）多用五个字的“好话”：做得好极了！继续试试看！真令人惊讶！真令人感激！真的谢谢你！你办得到的！你帮得很对！你真的可爱！你走对路了！

总之，我们要让男孩认识到自控对一个人的重要，并着力在生活中培养他的自控力，从而让男孩坚决地约束自己、战胜自己，这样，他才能在在未来生活中最终战胜困难，取得成功。

吃苦耐劳——能吃苦的男孩更有战斗力

家长的烦恼

香港特别行政区原首席行政长官董建华是世界船王董浩云的儿子。在香港，董浩云是首屈一指的大富豪，但在子女的教育上，他却一直很严格，从不娇惯孩子。

正因为父亲严格的教育，董建华从很小就很节俭，读书期间，他每天都会乘坐公交车往返于家和学校之间，从不会因为自己是富豪的儿子而觉得高人一等。

毕业以后，所有人都以为他会接手父亲的生意，但大家没想到，他会接受父亲的安排，进入美国通用汽车做了一个普通的职员。

父亲告诉董建华："小华，我不怀疑你是个有理想的人，但我担心你的刻苦精神不够，你不要想着自己有依靠，你必须自己主动去找苦吃，磨炼自己的意志，接受生活对你的种种挑战，并战胜它。"

董建华听从了父亲的话，在通用的四年，他认认真真、勤勤恳恳，不仅学习了先进的管理经验，还学会了怎么与人打交道，也培养了吃苦耐劳的精神，为今后的事业打下了坚实的基础。

现实生活中，一些男孩不愿吃苦，是和他们的生活环境与家庭教育有关系的。作为父母，要想让男孩从吃苦耐劳的过程中有所收获，就应该将这一教育融入到日常生活中。

吃苦耐劳是中华民族传统美德，随着物质生活水平的提高，人们经济条件的改善，还要不要发扬这种美德？生活实践表明这种美德在今天仍然需要发扬光大。没有一点吃苦的精神，干不成任何事情，不仅成年人需要这种精神，青春期的男孩们更需要。人生道路是曲折的，每实现一个目标，都需要努力奋斗，要奋斗就需要有一种勇于吃苦的精神。

自古至今，男人无疑都担当着社会责任、家庭责任，随着社会的发展，他们身上的压力也越来越大。看古今历史，我们不难发现，不经历成长的艰辛、蜜罐里长大的男孩弱点多，比如：自私、虚荣、嫉妒、盲目、软弱等，这样一些缺点让男人在面对社会的残酷竞争，理想与现实之间，诱惑与机遇之间，很容易就一个不小心，失掉了平衡。

要培养青春期男孩吃苦耐劳的个性，我们父母需要从以下几个方面努力。

1.从转变观念入手，培养男孩吃苦耐劳的品格

从人的成长规律看，青少年时期是人生的基础阶段，能在成长期有一些吃苦的经历，将会对你的人生产生积极作用。因为任何人的一生，都不可能事事顺心，总会遇到一些这样那样的挫折，现阶段吃点苦，有助于磨炼男孩的意志、增强男孩的生存本领，因而可以说，吃吃苦，是为了让男孩的未来人生之路走得更平稳，是为了让他即使处于风雨之中也能勇敢地前进！

事实上，溺爱是男孩成长的毒药。现实生活中，很多父母对于男孩的教育方式，却是培养“小皇帝”而不是“男子汉”，每个父母都爱自己的儿子，可是爱孩子有其一定的方法和限度，爱孩子绝对不能变成溺爱孩子。一个从小被当成皇帝教育的男孩不可能有什么出息，也不可能成为一个男子汉，更别说独立担当起一个男人的责任。真正的男子汉，是经历了风风雨雨，能摔倒了自己爬起来，失败了重新再来的人。

因此，我们必须转变观念，必须认识到吃苦耐劳对于青春期男孩的重要性。只有这样，才能真正把这一教育融入到日常教育中。

2.男孩自己的事，家长不要包办

青春期的男孩应该学会自理了，自理是独立的第一步。然而，有的父母为了绝对安全，不让儿子走出家门，也不让孩子和同龄人走在一起，生怕有什么危险，到了一定的年龄还上下学接送，甚至是父母或长辈时刻不离开一步，搂抱着睡，偎依着坐，驮在背上走。这样的男孩会变得胆小无

能，丧失自信，欺软怕硬，在家里横行霸道，到外面胆小如鼠，造成严重的性格缺陷。

真正爱孩子，是要让他独立，接受一定苦难的洗礼，才能独当一面，成为一个真正的男子汉，要做到这一点，首先我们要改变的，就是戒除替男孩包办一切的坏习惯，让男孩自己动手，学会独立。

3.家长不妨给孩子点“苦”吃

父母爱孩子，要爱在心里，而不是表现在物质生活上，爱孩子，该狠还是要狠一点。要舍得让孩子吃一点苦头，也不要对孩子的要求全部给予满足。一味的溺爱，以孩子为中心，是不利于孩子的身心健康的，对他们的成长不利。因为溺爱孩子导致的悲剧，始终让人触目惊心。

当然，让男孩吃苦并不是让他 “受虐”，也就是说，不需要让男孩刻意受苦，因为吃苦是一种心理承受力。人在艰苦的环境中，战胜的不是环境，而是自己。“逼”男孩去吃苦，他的忍耐力就会降到最低点，不仅不能磨炼他的意志，还会让男孩产生受挫意识。

进取心——培养男孩的进取心，就是打造他的学习力

家长的烦恼

有位家长有这样的隐忧：“儿子已经12岁，身体的发育超越了同龄的孩子，高高的个子，健壮的身体，帅气的面庞，可他的心理年龄依旧停留在小奶娃的阶段。尤其是在勇敢、独立和竞争方面让我着急，让我不知所措。丈夫因为工作关系常年在外不回家，孩子的教育自然就落在了我身上，家里房子很大，有楼上和楼下，但就我和儿子住，一到晚上，儿子总是吵着让我睡他旁边，外面有点风吹草动，他就害怕地说：‘妈妈，我害怕。’于是，即使已经睡着了，他还让我开着所有的灯，有时，我故意跑

到客厅的沙发上睡，看他半夜起来，还找不找我！无可救药的是，他居然找到客厅，躺在地板上睡，也不回自己房间。

儿子在小区里有三四个要好的同学，他们经常到我家来玩电子游戏，比如赛车了，三国了，他们在一起很友好，但友好的让我有点担心，他们从不争名次。来自自身的竞争意识已经很淡，所以儿子也就很淡漠竞争，如此这般身体力行地教育男孩子，将来我们这些妈妈会不会也栽培出新一代的'啃老族'？"

这位家长的隐忧是有道理的，不愿意做元帅的士兵就不是好士兵，必须从小培养男孩的竞争意识，这样的男孩才有进取心，才会在学习上与同学你追我赶，才会不断追求进步。

的确，现今社会，知识经济的到来，各种技术日新月异，已经对生活在这个时代的人提出了新的学习要求。对于未来要步入社会的男孩来说，如果他们没有不断学习的意识，不通过学习了解掌握新技术，那么他跟不上时代的发展是必然的。生活中的每一个青春期男孩，都是新时代的主人，激烈的竞争要求他需要不断进步，而求知与不满足是进步的第一必需品。作为父母，我们必须激励男孩不断学习，不断进取，这需要我们从以下两个方面入手：

心理支招

1.不满是进取的源头——引导男孩和他人比

竞争，在字典里是这样解释的：为了自己的利益而跟别人争胜。良性竞争是发展自己、提高自己的动力，尤其对于未来需要承担更多责任的男孩来说，在当今竞争如此激烈的社会里，只有学会竞争，才能更好地适应社会。这也是男子汉气概的表现，所以，在家庭教育中，对男孩倡导良性竞争是很有必要的。相反，如果不鼓励男孩参与竞争，就很难开发他们的潜力，更不用说发掘出人生的深层意义和享受美好的人生。

每一个男孩的父母，在孩子小的时候，就应该让男孩明白一个道理，男子汉就应该敢于出头，就应该勇争第一，做有个性的人。

不得不说，从小在蜜罐里泡大的男孩就像温室里的花苗，没有竞争意识，从小不注重能力和实力的培养，也没有竞争意识，经不起风吹雨打，自然也见不到美丽的彩虹！不得不说，在我们的生活中，出现了很多的“啃老族”，所谓的“啃老族”就是孩子成年以后还在吃父母的，靠父母的。物竞天择，适者生存，当今社会更是一个处处充满竞争的社会，一个真正的男子汉除了血气方刚、敢想敢做以外，还要用知识武装自己的头脑，这才能在失败中总结教训，在成功中积累经验，从而在未来社会中做个勇敢、有实力的男子汉！

培养男孩的竞争意识，除了告诫他们要学会在学习上和他人比，我们还可以鼓励男孩参加各种比赛。带领男孩多参加招聘会、报名参加各种比赛等，就能让男孩从小体会到成人世界的压力，并将压力转变为学习的动力，具备实力后，孩子自然不会害怕竞争，在竞争中也就有勇气过五关斩六将，最终获得成功。

另外，一些竞技活动，也在激发男孩的竞争意识，竞技活动可以是体育活动，也可以是其他类型的比赛，但最好是有奖竞赛，在与别人你争我夺的过程中，男孩会感受到竞技的快乐，也会逐渐产生勇争第一的心态。

2.帮男孩设立自己的“学习目标”——引导他和自己比

告诫男孩做人做事、学习都要谦虚谨慎，要给自己寻找更高的起点和标准，让自己迎接新的挑战。因为成长期的男孩一旦取得一点成绩，就很容易骄傲自满，此时，需要父母的引导，只有帮助他认识到该怎样对待荣誉，他才会调整自我，以更好的状态去挑战自我。

有人说，男人天生喜欢角逐，是为竞争而生的，的确，身为男人，就要有理想，就要有勇争第一的决心，力争第一，是一种积极向上的心态，它为所有人创造了一种前进的动力。在很多时候，成功的主要障碍，不是能力的大小，而是一个人的心态。事实证明，那些畏畏缩缩、走在他人身后的人是没有什么大作为的。

总之，生命有限，维系成功的唯一法门在于学习，在新的方向不断探寻、适应以及成长。作为父母，我们必须要把进取心态引进男孩的生活中，让他敢于挑战自己，敢于挑战别人，只有这样的教育方式，才能培养出真正的阳光男人。

换位思考——善解人意的男孩总是能为别人着想

家长的烦恼

一位初一的语文老师在给学生批改作文的时候，读到这样一篇文章：敬爱的王老师，希望您不要让我妈妈和我一起上学了，说句心里话，妈妈为此付出了太多太多的心思。妈妈天天有洗不完的衣服，中午哥哥回来前妈妈要把饭做好，哥哥一来吃完饭就要走，到了下午妈妈也要早点做饭，爸爸从早上7点上班到晚上11点才回来，妈妈还要去接爸爸，回来给爸爸做饭……我保证，我再也不调皮了……

当这位语文老师读到这里的时候，流下了心酸的泪水，孩子终于能理解家长的苦心了，原来，事情的经过是这样的：这位同学的名字叫王兴，是学校初一的学生，调皮捣蛋，成绩在班上是倒数，那次，在学校又打了几个同学，作为班主任的这位语文老师只好把孩子的妈妈请到了学校，并让孩子的妈妈来学校陪读管孩子。为了能让孩子继续留校读书，从当日下午起，这位妈妈便开始了自己的"陪读"生涯，每天家里和学校来回跑，妈妈为此痛苦不堪，王兴看在眼里疼在心上。为此，他偷偷给班主任王老师写了一封信，乞求老师不要再让妈妈为自己陪读了……

从此，这名叫王兴的初一学生好像换了一个人，他开始认真学习，开始想对妈妈好，开始感激老师……

看完这个故事，相信大部分男孩的父母都希望，如果我的儿子也懂得换位思考、懂得理解别人就好了。的确，家庭教育是孩子教育的重要部

分，有些家长认为，儿子进入了青春期，就长大了，孩子的主要任务就是学习，这是老师的工作职责，自己终于可以松一口气了，但事实上，并非如此，青春期正是男孩身心发展与巨变的时期，家长如果不做好对男孩的引导和教育工作，对男孩接下来的成长都会有巨大的影响。

不得不说，现实生活中，青春期男孩的逆反行为、与周围的一些人发生矛盾，都是因为不懂得换位思考导致的，青春期正是他们由“小人”向“大人”过渡的阶段，他们言行的独立性和自主性也逐渐增强。我们若希望男孩成为一个贴心、善解人意的人，就要在这个阶段对他们进行引导，具体来说，我们要从以下几个方面努力。

心理支招

1.告诉男孩师生之间需要换位思考

师生之间，换位思考尤为重要。我们要告诉男孩，不妨从老师的角度想想看，每个老师都希望自己的学生取得良好的成绩、能有一个美好的未来，老师所做的一切的出发点，都是为了学生好，可能在实现这一意愿的时候，方法上有所失误，但老师也是人，也有情绪，如果你只一味坚持自己的观点，认为师生关系恶化的责任多在于对方，这样的较劲是不可能分出胜负的。你只要想对方所想，思对方所思，才能相处得更为融洽，真正地成为朋友。

2.诉说衷肠，让男孩理解父母

我们可以告诉儿子：作为孩子，当你们要求“理解万岁”时候，有没有想到，父母也是需要理解的，理解永远都是双向的。不错，你希望别人能认同、理解自己，但父母也需要理解，工作的辛苦、生活的压力已经不允许他们和你一样激情高昂，他们也曾年轻过，他们身上有更多的责任，你理解过父母吗？事实上，父母不管做什么，都是为了下一代好，生活、社会经验丰富的父母往往看的比你远，多听听父母的劝告，对你的成长很有帮助，但很多时候，父母也有不对的地方，这时候，你不妨先放低姿态，然后和父母好好交谈，表示你理解他们的一片苦心，在他们认同后，再心平气和地把自己的想法说出来。

3.告诉男孩要学会理解朋友、同学

这天，在初二三班，发生了一件事：

王晓和李逵是同桌，两人平时关系不错，但也不知道为什么，这天，两人心情都不好。

上课的时候，李逵的胳膊不小心碰到了王晓，王晓轻轻地对李逵说："你道歉。"

"你真小气。"李逵回了一句。

"你说谁小气？"

"说的就是你。"

……就这样，两人吵起来了，最后声音大得全班同学都听得到，还差点大打出手。

青春期的男孩情绪不稳定，很容易因为一些小事而动怒，案例中的王晓和李逵就是如此，而假如他们能从对方的角度考虑，这场"战争"完全不会发生。

青春期的男孩，谁没有几个铁哥们儿？谁没有几个成天腻在一起的好朋友，矛盾的产生也就在所难免，但青春期的那股倔劲儿，会让男孩被友谊所伤。我们要告诉男孩，在与朋友、同学打交道的过程中，要学会理解和尊重他人，多从他的角度想想，他为什么会这么做，要是换了你呢？你们之间是不是有什么误会？你不妨给他一个机会解释，也不妨主动示好，别把心事放在心里，也没什么大不了的事。

其实，无论发生了什么样的事情，只要男孩学会换位思考，多为彼此着想，互相理解，这是人与人和谐相处的基础。如果我们的儿子能以理解为桥梁，建立起密切的师生、亲子关系，无论对于孩子还是我们家长，都会产生积极的作用。

第 9 章

价值观养成：男孩要勇于担当，培养有出息的男子汉

在中国的传统教育下，人们常说，分分分，小命根。考重点上大学，将来才会有出息。我们也是常常这样教育青春期的男孩，希望男孩能抓紧青春期的时间努力学习，但实际上，比分数更重要的是价值观，任何一个男孩，只有做到正直、善良、有担当、有理想，才能成为一个真正的男子汉，而这些，都需要我们对男孩进行价值观引导。因为青春期正处在人生的岔路口，男孩最终会长成什么样的人，都是父母引导的结果。

男孩开始“学坏”怎么办——引导男孩树立正确的是非观念

家长的烦恼

陈智是个很懂事、很善良的男孩，而他善良的性格，是从自己很小的时候，爸爸就开始教育的。爸爸常常给陈智讲故事、讲历史。陈智至今保存着两块珍爱的徽章，一块上面写着博爱，一块上面写着天下为公，他常常将它们别在胸前，那是小时候爸爸送给他的，爸爸希望他长大成为一个爱自己的国家、爱自己的民族、有社会责任感的人。他告诉陈智，人不能光为自己活着。要像孙中山先生等志士仁人一样，以天下为己任。

上中学后的陈智，在学校里正直是出了名的，只要他看见高年级同学欺负那些低年级同学，他都会主动站出来。在家里，爸爸要是骂妈妈，他也会替妈妈说话。他记得最清楚的一件事是，有一天晚上，他从老师那儿补课回来，他看到有几个小混混在后巷打人，他很害怕，但他还是勇敢地报了警，当警察把这些坏人抓起来后，他觉得自己很光荣。因为这件事，陈智还被校长表扬了。自打这件事后，陈智决定，以后一定要做个正直的人，要敢于指出一些不公义的事。

的确，正直、善良、忠诚的人是高贵的；丢弃了这一品格的人生是低下的。有高尚的品格，这是比金钱、权势更有价值的东西，也是成功的最可靠资本。

的确，自古以来，中国人就大致把生活中的人分为两类，一类是君子，一类是小人，并常常用“君子坦荡荡，小人长戚戚”来形容二者最为明显的区别。那到底什么是君子，什么是小人呢？关于他们的划分标准有很多，其中，是否正直、坦荡则是最重要的标准之一。当一个正直坦荡，

让人尊敬加礼的君子，便成为其做人的最高奖赏。

相信任何父母都希望自己的儿子能在未来社会成为一个人人敬佩的君子，但我们也听到一些家长反映：儿子进入青春期后，好像学坏了怎么办？尤其是在接触一些社会青年后，开始怀疑家长的教育观念。对此，我们父母一定要进行引导，青春期正是男孩个性与品质的形成期，男孩学坏，如果我们听之任之，那么，很可能会让男孩因为疏于管教而误入歧途，让其后悔终生。

引导青春期的男孩树立正确的是非观念，我们家长要做到：

1.让男孩树立正确的是非观念

可能有一些男孩会产生疑问，我现在才十几岁，现下的主要任务是学习，其他事应该充耳不闻。其实不然，我们每个人，都应该在心里树立一杆秤，对于是非黑白，一定要有辨别能力，这是任何一个社会人应该有的责任心，男孩也不例外。

因此，尽管现阶段的男孩还是个孩子，但他们也应该学会辨别是非。我们要告诉男孩，当你发现有人违背原则，你也应及时制止，把责任心传递给周围的人。

2.培养孩子的好习惯永远都不算晚

可能有些男孩会说，随着年纪的成长、经历的增多，谁能真正做到不染世俗、一身正气？对此，我们要告诉男孩，这二者并不冲突。我们要从现在开始，就养成良好的行为习惯，比如：守纪、守信、守法，坚决不骂人、打人、偷东西、毁坏公物、随地大小便、扔垃圾、墙壁上乱画乱抹、霸道、自私等，不要小看这些，日积月累，当男孩长大后，他们就会形成自己的一套做事原则，即使他们饱经世事，但他们不会因此变得圆滑、世俗，而是依旧秉持着正直坦荡的做人原则。

总之，男孩在少年时就一定要赶快积累知识和财富，但同样也要注重德行的修养。我们父母要着力培养男孩明辨是非的能力，一个能明辨是非的男孩就绝不是一个自私、狭隘的男孩，这样的男孩才不会活在自己的小世界里，会立志对国家和社会作贡献，长大后才会有出息，总之，这种品质的获得将会对男孩的一生都大有益处！

"我在为谁努力？"——引导男孩认识人生是自己的

家长的烦恼

这是一个初中男孩的日记："我出生在一个十分幸福的家庭，爸爸妈妈十分相爱，但是我不快乐。从小就是妈妈管我学习，爸爸在外面挣钱。每次我除了做完老师布置的习题，还要完成妈妈布置的额外任务。记得有一次妈妈对我说做完20道题就可以出去玩儿，然后她就去做饭了，为了投机取巧，我把前后几道应用题做完就说自己做完了，我想，妈妈是不会发现的，然后我就出去玩了。天黑的时候我才依依不舍地回家。

一到家，我就觉得什么地方不对，只见妈妈沉着脸叫我进屋，问我：'题都做完了吗？'我心虚地说：'做完了。'妈妈生气了，问：'真的吗？'我不敢说话，闷闷地站着。妈妈更生气了，说：'你为什么要撒谎？你以为你学习是为了谁？'我还是不说话。只见妈妈一下子冲到桌子面前，呼啦一下把我桌子上的笔、本子和书全都扫到地上，然后气呼呼地转身走了。

我吓坏了，妈妈尽管对我比较严厉，但是从来没有发过这么大的火，就算是她打了我，我也没有这么害怕过，因为每次妈妈打完我最后还是会哄哄我的。我一个人呆呆地站在那里，不敢动也不敢说话，心想：要是以后妈妈再也不管我学习了可怎么办？屋子里渐渐暗下来，妈妈没有来，也没有别人来叫我去吃饭。

就这样不知道过了多久，我收拾好散落一地的书、本子和笔，鼓足勇气走到妈妈面前，对妈妈说：'妈妈，我错了，我不该骗您，以后我不这

样了。’妈妈当然马上就原谅了我。

虽然那次妈妈没有打我，但是真的把我吓坏了，而且从那以后，我再也没有骗过妈妈。但是，学习究竟是为了谁呢？”

作为家长，看完这个故事，是否有所感触？相信你的儿子也可能会像故事中的男孩一样认为努力学习是为了父母的面子、老师的名声？不得不说，如果男孩这样认为，那么，他肯定会觉得读书、学习是一种负担，没有了学习动力，又怎么能学得好呢？

不得不说，很多男孩都对自己的人生感到迷茫，不明白自己为谁读书，为谁学习，更多的则认为是为父母学习，为了给父母争面子，而这种学习态度直接导致了他们对待学习和生活冷漠，没有热情，对什么都没有兴趣，觉得整个世界都是没有意义的，整个精神状态看起来都无精打采，对什么都不在乎。

作为父母，如果你的儿子也是这样的状态，那么，我们有必要对其进行引导，以帮助儿子建立正确的心态。

心理支招

1.引导男孩思考：努力到底是为了谁

哈佛大学前任校长劳伦斯·H.萨默斯曾经在课堂上建议每一个哈佛学生每天都问自己一个问题：“我为什么要学习？”

表面上看，这是一个很简单的问题，实则非常重要，因为一个人，只有具备良好的学习动机，才有强烈的学习欲望。而相反，如果一个人没有良好的学习动机，不明白做事的目的，就很难产生强大的内驱力。

确实，如果男孩们不明白自己学习的动机，不明白读书的目的，就会把学习当成负担，把读书当成任务。

所以，我们父母也可以这样向男孩提问，努力学习到底是为了谁？你可以继续追问：

“有时候，父母是会逼你学习，会剥夺你玩耍的时间，会让你觉得不近人情，但你是否真的知道自己是为了谁而读书呢？

其实，你要明白，读书是为了自己，年幼的时候，可能你不懂得为什么父母要你好好读书，但随着年龄的增长和了解学长们的经验教训，你也能感受到读书的重要性。知识改变命运，没有知识的人在未来社会只会被淘汰，读书是为了获取知识，为了让自己未来的人生路走得更平坦。”

当男孩明白自己为什么读书、为谁读书，考虑清楚这个问题，相信他也能找到努力学习的动力！

2.以父母过来人的经验告诉男孩努力学习的重要性

我们可以以自己曾经读书的经历来引发男孩思考这个问题，比如，读书时的辛苦和学成后的喜悦或者因知识存储不够给现在生活带来的不便等，从而让男孩明白，在这样一个竞争十分激烈的社会中，没有知识，就等于没有生存的本领，每个人都在用知识、为了自己的未来打拼。寒窗苦读的过程的确很辛苦，这是一个人立于世的必经过程。

总之，我们只有让青春期的男孩明白读书是为了他自己，只有帮助他摆正这一心态，才能激发他的学习动力，这样即使他在学习的过程中遇到了很大的压力，让他喘不过气，他也可以选择适当的方式发泄一下，进而调整自己的状态继续努力！

“我不喜欢分享。”——让男孩明白自私的人生是孤独的

很久以前，在一个小山村里，住着四个兄弟，他们的父母早早就离开人世了，“长兄为父”，最大的那个男孩便承担了照顾弟弟们的重任。

这天，哥哥从城里打完工回来，捎回来三块糖。这对于这个贫苦的家来说，简直是最好吃的食物了，看着弟弟们高兴的样子，哥哥便对他们说：“好吃不？”弟弟们都不停地点头，对哥哥说：“哥哥，你拿什么再给我们买糖啊？”哥哥说：“如果你们每天都快快乐乐的，哥哥每天都给你们带糖吃。”

可是，这些没爹没妈的孩子怎么才能天天都快乐呢？

哥哥虽然每天进城，但干的都是一些体力活，比如，给人搬砖、打杂等，那些城里人都不给他什么好脸色，但他总是很高兴，因为他一想到家里的三个弟弟很开心，他也就没什么烦恼的了。

三个弟弟在家里，虽然见不到哥哥，但也总是很高兴，他们在河边嬉戏，在树林里玩游戏，他们会想念哥哥，不是因为哥哥会给他们带糖吃，而是担心哥哥在外面的安危。

有一天，哥哥还和往常一样从城里回来，但这次，哥哥并没有给弟弟们带糖，弟弟们看着哥哥的颓丧，仿佛都明白了什么。哥哥的眼睛仿佛也黯淡了很多。

过了会儿，一个弟弟把自己的拳头递给了哥哥，然后打开拳头，哥哥看到里面是六颗保存完好的糖果。接着，一只只小拳头伸向了哥哥，一颗颗糖果轻轻地落在了哥哥地手中。哥哥顿时惊呆了。哥哥搂住了三个弟弟，因为感动，哥哥不禁流下了热泪。

此后，哥哥还是和以前一样，每天都会给弟弟带回来三颗糖，但每天都有一个弟弟不吃，而是留给哥哥，因此，哥哥每天都能吃上弟弟给他的一颗糖。三个弟弟虽然每天都有一个没有糖吃，但他们比以前更加快乐。

这是个感人的故事，这些孩子，虽然每天有一个人没有糖吃，但却是快乐的，这就是分享的力量！

分享，是指将自己喜爱的物品，美好的情感体验及劳动成果与他人共享的过程。“分享”意味着宽容的心；意味着协同能力、交往技巧与合作精神，这些都是任何一个男孩应具备的重要素质。人生在世，我们每个人都需要和别人分享。分享快乐，分担痛苦，这样对自己有好处的同时，对别人也有好处，就是现在经常说的“双赢”。

实际上，由于家庭教育的缺失，尤其是父母的溺爱，让很多青少年阶段的男孩们变得自私自利，不愿意与人分享，这对男孩成为一个合格的社会人是极为不利的。在现实生活中，自私、不愿意与人分享的男孩并不少见。这虽然不是什么大毛病，但如果是一个什么都不愿与他人分享，独占意识很强的人，是很难与他人形成良好的人际关系的。所以，在对男孩的价值观教育中，我们必须培养男孩的分享意识。

1.找到男孩不愿与人分享的原因

一般来说，青春期的男孩，不愿意与人分享，原因有三：一是现在的孩子都是独生子女，在家庭生活时，没有需要他们伸手帮助别人的这种氛围；二是他们缺少替别人着想的意识；三是他们受教育的程度还不够，使得他们还不能够真正从思想上认识到自己身边还有他人，应该多替他人着想，找到原因，才能在日常生活中对症下药，加以解决。

2.告诉男孩从分享物质开始培养自己的分享意识

让孩子分享糖果、糕点、图书等物品，还可以借儿子过生日，邀请他的朋友一起来分享生日蛋糕，从而让男孩从中学会分享，体验分享的快乐。

3.主动分享男孩的爱好、兴趣，打开男孩分享的心

有时候，有些男孩不愿与父母分享，是因为父母不是贴心的朋友，父母总是以过来人的态度与观点数落男孩。因此，家长们不要什么事情都认为自己在理，都认为自己是对的，自己的男孩永远是错的，其实男孩的成长不是家长告诉他要怎样做，什么样的结果是对的，什么样的结果是错的。

有个母亲的做法就很好，她发现自己的儿子很喜欢储蓄，小钱罐里装满了硬币，于是，她就和丈夫商量，每月给儿子一些钱，让儿子管家里的日常开销。儿子在接受了这一任务之后，一下子成了家里的小会计，每天

都会因为购买一些日常用品而与父母沟通，和父母的关系也比以前亲密多了。而儿子的学习成绩却并没有因此而受到影响。

可见，我们若想拉近与青春期男孩的心理距离，让儿子乐于跟我们分享，就应该在平时多留意社会的发展和儿子的想法，注意与儿子沟通，在了解儿子的想法后也多向老师求教，双方配合合理引导，使儿子个人爱好与他长远的人生目标衔接上，从而共同促进孩子的健康成长。

总之，如果你的儿子是一个什么都不愿与他人分享，独占意识很强的人，那么，他是很难与他人合作、形成良好的人际关系的。为此，我们有必要帮助男孩克服自私的缺点，培养与他人分享的意识。

冷漠、没有爱心——引导男孩树立正确的道德观

家长的烦恼

默默今年初一了，周末这天早上，妈妈带默默去新华书店买练习资料。在过马路的时候，默默和妈妈看见一个老爷爷颤颤巍巍地拄着拐杖，也好像要过马路的样子，妈妈说：“默默，你去扶一下老爷爷吧。”

“我才不去呢，你看他那么脏。再者，马路上这么多人，会有人帮忙的……”默默很不情愿地说着。

“你这孩子，怎么会有这种想法呢？助人为乐是中华民族的传统美德，而且，帮助一个年迈的老爷爷更是理所应当，这也关系到一个人的道德问题。”默默被妈妈说了一通后，有点不好意思了，赶紧跑过去把老爷爷扶过了马路。

过了一会，妈妈又对默默说：“默默，看来妈妈平时只顾着关心你的学习而忽视对你思想品质上的教育了……”

古人云："听其言，观其行。"就是说，通过一个人的言行，可以对他的思想道德和价值取向作出基本的评价和判别。我们的一言一行在某种程度上体现了我们自身的文化素养和道德准则。然而，我们却发现，一些男孩到了十几岁以后，本应该变得懂事，但实际上却变得自私、冷漠。就和事例中的默默一样，面对过马路的老人，他居然漠不关心。青春期是一个人的世界观、人生观形成的关键时期，也是个性品质形成的重要时期，待人热忱的男孩才是可爱的男孩，才是受人欢迎的男孩。

与自私、冷漠相对应的是爱心，何谓爱心？爱心，是热情开朗的性格和对人、对物、对事一贯关心的态度。爱心，就是能觉察体验别人的心情，能站在别人的位置与角度，感受别人的欢乐、痛苦、烦恼、失望之心。

有爱心是一种美好的品质。因此，作为父母，要维护男孩子纯洁的爱心、善心、良心，那是使一个人任何时候面对任何人都能堂堂正正的根本，也是让男孩永远纯正的坐标。

1.让男孩学着去热爱生活

一个热爱生活的男孩才会真正的快乐，才会有高尚的品格，对此，作为父母，我们要放开男孩的手脚，让男孩自己寻找生活乐趣，做他自己想做的事情，尽情享受人生的一切，并让孩子在与父母的交往中获得快乐。

2.让男孩学会关心他人

小星是个很懂事的男孩，左邻右舍都很喜欢他。因为父母的示范作用，爸妈在家总是很尊敬长辈，爸妈经常教育要有家教，要懂得有爱心，妈妈经常对其他阿姨夸小星："吃饭时他会主动为我们摆好碗筷，我们没有吃饭，他自己从不一个人先吃。桌子上摆了水果，他会主动选最好的给父母吃，从来不自己一个人独吃。他事事都是首先能够想到别人，我们有时候真是为他感动。"

这里，小星就是个懂得关心他人的男孩。我们教育男孩有爱心。就要教导男孩从关心你周围的人开始培养，一个人，只有先学会了关心自己最

亲近的人，才可能真正去“博爱”，才可能爱其他人。因此，生活中，如果男孩老师生病了，他的朋友遇到了一些困难，我们父母都要告诉男孩，千万不要袖手旁观，给予对方实在的帮助并加以安慰。

再比如，我们可以引导男孩主动帮助左邻右舍干些力所能及的事；或在家长生日时，暗示男孩来表达对父母的爱。而当男孩付出行动后，以微笑的表情、赞扬的语气及时地给予表扬，能激起他产生一种关爱他人后的愉快的心理体验，并会产生不断进取的强烈愿望，以致逐步形成把关爱他人当作乐趣的相对稳定的健康心理。

3.让男孩学会感恩他人

这天，妈妈和小雷在看电视，看到这样一则广告：

一个大眼睛的小男孩，吃力地端着一盆水，天真的对妈妈说：妈妈，洗脚！

看完后，小雷流泪了，他对妈妈说：“妈妈，以后，我也要对你和爸爸好，像这个小男孩一样。”

听到儿子这么说，妈妈感到很欣慰。

故事中的小雷是个孝顺的孩子。然而，在家庭生活中，我们还可以看到这样的情景：吃过饭后，男孩扭头就去看电视或出去玩，父母却在忙碌着收拾碗筷；家里有好吃的，父母总是先让儿子品尝，儿子却很少请父母先吃；儿子一旦生病，父母便忙前忙后，百般关照，而父母身体不适，孩子却很少问候……很明显，这些男孩都是缺少感恩的心。

一个懂得感恩的男孩才是真正的有爱心、热忱，当然，培养男孩感恩的心，我们需要从日常生活中着手，比如，让男孩自己独立起来。要知道，处于青春期的你已经有了一定的行为能力，生活中的很多事他已经完全可以自己做了，比如，自己的衣服自己洗、自己的被子自己叠、自己收拾书包和房间等。另外，还可以让男孩帮父母做一些家务，比如，放学回家后，爸妈还没下班，男孩可以先煮好饭；周末，男孩也可以抽出半天时间帮爸妈进行大扫除……这虽然都是一些小事，但却是感恩的具体行动。

青春期是人的人格砥砺和品质形成的时期，每一个这个阶段的男孩都要学会付出爱，我们父母也要着力培养男孩的爱心，并落实在平时的点滴行动中！只有这样，才能培养出男孩友爱、待人热忱的个性，他才能收获美好的未来。

“失败了怎么办？”——引导男孩明白挫折是成功的必经之路

家长的烦恼

某中学有个叫高平的男孩，由于家庭贫困，住在郊区的平房内，他不得不住校，同时，他还很内向，他觉得自己如果学习不好就对不起自己的父母，因为父母为了让自己上学付出了很多，但让他不能接受的是，他的成绩在班上只能算中等水平。他每天花费很多时间在学习上，晚上学校熄灯之后仍打着手电筒学习，但学习成绩仍然不见提高。他感觉很悲观，甚至对自己的智力有些怀疑。

高平有这样的情绪是一种挫败感的表现，处于青春期的男孩，受到的压力随着时代发展越来越严重，他们处于人生的转折点，许多失败、许多不顺利都是难以避免的，所以心理问题也就随之而来。

要知道，挫折，既能锻炼一个人，激励一个人，也能摧毁一个人，关键在于如何对待它。遇到挫折后，逃避是消极的反应，积极地面对挫折，将挫折视为通往成功的必经之路，就能战胜挫折。作为青春期男孩的父母，我们有必要在生活中引导男孩，让其明白，挫折是成功的必经之路，只有这样，才能让男孩正视挫折，从而战胜挫折。

青春期男孩的挫折，主要来自以下几个方面：

1.学习挫折

学生的挫折多半与学习有关，这一点，在那些学习成绩优异的男孩身

上发生的更为明显，他们是老师眼中的乖孩子，是同学们眼中的佼佼者，更受到家长的宠爱。时间长了，他们形成“只能好不能差”的思维定势，对失败缺乏必要的心理准备，一旦某次考试出现失误，便会感到心理压力增大，产生强烈的挫折感；而同时，也有一些男孩子，因为长期学习成绩欠佳，也被周围的同学歧视、老师不重视、家长打击，挫折感就如影随形。因学习上遇到挫折而产生苦闷是正常的，关键在于能否振奋精神，正视自己的失败，找到问题的症结所在，从而获得战胜挫折的力量。俗话讲“失败是成功之母”，就是这个道理。

2.交往挫折

青春期，一颗懵懂的心很渴望交流，恰当的交流，对男孩的身心发展是很有利的。但是有些男孩却在人际交往中感到不适、惶恐、害怕与人接触。有些男孩在交往中遇到问题时，常常认为是自己缺乏能力所致，久而久之，对自己失去信心。其实交往障碍的实质是不安、恐惧心理的一种自我强化，并不是因为自己“无能”。

3.情感挫折

情感挫折一般有三类情况：

亲情上的挫折：如父母离异、亲人死亡等。

爱情上的挫折：如早恋、单相思、失恋等。

朋友聚散带来的情感挫折：因为朋友的变故而造成情绪、情感波动的情况时有发生。每个人都在不断地付出着，同时也在不断地等待着情感上的回报。当朋友欺骗了自己，或是背叛了自己的时候，多数男孩会感到伤心、愤怒抑或仇恨。

那么，我们该怎样引导男孩正视挫折呢？

心理支招

1.父母的心态影响到男孩的心态

作为父母，我们也是儿子的老师。父母如何对待人生的挫折，首先是对父母人生态度的一个考验，其次是对男孩给予何种影响。

如果我们在挫折面前积极乐观，把挫折看成一个人生的新契机，那么男孩在我们家长的影响下，也会直面人生的各种挫折，以积极的心态去迎接各种挑战。反过来，如果我们在挫折面前消极悲观，回避现实，那么只能降低自己在男孩心目中的威信，更不利于教育男孩正视挫折。

俗话说得好："假如你选择了蓝天，就不要渴望风和日丽；假如你选择了陆地，就不要渴望大陆平坦；假如你选择了海洋，就不要渴望一帆风顺。让我们勇敢地面对挫折，生活会因有了挫折而更加精彩。"我们要明白这个道理，并言传身教，在日常生活中，给男孩一个积极的印象，男孩在潜移默化中也就吸收了父母的这一"精神精华"。

2.放手让男孩自己去经历挫折，而不是包办男孩的一切

人的一生从来不会一帆风顺，漫漫人生路，苦乐并存，悲喜相伴，往往挫折坎坷比平坦之路更多。挫折会伴随每个男孩的一生，成为他们人生的一部分。从小不让男孩自己面对挫折，他们长大后可能就难以适应复杂多变的社会。

3.鼓励男孩勇敢面对

男孩在任何时候，都需要父母的支持，挫折发生时，鼓励男孩冷静分析，沉着应对，找到解决挫折的有效办法。平常和男孩一起探索战胜挫折、克服消极心理的有效方法，帮助男孩进行自我排解，自我疏导，从而将消极情绪转化为积极情绪，增添战胜挫折的勇气。在父母鼓励下战胜挫折的男孩，定能学会抵抗挫折，他们就会成为一个在人生路上不断前行的勇者。

总之，作为父母，要让男孩明白，挫折是人生的一部分，如果父母希望男孩子未来的人生少一些悲哀气氛，多一些壮丽色彩，就要让男孩早点懂得挫折是人生的常态。这样，当挫折到来时，男孩才会从容面对，而不是无奈逃避。让男孩明白挫折是生活的一部分，学会正确地看待挫折，男孩才能更快地成长、成熟，将来才会更好地把握自己的人生！

“我的理想到底是什么呢”——男孩有梦想，人生才完整

家长的烦恼

许多年前，一位劳苦的牧羊人领着两个年幼的儿子以替别人放羊来维持生计。一天，他们赶着羊来到一个山坡，这时，一群大雁叫着从他们的头顶上飞过，并很快消失在远处。牧羊人的小儿子问他的父亲：“大雁要往哪里飞？”“它们要去一个温暖的地方，在那里安家，度过寒冷的冬天。”牧羊人说。他的大儿子眨着眼睛羡慕地说：“要是我们也能像大雁一样飞起来就好了，那我就要飞得比大雁还要高，去天堂，看妈妈是不是在那里。”小儿子也对父亲说：“做个会飞的大雁多好啊！那样就不用放羊了，可以飞到自己想去的地方。”

牧羊人沉默了一下，然后对两个儿子说：“只要你们想，你们也能飞起来。”两个儿子试了试，并没有飞起来。他们用怀疑的眼神看着父亲。

牧羊人说，让我飞给你们看，于是他飞了两下，也没飞起来。牧羊人肯定地说，我是因为年纪大了才飞不起来，你们还小，只要不断努力，就一定能飞起来，去想去的地方。

儿子们牢牢记住了父亲的话，并一直不断地努力，等他们长大以后果然飞起来了，他们发明了飞机，他们就是美国的莱特兄弟。

哲人说过，“梦想指引我们飞升。”有梦想的人生才是完整的。作为父母，我们在教育儿子的过程中，也要告诉男孩莱特兄弟的故事，让他们知道理想蕴藏着的无限力量。

对于男孩来说，青春期是他们孩提时代与未来生活的交接处，这个阶段的男孩常因为对未来的茫然而焦躁不安。常感到茫然不知所措。这一旅程充满了成为成人必须完成的任务，其中重要的两项：（1）人际交往方面变得成熟；（2）找到未来事业的方向。

青春期这个阶段是儿童向成人转变的过渡阶段。在这个阶段，有关自己和社会的各种信息纷至沓来，需要经过不断地思考，最后确定自己的生活目标。青春期的男孩认识到，他们不仅是老师的学生，父母的孩子，他们还必须给自己定位，即搞清楚“我是谁？”“我以后要成为谁，我要做什么”——这是在青春前期已开始但需要在整个青少年时期才能完成的任务。

青春期的孩子渴望和外界接触，渴望交朋友，但他们同时也明白，青春期是每个人长大成年之前的关键一步，一步没走好，这辈子都是阴影。因此，他们要努力学习，不让父母失望，但实际上，他们会思索，学习是为了什么？学习好就一定能生活幸福吗？……当众多问题纷至沓来的时候，他们变得不安了、焦躁了……

作为父母，我们要明白，在青春期，我们最好就要帮助男孩确定目标和理想，只有这样，他们的奋斗才有方向感，才能最终成为一个出色的男人。

心理支招

1.先肯定男孩的想法，然后加以引导

男孩在谈自己未来的打算或理想时，为人父母者，不要因为说法的“幼稚”或不符合自己的“口味”而轻易去否认。不论是什么理想，父母都应该给予充分的肯定，并要恰当地告诉他实现这一理想必须具备的知识。比如说，一个男孩，说他长大了想当一个司机，许多母亲就会呵斥孩子说：“没出息，当什么司机？”其实，他的想法是单纯的，并且随着时间的推移和成熟度的提高会不断改变。这时候，正确的方法是告诉他，做司机需要许多许多机械原理知识，需要地理知识，好司机需要会讲外语等，而做好护士相当不容易……男孩是在鼓励声中长大的，如果他的理想总是无端地遭到家长的反对，久而久之，这个男孩将度过平庸的一生，他从此再不肯奢望未来。

2.让男孩体验成功，激发孩子学习的动力

任何人都希望可以成功，在成功中，人们更能明确自己的目标，因此，当男孩取得了哪怕再小的进步的时候，作为家长，也要予以鼓励，在得到好的评价后，他们会继续朝着目标努力，而父母总是打击他们的积极性，恐怕任何男孩都会在以后的困难面前退缩。

3.指导男孩了解社会，让男孩的目标与理想具备可行性

青春期的男孩，可能在规划自己的人生的时候，会显得不切实际，这是因为他们不了解社会。家长一定要帮助男孩了解时代的特点，让他们明白未来社会，只有具备一定的知识的人才是人才，才能实现自己的价值，同时，也才能为社会贡献力量，才会使他们感到学习是一种需要，需要产生动机，动机促使行动，才能使他们以顽强的毅力、高度的自觉性和责任感努力学习。

的确，青春期是一个可以为未来做打算的时期，是一个确定人生方向和梦想的时期，一个为十几岁的男孩将要离开家开始独自生活做好准备的时期。作为父母的你，应该审慎地对待这一点：让孩子自己做决定，放弃自己的权威，并帮助你的男孩对未来做出一些规划，让其坦然面对现在！

抄袭也能拿到好名次——儿子作弊，父母应该如何教育

家长的烦恼

小贝是个学习态度较好的男孩，但有时候也会犯糊涂。

有一天，当同学们来喊他出去玩的时候，他却躲在家里抄课文，同学们问他怎么了，他说这是在惩罚自己，让自己记住教训。好不容易，他被同学们劝出去了，还没一会又回来了。他主动对爸爸说："昨天下课的时

候，老师让我们回家默写第一课的第五自然段，我想：默写多麻烦啊！老师又看不到，抄吧！说抄就抄，哈！太高兴了，不一会儿，我就抄完了，等着吃饭，然后，我就出去玩了，我昨天还打了一个多小时的球呢。可是今天早上，老师不但不检查作业，而且还要背诵课文，这下完了。当背课文时，我就像霜打的茄子一样，垂下了头。当时，我特别后悔。这下子，我明白了：不仅是学习，无论做什么事，不要耍小聪明，投机取巧，要不然自己会吃亏。”

“你能明白就好，青春期学习的任何知识，都将受用一辈子，是马虎不得，更别说耍小聪明了。”爸爸语重心长地说。

“我知道了，下次再也不会了。”

和案例中的小贝一样，很多青春期男孩都会犯这样的错，在学习上吃了心浮气躁的亏。

青春期是一个比较追求速度和完美的年龄。在真正做时却把完美给忘记了，只剩下速度。于是连走路都像飞一样，还没踩实，另一只脚就抬了起来。一次可以，两次可以，多次就难免会摔跟头。唯有脚踏实地地走，才永远不会摔倒。“飞”一样的人一次二次三次的摔倒后，就会发现“脚踏实地”的人已经比自己快了，已经走到自己前面了。

课堂上，老师也教育男孩们：“学过的知识好比一个脚印，想记牢就再踏上一只脚，踩实了。”其实意思十分简单，要脚踏实地地学习，不可以耍小聪明。说一句脚踏实地的话很简单，但做起来难。在开始时，有多少男孩信誓旦旦地承诺自己要脚踏实地走好每一步，可真正走起来，就忘了承诺。有更多的人羡慕别人的速度，其实光有速度不行，要有成果才行。学习与走路是一样的，人生之路是自己走的，要一步一个脚印地走。自己的路自己走，踩实了踩轻了都是自己的，有时一步可以让你悔恨终生。

面对作弊这个问题，相信不少父母会发现，男孩会振振有词地回答：“不抄白不抄，别人都抄出了好成绩，我不抄不是亏了？”“考不出好成绩，您能给我买新书包吗？”面对男孩这样的态度，很多父母感叹，我该怎么教育呢？

心理支招

1.培养男孩诚实的品格

男孩这一品格需要我们父母在他很小的时候就有意识地培养，这样，男孩就会形成一种意识：考试作弊是一种自欺欺人的不良行为，即便偶尔瞒过了老师，但天长日久，迟早会露出马脚，最终会害了自己。

当然，生活中，我们要以身作则，做人诚实守信、不撒谎、不欺骗，做好男孩的榜样。

2.教育男孩正确看待分数

现代社会，几乎都是一个家庭，一个孩子，因此，只要男孩好好学习，要什么给什么，对男孩的照顾更是无微不至，尤其是那些懂事的男孩，很想考到好成绩来报答父母。但我们父母一定让男孩明白：学生很在意分数理所当然，毕竟这是学习效果的一个重要体现，但这不是唯一的体现。如果考试成绩较好，自然值得高兴，但如果平时没学好，也决不能作弊。

3.给男孩适当的奖励

把成绩和奖励挂钩，有时确实能激发男孩好好学习的动力，但这一奖励绝对不能过度，因为过分地以物质、金钱来刺激孩子，难免会将男孩的学习目的引入误区，使男孩为了物质奖励而学习。一旦成绩上不去，就会想到作弊。因为诱人的物质奖励是男孩难以抗拒的。

4.告诫男孩在平时做好积累和做好复习

有句话说："平时不努力，临时抱佛脚。"很多男孩一面对考试就紧张兮兮，担心考不好，临考前仍然"开夜车"、"搞题海战术"等，如此不但可能会使大脑负荷过重，还可能会使男孩"急中生智"，产生抄袭的念头。

为此，我们一定要告诉男孩，考试一定要诚实，拿到好成绩不难，只要做好积累和考前复习。

男孩做好积累，才能在考前心安理得地合理安排学习和休息，不对自己求全责备，这样，既会学习，又会享受娱乐，有张有弛，这对保持身心的平衡是具有适度情绪的关键。

而复习是考前准备的重要部分，也属于平时积累不可小觑的环节。考前复习，可以根据考试大纲的要求进行全面细致地复习，不要过多地抠偏题难题。要注意知识之间的联系，避免孤立地强记硬背。复习充分全面，就会增强自信，减轻焦虑心理。

总之，我们要告诉男孩，青春期只有一次，人生不可以重来，学习的机会也只有一次，有人大喊“论成败，人生豪迈，大不了从头再来”。可是真的可以从头再来了吗？世界上没有后悔药，从头再来也会浪费时间。所以为什么不从一开始就选择脚踏实地利用好时间学习呢？

“偷点东西怎么了？”——引导男孩勿以恶小而为之

家长的烦恼

刘先生最近很头疼，因为儿子刘志几次的偷盗行为终于惊动了警察局，这天，刘先生不得不和班主任老师一起来到警察局。

刘先生家境不错，儿子为什么还会偷盗呢？事情是这样的：

有一次，刘志到好朋友方伟家去玩，发现方伟家有一架很逼真的玩具望远镜。刘志想知道这架望远镜究竟能看多远，就向方伟请求借来玩玩，没想到方伟很小气，不答应。刘志很生气，就想故意偷走这架望远镜，好让方伟着着急。果然，找不到望远镜的方伟像热锅上的蚂蚁，刘志这下子得意了。

从那次之后，刘志就产生了一种很奇怪的心理，他觉得别人拥有的东西，只要稍稍想点办法，就能得到，这样的感觉很好。

刘先生听到儿子的阐述后，给了儿子一巴掌，谁知道儿子哭着反驳道：“偷点东西怎么了？”听到儿子这样反问自己，刘先生愣住了，他

想，一直以来，可能是自己只顾着让儿子努力学习，而忽视了对他的道德教育。

如刘志这样的青少年并不多，但却很有代表性。我们都知道，现代社会，很多男孩都是独生子，生活条件优越、长辈宠爱，都是以自我为中心，很少会为人考虑，他们的各种要求总是会被父母满足，于是，久而久之，对于他人拥有而自己无法拥有的东西，他们便会产生强占的想法，而这就是为什么我们会发现很多青少年偷盗行为逐渐增多的现象。因此，我们父母一定要让儿子明白尊重别人所有权的重要性，天下没有不劳而获的东西，千万别成为一个自私自利的人。

另外，我们在对孩子进行此方面的教育时，同样要注意方式方法，不能一味地训斥和责备男孩，这样做，只会伤害男孩的自尊心，甚至激发出男孩的对抗或报复心理，让男孩的偷盗行为愈演愈烈，或者是让他失去自信心。正确的教育方法是，我们要针对事情，而非人的本身。明智的教育既能使男孩改正自己的不良行为，又能树立正确的道德观，保持良好的心态，增加对别人的关切之情。具体来说，我们可以从以下几个方面努力：

心理支招

1.在日常生活中就要教育男孩关于整个社会必须遵守的行为规范和道德准则

这一教育活动，必须在男孩很小的时候就进行，而不是在男孩成年后。我们要让男孩明白，我们都是社会的一分子，都应约束自己的行为，不给他人造成伤害。唯有如此，我们每个社会成员才可以享受平等、幸福的生活。 当然，我们父母必须以身作则，在生活中就要行得正、坐得端，绝不能有小偷小摸的行为，否则男孩只会有样学样。

2.男孩有偷盗行为后，我们要与之进行良好的沟通和教育

比如，如果你发现男孩拿了别人的东西或者将其他人的东西带回家，我们要冷静下来，不可打骂男孩，也不要用偷这样的字眼，这样会给男孩

心灵造成阴影的，要问清楚男孩为什么将别人或者公共的东西带回家。

实际上，很多青春期的男孩，他们偷窃，并没有明显的目的，有时纯粹是为了给别人造成困难而获得快感。如盗窃经济价值不大的物品，有的只是把窃得的东西扔掉、损毁或随便送人，有时候是为了占有，好奇心驱使他们这样做，这些行为让很多父母很是头疼。但总的来说，青春期的男孩有这样行为，是因为他们并不清楚这种行为的卑劣之处，因此，我们的家长要注意在这个方面进行正确的引导和教育。

接下来，我们要告诉他，偷盗行为是不道德的，孩子需要什么，应该告诉爸爸妈妈，只要是合理的要求，爸爸妈妈都会满足他的，这样孩子以后肯定就不会再犯类似的错误了。

3.合理地控制男孩的零花钱

定期给孩子一定数量的零花钱，数量不必太多，满足孩子日常的基本需要，而且不能无原则地给，要让孩子完成一定的任务才能给，这样孩子也可以体会到钱来之不易，会比较珍惜，不会乱花钱。

4.引导男孩承认偷东西这一行为是错误的

男孩偷了别人的东西，要让他还回去，并且知道别人的东西不能随便拿，要承认自己的错误，向别人道歉，让男孩在成长过程中学会担当，并且会有效地杜绝孩子以后犯类似的错误。

5.引导男孩学会关心他人，尊重别人的所有权

我们可以告诉儿子，自己喜欢的、引以为豪的东西，可以请朋友参观，可以借给朋友玩，快乐就应该分享；而对于别人的东西，你不能据为己有，这些行为是错的、丑的，绝对不能这样做，学会控制自己的行动。

如果你渴望得到某种东西，你可以向朋友借，但你需要记住，好借好还，再借不难，使用后如期如数归还，并道谢；当然，有些东西也可以通过购买获得，但无论何种方式，都必须是正当的。

总之，对于青春期男孩的偷盗行为，我们父母不要给予强硬的管理，要让男孩明白自己的东西就是自己的，不是自己的东西就没有所有权，并对其进行道德规范教育，男孩是能逐渐改正这一坏习惯的。

“失去后，我那么难过。”——引导男孩理智地看待得失

家长的烦恼

周建是一个刚满18岁的高中毕业生，可仅仅因为高考失利，他结束了自己花季般的生命。高考后不久，周建通过互联网查出了自己的高考分数，只有499分，与先前估计的560分相去甚远，于是，当天下午，独自在家的他就用一根绳子结束了年轻的生命。父母回家发现后，一下子瘫坐在地。

原来，周建是市重点中学的高三理科生，高考结束后感觉自己发挥得还可以。高考成绩公布的这天，中午父母吃完饭，就上班去了。周建独自到同学家上网查分数，考了不到500分，与他的期望有很大一段距离。他对自己非常失望，而且觉得愧对为自己辛劳付出的父母。因此，没等到父母下班回家，自己就走上了轻生之路。

他的班主任对此并不感到诧异，他认为这个男孩走上轻生之路，是与父母长期的教育有关系的，这个男孩一直是父母眼中的乖儿子，成绩在班内处于上游，数学和英语成绩都很不错，为人内敛。他一直是数学课代表，平时很听话，也能感觉到家人很疼爱他。父母从来对他都是有求必应，高考一结束父亲就专门给他买了MP3，还答应他如果考得好，就奖励一台电脑。

青春期男孩因大考失利自杀的现象，在社会上越来越频繁发生，其实，人的一生中，考试只是一个很小的部分。案例中的周建就算被父母及时发现，保住性命，如果他不能改变自己的心态，正确地看待得失，将来还是会因为其他事情再次一蹶不振，陷入困境而无法自拔。而正如他的班主任说的，他轻生的原因与父母的教育是分不开的。假如他的父母平时除了教育孩子努力学习以外，还注意培养他理智看待得失，恐怕将会改变周建的命运。

现实生活中，很多青春期的男孩的父母给予儿子的更多是物质和财富，而不是培养儿子如何看待得失的心态，轻则导致男孩得失心太重，重则让男孩人格扭曲。

父母是男孩生活中的一面镜子，儿子的引路人。父母如何教育儿子，培养儿子何种心态，直接关乎一个儿子的一生。教会男孩看淡得失，我们需要从以下几个方面努力：

1.父母的心态直接影响到男孩

父母除了给了男孩生命，还是男孩的第一任老师。父母如何对待人生的得失，首先是对父母人生态度的一个考验，其次是对男孩给予何种影响。

如果父母能做到得失淡然，那么男孩也会在父母的影响下，直面人生的各种难题，以积极的心态去迎接各种挑战。

然而，现实生活中，我们看到的更多的是，一些父母，把职场和社会中的尔虞我诈传达给男孩，他们自身害怕失去、渴望得到，而正是因为他们的这种心态，而导致了男孩也患得患失。

为人父母，我们给予男孩的不仅仅是物质，还有富足的精神，教育男孩不仅要努力学习、获得好名次，更要让男孩看轻分数、注重知识的获得，实际上，得失淡然的心态远比试卷的满分更为重要，它会伴随男孩的一生，使其能坦然地面对未来生活的一切风浪。

2.从小让男孩自己去经历一些挫折，让他们明白什么是“失去”

经历过挫折的男孩不会输不起。作为父母，我们绝不能包办男孩的一切。人的一生从来不会一帆风顺，漫漫人生路，苦乐并存，悲喜相伴，有得就有失，得失会伴随每个男孩的一生，成为他们人生的一部分。从小不

让男孩自己面对挫折，他们长大后可能就难以适应复杂多变的社会。

3.告诉男孩不曾“拥有”就不会“失去”

“得”与“失”本来就是个对立面，男孩感到失去，是因为他们渴望得到或曾经拥有，帮助男孩调整心态，就要让他们明白，做任何事，都不要看重结果和成绩，如果不曾拥有过，又何来失去？当男孩能理解这个道理后，也就不会因为失去而难过了。

总之，教育青春期男孩，我们一定要告诉他一个道理：无论得失，都要调整自己的心态，世间万事万物，来来去去，本就没有一个定数，一个人，不能左右世事，但可以左右自己的心态。当我们拥有时，我们要懂得珍惜，失去时，也不可过分执著。人有悲欢离合，月有阴晴圆缺，以一份淡然的心面对，我们的心会释然很多。男孩有这样的心态，他们才能更快地成长、成熟，将来才会更好地把握自己的人生！

追星——既不能放手让他追，也不阻止他去追

家长的烦恼

周六的晚上，韦先生看到儿子在上网，便对儿子说：“你能帮我找找毛阿敏的歌儿吗？”

“老爸，不是吧，那么老的歌儿你还听啊？”儿子一副不屑的样子。

“爸爸那时候可是毛阿敏的铁杆粉丝呢，我可不喜欢什么周杰伦的歌儿，听不惯！”

“原来爸爸以前也有偶像啊！”

“有倒是有，可不像你们现在的孩子，还追星，为了一张演唱会的门票，可以省吃俭用，甚至等个通宵也要买到票！”

“您怎么知道有人这样追星啊？我们班就有几个女孩子这样，我可没那么疯狂！”

“我们单位好多年轻人也这样啊，还是我儿子理智啊。”

“但是爸爸，我们可以有偶像，可以追星吗？”

“什么事情都有个度啊，你有偶像没错，但要看是什么偶像，为了学习他什么而把他当成偶像的，这是没错的。‘追星’要‘追’的有意义，不可盲目去做一些‘傻事’。就在2006年的时候，有位女士为了与刘德华拉近距离合影，不惜倾尽家产，而导致家败人亡！这种追星的方式就不对嘛！”

“爸爸说的对，我喜欢周杰伦的歌儿，也是有原因的呀，周杰伦在领金曲奖‘年度最佳专辑’奖时曾说过一句：‘好好认真读书，好好听周杰伦的音乐。’周杰伦的音乐以公益歌居多，如《梯田》、《听妈妈的话》、《外婆》、《懦夫》等，几乎每张专辑都会有！”

“儿子说的也有道理啊……”

就这样，父子俩就偶像这一问题聊到深夜。

“追星”行为是指青少年过分崇拜迷恋影视明星和歌星的行为。中学生追星现在已经成为一种普遍的潮流。青春期男孩就成为追星族中的一支重要力量。

而事实上，这些男孩心中的偶像大多都是影视歌星，只有少数人的偶像为艺术家或商人、作家等。很多男孩因为追星已经逐渐变得疯狂起来，为那些明星偶像着迷起来，他们盲目地“随大流”，疯狂地收集明星资料，相片和唱片，是非常愚蠢的做法。这样既浪费钱财，又虚耗时间。

那么，这些孩子为什么会成为追星族中的一员呢？

1.崇拜心理

我们不难发现，男孩们所追的星，男的大多英俊潇洒、风流倜傥；女的则羞花闭月、沉鱼落雁；球星也都英姿勃勃、气质逼人。这些难免让那些少男少女们羡慕、迷恋、崇拜甚至疯狂。

2.从众心理

在男孩中，追星现象很普遍，群体也很大，以致本来没多大心情追星的人，为了不被看做“落伍”，也自觉不自觉地加入了。

3.时尚心理

“追星”，在不少青少年看来，就是件时髦的事，只要有“星”可“追”就足够了。

对于儿子盲目追星这一事，很多父母伤透了脑筋，对于男孩盲目“追星”的行为，家长一定要及时予以纠正，对此，家长可以从以下几个方面努力：

1.明星是崇拜的对象，也是学习的榜样

事实上，无论是谁，都需要一个目标，榜样的力量也是无穷的，正如“没有星星，宇宙将漆黑一片”一样。年轻人需要榜样，偶像肯定是在某个领域获得巨大成功后才成为偶像的。

父母不可否定孩子的追星行为，但你要告诉孩子：“追星”要“追”的有意义，不可盲目去做一些“傻事”。为何说“追星”追的要有意义呢？就是说在“追星”的同时，也去学习别人的哪些高贵品质。许多明星之所以成名，是因为他们付出了许多心血和汗水。他们的人生道路并不是一帆风顺的，许多明星的品质都值得我们学习。

你可以给孩子举一些能启发孩子的明星的例子，比如郑智化：他虽然是残疾人，但他身残志不残，毅然选择了自己所喜爱的事业——演艺。他靠坚强的意志，唱出了许多好听的歌，大家都熟悉的《水手》就是一例。

当你告诉孩子这些后，他就会有选择性地树立自己心中的偶像，而不至于盲目，同时，他们会学习这些明星身上那些可贵的品质，这就是“追星”的意义。

2.做男孩追星的理财顾问

一些青春期男孩追星，会不顾一切地搜集明星的资料、海报、画册等、排队买昂贵的演唱会门票，甚至会模仿明星的穿着、购买天价明星代言产品等，而这些，无疑会给很多普通的家庭带来经济压力，一些父母为了减轻压力，会杜绝男孩追星，其实，这样只会增加男孩的逆反情绪，聪明的父母会引导男孩做好理财规划，即使追星，也让他们理智地追，这样，不但能让儿子丰富业余生活，也能提高他们的理财能力。

其实，无论是谁，成人也好，青春期的男孩也好，都需要一个目标，榜样的力量也是无穷的。但对于男孩追星这一行为，我们父母一定要进行引导，一定要让男孩明白，要想使你的生活变的充实、丰富，你要做的不是跟在明星后面，而是应该行动起来，为自己的目标奋斗，为自己的梦想努力，这样，你才可能成为建设国家的栋梁之才和耀眼之星。

第 10 章

人生观引导：男孩要坚守信念，培养勇敢乐观的人生态度

我们深知，养育一个男孩很难，但养育一个具有良好品质的男孩更是最困难的工作之一，其中就包括人生观，人生观是指对人生的看法，也就是对于人类生存的目的、价值和意义的看法。而像诚实、善良、仁爱和奉献这样的观念对于青春期的男孩而言是模糊而难于掌握的，特别是他们可能会从学校的同学、朋友以及媒体那里得到相互矛盾、抵触的信息。而此时，就需要我们对男孩的引导，当然，这并不只是靠说的，需要我们在日常生活中对男孩言传身教，并持之以恒，长此以往，你会培养出一个出色的男孩！

“没有打不倒的困难。”——乐观的心态是宝贵的资产

家长的烦恼

吴先生的儿子兵兵最近因为打篮球骨折了，生病后的他没办法上学，整天在家养伤，心情很糟糕，总是唉声叹气。吴先生决定找儿子好好谈谈。

吴先生并没有开门见山，而是先给儿子讲了一个故事：

曾经有个人，他的一生都是充满不幸的。

在他46岁那年，他坐的飞机出现了事故，他全身65%以上的皮肤都被烧坏了。无奈之下，他必须进行植皮手术，但他没想到的是，居然做了16次手术，他的脸面目全非，并且，他的手指也没有了。可出乎意料的是，就在六个月后，这个巨人居然驾驶飞机飞上了蓝天。

然而，厄运并没有到此结束。4年后，在一次飞行过程中，他所驾驶的飞机居然失控，然后摔到跑道上，而他的12块脊椎骨全部被压得粉碎，腰部以下永远瘫痪。

但即使这样，他也没有消沉，他说：“我瘫痪之前可以做1万种事，现在我只能做9000种，我还可以把注意力和目光放在能做的9000种事上。我的人生遭受过两次重大的挫折，所以，我只能选择不把挫折拿来当成自己放弃努力的借口。”

这位生活的强者，就是米歇尔。正因为他永不放弃努力，最终成为一位百万富翁、公众演说家、企业家，还在政坛上获得一席之地。

说完这个故事后，吴先生问兵兵：“儿子，知道这个故事的含义了吗？”

“我知道，爸爸，做人一定要乐观啊。”兵兵很干脆地说。

著名心理学家塞利格曼指出：父母教育孩子的方式正确与否，显著地影响着孩子日后性格是乐观还是悲观。因此，作为父母，一定要培养男孩积极的心态，让男孩在乐观中逐渐找到生活的自信。的确，无论何时，人都会遇到两个机会，一个是好的，一个是不好的。好机会中，藏匿着不好的机会，而不好的机会中，又隐含着好机会，关键是我们以什么样的眼光、什么样的心态和视角去对待它。

一位教育专家有句名言："培养笑容就是培养心灵。把孩子培养成面带笑容的孩子，就是把孩子培养成为乐观、进取的人的最重要条件之一。"

的确，一个乐观开朗的人，无论面对什么样的生活，都有能力重新开始，即使在地狱中，也能重新走入天堂。对于任何一个人来说，这是比什么都重要的财富。

因此，家长在培养男孩的过程中，乐观性格的培养是必不可少的基本成分之一。也许有些男孩天生就比较乐观，有些男孩则相反。但乐观思想是可以培养的，即使孩子天生不具备乐观品质，也可以通过后天的努力来实现。

心理支招

1.家长要有乐观的思维模式，用乐观的心态和家庭氛围来感染男孩

在男孩的成长过程中，他一直在看着父母，如果父母在处理自身问题和家庭问题时持乐观态度，那么男孩通过观察和模仿会逐渐养成乐观品质。当男孩遇到不利事情而悲观时，父母应带领男孩对问题进行多方面的思考和衡量，并让男孩明白他的思想中存在的逻辑错误。

一个自信乐观的父母，总是能够培养出言行乐观的男孩，他们总是能够为儿子营造这种积极乐观的氛围。

为此，家庭中所有成员在说话做事时都应有平和的态度。在对男孩说话时，要和颜悦色，让儿子心情舒畅，不要经常厉声厉色地斥责男孩，以免男孩对父母望而生畏，心情老是处于不舒畅的紧张状态。这就要求父母尊重男孩的愿望，做到以理服人，要让他们自然滋生出积极的情绪。

2.要经常引导男孩完成力所能及的任务，使其体验“成功”的欢乐

对于一个人来说，能够产生愉悦的情绪，莫过于完成任务的满足感和自豪感了，因此，作为父母，要让男孩在完成学习、劳动任务中，或在游戏活动中体验到“成功”的愉快心情。

3.男孩一旦有了不愉快的事情，家长要设法尽快消除其不良情绪，恢复其愉快的心境

总之，培养男孩乐观的心态，父母要身体力行，营造出一个乐观而温馨的家庭环境，让男孩快乐地学习、快乐地生活，教男孩子正确面对批评和挫折，学会乐观向上，帮助男孩克服羞怯和抑郁的悲观因素，多给予赏识与鼓励，多给予笑声与温暖，男孩就会逐渐形成乐观开朗的性格。在男孩的一生中，乐观具有许多意义：它是诱发男孩子采取行动的强烈动机；它静驻男孩内心，可以提供充满勇气、克服困难的神秘力量。

“谁都比不上我！”——谦虚的男孩更知道进取

家长的烦恼

最近，邱先生的儿子邱璇考了初三年级第一名。这天，邱璇很高兴地拿着试卷回家来，看到爸爸在客厅看报纸，他赶紧说：“爸爸，你瞧我这次是全年级第一名呢，老师还当着全班同学的面表扬我了，怎么样，我厉害吧？”

邱先生发现，儿子的语气里明显有炫耀和骄傲的成分，他想，是时候教育儿子学习要谦虚了，于是，他对儿子说：“璇璇，我先来给你讲个故事吧。”

“什么故事？”

“有个男孩大学毕业以后，他对自己的前途充满了信心，因为他在学校一直都表现得很出色，而且多次获得征文比赛的大奖。他一心想到贸易

公司工作，并写了许多履历表前去应征。

其中有一家公司写了一封信给他：‘虽然你自认文采很好，但是我们看了你写的简历，直言不讳地说，你的文章写得很差，甚至还有许多语法上的错误。’

受到打击的男孩心底很不服气，‘我怎么可能在履历表上出错误呢？’但是，当他回头仔细查看了他的简历时，发现确实有些他没有察觉出来的错误，而这些错误的拼写和语法自己一直都这样用，却一直都不知道它们是错的。

于是他写了一张感谢信给这个公司，小卡片上是这样写的：‘谢谢贵公司给我指出我经常犯的错误。我会更加细心的。’几天后，他再次收到这家公司的信函，通知他可以上班了。”说完这个故事后，邱先生继续对儿子说：“儿子，你知道这个故事告诉我们什么道理吗？”

“我知道，爸爸，做人谦虚才能更进步，我明白您的意思，我不会再因为取得一点成绩就骄傲了。”

的确，人人都喜欢谦虚的人，而不会与自以为是的人为伍。即使是在提倡“毛遂自荐”精神的今天，谦虚依然不失为一种伟大的美德。持有谦虚精神的人如同持有一张通行证，可以畅通无阻地行走于社会，因为谦虚的人更知道进取。

列夫·托尔斯泰说：“一个人就好像是一个分数，他的实际才能好比分子，而他对自己的估价好比分母，分母越大，则分数的值越小。”

不少青春期的男孩，他们一旦取得了一点好成绩，就容易骄傲自大，就认为已经掌握了老师传授的所有知识，但事实并不是如此，男孩一旦骄傲，就很容易满足现状，变得停滞不前，很明显，那么，男孩这样的心态需要我们父母引导。具体来说，我们可以从以下几个方面努力：

1.不要过度夸奖男孩

父母对男孩过分的夸奖与肯定，很容易使男孩滋生骄傲情绪，认为自己是最优秀的。一旦这种骄傲情绪产生，再纠正就困难了。

当今很多男孩的父母大多喜欢在众人面前炫耀儿子在这方面或那方面的“与众不同”，这样就很容易使男孩滋生骄傲情绪。事实上，一些潜质很好的男孩之所以没能如愿地在未来成为栋梁，正是源于他的骄傲自满、狂妄自大。

骄傲自大的男孩往往不屑于与别人交往，心胸变得很狭窄。他们虽能取得一定的成绩，但往往只满足于眼前取得的成绩，而且他们看不到别人的成绩。只有谦虚的男孩才有机会看清自己，看清别人，从而博采众家之长。

2.经常给你的儿子讲述一些优秀人物的故事或者一些浅显的道理

比如“水满则溢”的故事：

一个容器若装满了水，稍一晃动，水便溢了出来。一个人若心里装满了骄傲，便再也容纳不了新知识、新经验和别人的忠言了，故古人云：“满招损、谦受益。”

另外，还有爱因斯坦的故事：

爱因斯坦是个名满天下的科学家，据说有一次他的学生问他说：“老师的知识那么渊博，为何还能做到学而不厌呢？”

爱因斯坦很幽默地解释道：“假如把人的已知部分比做一个圆的话，圆外便是人的未知部分，所以说圆越大，其周长就越长，他所接触的未知部分就越多。现在，我这个圆比你的圆大，所以，我发现自己尚未掌握的知识自然是比你多，这样的话，我怎么还懈怠得下来呢？”

当然，这些道理和故事最好来源于男孩周围的生活环境，尤其是同时代，同年龄的其他孩子的优秀事迹对男孩更具有激励作用。让他们知道：天外有天，人外有人。很多事物的优越性都是相对的，我们所拥有的，永远都微不足道，所以我们没有理由不谦虚一点。

3.父母要用自身的言行影响男孩

父母切不可有骄傲自满的表现，因为一个尚未形成价值观、社会观的男孩极易受父母的感染。

4.父母要为男孩创造一个有利于培养孩子谦虚品质的大环境，并同时和老师配合

在教育男孩谦虚的同时肯定孩子的长处，让男孩认识到只有谦虚才能使人不断进步。

的确，一个人不管自己有多丰富的知识，取得多大的成绩，推而广之，或是有了何等显赫的地位，都要谦虚谨慎，不能自视过高。男孩也一样，谦虚的男孩更知道进取，不断探求知识和人生的路，教育青春期的男孩，一定要培养男孩正确的人生观，要知道，一个心胸宽广，能博采众长，不断地丰富自己的知识，增强自己的本领的男孩必能创出更大的人生业绩！

“这不是我的责任。”——敢于担当才是真正的男子汉

一天，某户人家的门铃响了，开门的是男主人公汤姆。

汤姆发现，一个大概十来岁的小男孩站在门口，并且，他开始自我介绍：“你好，先生，我的名字叫亨利。”然后，他指着斜对面那栋漂亮的房子，告诉汤姆那是他家。

然后他问：“我可以帮您剪草坪吗？”汤姆打量了一下这个小男孩，他身材瘦小，他再看看自己家的花园，有前后院，还有个大的草坪，不过，既然是他主动要求做，就点点头说：“好啊！”

随后，男孩很高兴地推来剪草机，开始工作。他把笨重的机器推来推去，剪得相当整齐。

等他剪完所有的草后，按照事先说定的金额，汤姆给了他10美元的报酬，但汤姆很好奇的是这小男孩为什么要挣钱。对此，男孩说：“上个星期我过生日，爸爸送我一辆自行车，但我要自己支付其中一半的钱。如果下个星期您再让我给您剪草坪，我就可以去买了。”

从那以后，汤姆家剪草的工作就给男孩承包了。慢慢地，附近几家的

草地也都包给他去做……

的确，责任心对于一个男人来说，至关重要。男人最重要的品质就是责任感。事业有成者，无论做什么，都力求尽心尽责，丝毫不会放松；成功者无论做什么职业，都不会轻率疏忽。这就是一份责任，作为父母，我们必须在男孩还在青春期时就培养男孩的这一人生观，因为青春期是男孩人格和品质形成的关键时期。

然而，生活水平一代比一代好，见识也是一代比一代广，从智商来说也是一代比一代更高，男孩从长辈那获取的关爱也是越来越多，如今四个老人，一对父母疼爱一个孩子的现象已是不争的事实，可这种家庭环境下教育出来的男孩，却好逸恶劳，凡事漠然。试想，这样的男孩又怎能积极主动地做其他事情？因此，我们父母不光要让儿子学习好、身体好，更重要的是要从小让他们具有承担责任的良好素质，长大后才能承担起对家庭、对社会的责任。

作为父母，我们可以从以下几个方面培养男孩的责任心：

1.培养男孩的自理能力和劳动能力

通过劳动，可以培养孩子的责任感。其实，好逸恶劳，本来不是男孩的天性，而是家庭教育的结果。一般来说，家庭教育中就忽视了劳动教育，甚至还要轻视体力劳动的价值，不少家长只是认为儿子上学就是学习知识，就是为了上大学，从而脱离体力劳动。我们都知道，一些男孩原本想跟着父母后面劳动，可往往不是得到表扬，而是受到指责，埋怨碍事，埋怨添乱。其实，能够做点什么就是体现人的价值，人都是要从自己所做的事情当中体现出自己存在的必要和价值来的，培养孩子的责任感，进行劳动教育，也正是从这一点入手。

其实，青春期的男孩已经有一定的行为能力了，作为父母，我们不要事事替男孩包办，可以让他自理，学会自己收拾房间，自己叠被子，整理、修补自己的玩具、图书，帮助摆放全家用的餐具，饭后扫地、倒垃

圾，打扫楼道等。不论是什么任务，父母都应该用男孩能理解的方式给他讲明，使他意识到自己有责任将它做好。

2.教导男孩从生活中的小事做起，帮助周围的人

生活中，我们身边的人都会遇到一些难以解决的困难、问题，此时，我们要教导男孩帮助他人，只有这样，他们才会认识到身为一个社会人的责任。

3.告诉男孩责任不是挂在嘴边的

对男孩责任心的培养，最终目的还是要让男孩学会担当，“担当”的意思是：接受并负起责任。意在强调行动的重要性。

曾经有篇报道，叙述了一个16岁的农村少年，以优异的成绩考取了师范学校，面对着瘫痪在床无人照顾的父亲，无奈之下卖掉了全部家产，背着父亲走进校门，开始了漫长而艰辛的求学之路。

一个“背”字，不仅体现了父子之情，也体现了孩子对家庭的责任，这个少年就是“担”起了家庭的责任。

责任不需要整天挂在嘴边，这是一种意识，我们要让男孩明白，在遇到事情的时候必须承担后果。男孩从小学会“担当”，长大了自然就会有责任心。

4.教导男孩做事有始有终，自己造成的苦果自己负责

男孩与女孩不一样，男孩不会“安分守已”，好奇心强，什么都想去摸摸，去试试，但是随意性也很强，经常做事虎头蛇尾或有头无尾。所以我们要告诫男孩学会督促自己，做事要做有始有终，以便培养自己持之以恒、认真负责的好习惯。

总之，我们培养男孩的责任心，是一个循序渐进的过程，这一点，必须要我们父母对男孩放手，给予男孩相应的信任，男孩的责任心就会随着年龄的增长循序渐进地培养起来。

“他是我的死对头！”——对手激励出真正的男人

家长的烦恼

刘太太是一名全职太太，儿子天天的生活和学习情况，她一直很关心。这天傍晚，老师打电话给她，她的儿子天天这次考了第二名，还不错，与第一名成绩相差并不多。刘太太心想，没拿到第一名，天天回来肯定不高兴。

过了一会儿，天天就回家了，告诉刘太太：“妈，我这次考得不是很好，还是没超过王丹丹。”

“没事，下次继续努力就是，不过话说回来，儿子，你恨她吗？”刘太太顺便问。

“为什么要恨她呢？”

“因为她是你的对手啊。”

“可是，如果不是她，我怎么知道要努力学习，又怎么能进步呢？”

刘太太不知道再怎么把话接下去，但是儿子能这么想，她感到十分欣慰。

相信任何一个父母，如果能听到儿子有天天这样的好心态，也会感到很欣慰。这里，天天的回答说出了对手对一个人成长的作用。

奥运冠军刘翔曾说过一句话：“没有对手就没有动力，我永远感谢对手。”的确，人类社会，本身就是一个竞争性的社会，知识经济的到来，人们的竞争意识更为强烈，可以说，我们生活的周围，无时无刻不存在着竞争。其实，也就是因为这些竞争对手的存在，我们才更具竞争力和活力，才会有危机感，才会有竞争力。所谓“狭路相逢勇者胜”，正是由于

它们，才使你认识到自己的不足，才使你认识到要发展自我，才使你认识到社会，乃至整个世界都无时无刻地在进步，在前行。对手就犹如一面铜镜，能照出你自己的特征，也能激励你去不断学习，不断发展。

可见，对手的存在，并不仅仅是个威胁，在很多时候，它还是激励人们进步的“伙伴”，如果每个青春期的男孩都能以这样的心态面对对手，那么，他们一定会有更大空间的进步，作为父母，我们始终是男孩人生路上的引路人，我们要在男孩青春期就对他们引导，要告诉他们，对于对手，应该抱着感谢的态度，要知道，对手就犹如一面铜镜，能照出你自己的不足，也能激励你去不断学习，不断发展。那么，我们该怎样引导男孩与对手相处呢？

心理支招

1.告诉男孩对待对手要友善、真诚

首先，我们要告诉男孩，在与对手交谈的时候，要多考虑对方的感受，不要轻易地说让他人心情不悦的话，更不要随便当面指出对方的缺点，即使他人有什么过错，也应该迂回、委婉地指出来，让他人感受到你的善解人意，这样才能取得别人更多的信任和喜爱。

其次，与任何人交往，都不可太过感性，如果只与那些说好话的人交往，就会掉进奉承的陷阱里，而交不到真正的朋友。

最后，我们还应鼓励男孩放宽自己的眼界，不要只与自己喜欢的人交往。因为很多我们不喜欢的人，却是能激励我们成长的人，他们常常忠言逆耳，并不厌其烦地指正我们的行为。

2.鼓励男孩真心为对手喝彩

的确，青春期的男孩都是情绪化的，当他们看到自己取得成功的时候总是兴奋不已，希望有人为他鼓掌。可是当身边人，包括他的对手取得成功的时候，男孩很容易产生嫉妒的情绪。对此，我们要告诉男孩，对手成功了，要大声叫好，尤其是平日与你相处得很紧张、很不快乐的人成功了，这时候，你为他鼓掌，会化解对方对你的不满和成见，改变他对你的态度，他会觉得你慷慨地付出自己的真诚，从此，他也会给予你支持。

3.告诉男孩当对手处于弱势时给他一句鼓励

人们都习惯于为自己或身边亲近的人付出，但为对手付出却很难，需要男孩有宽宏大量的精神，而且，这种付出，不仅仅是物质上的，还有精神上的。

因此，我们要培养宽宏大量的男孩，就要告诉他一点："当别人处于困境中时，你的一句简单的鼓励，都可能让对方重新站起来。当别人取得成就时，你的一句简单的恭喜也都是最好的礼物。很多人在面对竞争对手的时候，采取的是打击的方法，其实，这样做还不如化敌为友、化干戈为玉帛。想把对手变成朋友，就要舍得为他'付出'，对方陷入困境的时候，你要保持冷静，不能见机踹他一脚；当你成功的时候，不要在对方面前趾高气扬，做到这些就是'付出'，勇敢的'付出'。"

总之，如果你的儿子能以宽容、大度的心去对待他的对手，相信在未来人生路上，他会更加出色。

"这种做法可以吗？"——懂得自我反省才能不断进步

家长的烦恼

这天，某中学初二（三）班在开一场班会，班会的主题是如何总结学习经验和教训这个问题，班会开始前，班主任老师先以一个故事入题：

爱因斯坦小时候十分贪玩，他的母亲最担心的就是这点，很多时候，母亲对他的告诫，他也当成耳边风，过后就忘。后来，等到他长成16岁的时候，父亲对他的一番话让他真正长大了，并且影响了他的一生。

父亲说："昨天，我和你杰克大叔一起去清扫了南边的一个很久没人打扫的烟囱，去的时候，我走在你杰克大叔后面，我们踩着钢筋做的梯子上去清理烟囱。下来的时候，我依然走在你杰克大叔后面。但我们出来的

时候，我发现，你杰克大叔身上、背上、脸上都是黑乎乎的，而我身上竟然一点也没有。”

爱因斯坦听得很认真，父亲继续微笑着说：“当我看见你杰克大叔浑身黑乎乎的样子，心想，我肯定也脏死了，于是，去河边洗了又洗。而你杰克大叔恰恰相反，他看到我干干净净的，以为自己也是干净的，只是随便洗了洗手，就去街上了。结果，街上的人都笑破了肚子，还以为你杰克大叔是个疯子呢。”

爱因斯坦听罢，也忍不住笑了半天。等他平静下来后，父亲郑重地对他说：“其实别人谁也不能做你的镜子，只有自己才是自己的镜子。拿别人做镜子，白痴或许会把自己照成天才的。”

“老师讲这个故事，是希望同学们明白，无论是谁，也包括作为学生的你们，都要明白，一个人，这样不断反思，找到改进之处，才能 不断进步……”

的确，正如爱因斯坦的父亲所说，我们只能做自己的镜子，照出真实的自我。任何人。要做到进步，都要掌握关键一点，那就是一定得认识和了解自己，而这件事只有人们自己才能完成，也是一个非得靠自己才能解答的问题。谁能永久激励你？谁能让你不断成长？答案是你自己，别人只能帮你推波助澜而已！所以要获得成功，首先要先研究、了解自己。自己才是自己的最佳导师。

然而，我们都知道，青春期是人生的岔路口，每个男孩在这个阶段养成什么样的习惯、形成什么样的人生观，都关系到他们一生的命运，作为父母，我们也要告诫男孩，无论是做人还是做事，都要善于自我反省，只有这样，才能够发现自己的缺点或者做得不够好的地方，然后加以改正，使自己不断进步，并能够扬长避短，发挥自己的最大潜能。要做到这点，我们要明白：

1.告诉男孩什么是反省

任何时候，学会反省自己，始终是最明智、最正确的生活态度。当男

孩在成长过程中遇到问题，我们也要引导他反省自己的行为，反省自己的思想，让他承担自己的责任，学会反省自己的言行。

那么，什么是反省呢？反省——即检查自己的思想行为，检查其中的错误。学会反省，就是作出自我检查。古人云："知人者智，自知者明。"的确，人贵在有自知之明，试想，如果一个人自己不能了解自己，目空一切，心胸狭窄，心比天高。又怎么会虚心进取？就更不用说成功了。

2.引导男孩反省自己

那么，男孩每天又应该反省些什么呢？可以从以下几个方面自我反省：

人际关系。"你今天有没有做过什么对自己人际关系不利的事？你今天与人争论，是否也有自己不对的地方？你是否说过不得体的话？某人对你不友善是否还有别的原因？"

做事的方法。"反省今天所做的事情，处事是否得当，怎样做才会更好。"

生命的进程。"反省自己至今做了些什么事，有无进步？是否在浪费时间？目标完成了多少？"

如果男孩能坚持从这三个方面反省自己，那一定可以纠正他自己的行为，把握行动的方向，并保证自己不断进步。

3.告诫男孩要保持空杯心态

有一个国王，他善于治理国家，于是，他的国家富足又强大，其他国家也不敢来犯，因此，一直以来，他都比较满足，但有一天，他忽然觉得非常惶恐。于是，他召集王宫中的智者说："我很想找到一个事物，用来使我安定。当我不快乐时看它，它会使我快乐，在我快乐时看它，它会使我忧愁。"智者绞尽脑汁，终于在最后设计出国王想要的这个时钟，不过上面刻了这样一句话："这，也将成为过去。"

的确，青春期是情绪化的年纪，一些男孩在取得好成绩时难免会骄傲，此时，我们必须要告诉男孩要放下过去的荣耀，只有这样，才能让内心变得更强大。

总之，反省的过程就是一个人心智不断成熟的过程，是一个人心灵不

断升华的过程，教育青少年阶段的男孩，帮助他及时发现自己的问题，扬长避短，并加以改进，那么他便能更好地成长。

“帮助人的感觉很好。”——赠与永远比索取快乐

家长的烦恼

13岁的姜超，是一个初一的男孩，家庭经济富裕，他从没体会到生活的艰辛和困苦。一次，母亲在学校的号召下，把姜超送到一个山区的家庭“体验生活”。那家有个小女孩，叫妮儿。

妮儿家的房子是用泥土和茅草建造的，屋里黑洞洞的，除了一张破旧的桌子，再没有一件像样的东西了；妮儿长得又瘦又小，个头比自己矮了一大截。为了挣学费，妮儿还要常常去砖窑帮忙挑砖坯。一天只能挣1元2角钱。

看到这些，姜超的心里沉甸甸的。他掏出50元钱放在妮儿妈妈的手里，真诚地说：“阿姨，以后我会帮助妮儿的。”

回来以后，姜超像变了一个人。他不再吵着要妈妈买新玩具了，也不再挑食和吃零食了。整整一个暑假，他没有吃一根冰棍，用省下来的300元钱买了文具、衣服，寄给了妮儿。

这个男孩就是个满怀爱心的人，能够随时发现别人的困难，并且能把帮助别人解决困难当做自己的责任。能够在生活中遇到这样的人，是一种幸福，而他这种品质的获得正是父母有心教育的结果。青春期是每个男孩人格砥砺的时期，因此适当的生存体验还是需要的，让男孩明白世界上还有许多不幸的人需要帮助，这有利于儿子正确人格和品质的形成。

每个男孩的心中都有善良的种子，作为父母，我们要维护并发扬男孩

的爱心，其中，助人为乐的精神也是父母应该培养男孩拥有的，是需要父母一份恰当的爱哺育出来的。

爱默生说；“人生最美丽的补偿之一，就是人们真诚地帮助别人之后，同时也帮助了自己。”“助人为乐”这四个字，蕴含着人世间至真至诚至美的奇妙含义。助人为乐的男孩，由于使对方的困难得以解决，使别人的不便变为方便，可以从帮助别人的过程中发现自己的生存价值，男孩自然就会有一种成功的体验，正如歌德所说：“你若要喜爱你的价值，你就得给人创造价值。”

1.对男孩进行善恶对错的教育，让孩子形成正确的价值观

“种瓜得瓜，种豆得豆。”从小在男孩心灵这片土地上，播下“助人为乐”的种子，长大后，他们就会像美丽的天使一样关心别人的疾苦，多为别人办好事，体验到完美人生的快乐；如果种下“自私自利”的种子，男孩长大后只会关心鼻子尖底下的丁点儿小事，怎么能有所作为，又怎么能获得快乐呢?

2.带儿子经常参加一些慈善活动或者助人的社会实践活动，让男孩感知别人的疾苦

例如，让儿童为敬老院义务劳动，或者打扫附近的公园，这类活动都能教会孩子助人为乐。

3.父母要参与到助人为乐的活动中来，给你的儿子一个榜样作用

在生活中，父母的行动是儿子的一面镜子。

父母以身作则，为男孩做出榜样，男孩耳濡目染，日久天长也会养成自己的行为习惯。如邻里之间互相关照；帮助孤寡老人的生活；心系灾区灾民，为灾区捐款捐物；单位同事遇到困难时给予帮助和关照；哪怕在公共汽车上给人让个座，这种教育的作用是潜移默化的，将会收到润物细无声的效果。

“我的两个儿子，一个11岁，一个12岁，为了教他们懂得和不幸的人分享，我在厨房里放了一个大篮子来提醒他们，我们在里面放满容易保存的各

种食物，然后捐献给镇上的紧急救助中心。每次我和孩子们去购物，我们都会额外买些东西好放进篮子里，等篮子装满的时候，我就和孩子们把一篮子的食物送到紧急救助中心。然后，我们再重新开始为篮子里添食物。”

男孩爱帮助人，爱做好事，这是人类善良的本性所致，应当弘扬。但是现实生活中，由于很多父母对人生的误解，他们所表现出的自私心理和功利主义，对青春期的男孩极易造成不良的影响。

总之，助人为乐是一个人思想境界的行为体现，是一种精神的升华，有名言说得好：关心他人，竭尽全力去帮助别人，会使人变得慷慨；关心别人的痛苦和不幸，设法去帮助别人减轻或消除痛苦和不幸，会使人变得高尚；时常为他人着想，会丰富自己的生活，增加自己的涵养。做父母的不仅承担着教育男孩成就学业的责任，还担负着传承中华文明、培养健全人格的重任，教育和帮助男孩助人为乐，每一个家庭都担负着义不容辞的责任！

“谁给了我一切？”——引导男孩用感恩的心看世界

家长的烦恼

1998年，在中国的清华大学，有一个叫邹健的大二学生，他有着更大的求学愿望，他希望自己能进入哈佛大学深造，但此时，命运却跟他开了个玩笑，他的父母双双下岗了，这就意味着他和同时在上大学的弟弟都有可能要辍学。坚强的邹健决定边打工边上学，生活十分辛苦。

邹健的情况很快引起了唐山市路南区工商分局的重视，党委书记陈振旺率先发动起来，团委书记王阿莉很快与清华大学取得了联系，清华大学很快提供了当时上大二的湖南籍学子邹健的相关情况，路南区工商分局决定每月捐助邹健400元，直到他大学毕业。一场跨区域的助学行动拉开了帷幕。“当时局里的36名青年团员每人每月出资10元，不够的部分就由工会补上。”一直参与此项捐助活动的王阿莉介绍说。

受到资助的邹健一直学习努力，他从清华毕业后，又顺利进入了哈佛深造，而现在的邹健已经是美国哈佛大学电机工程的博士学位，并在美国纽约的一家金融公司工作。

邹健是个懂得感恩的人，为了回报路南区工商分局的爱心，2006年2月14日，邹健的父亲给路南区工商分局打来电话，告知邹健从美国特别寄来4000美元，他已兑换成人民币32125.60元寄给了路南区工商分局。

俗话说：“滴水之恩，当涌泉相报。”感恩是一种生活态度，是一片肺腑之言，是一份铭心之谢。每个人都应学会“感恩”。案例中的邹健就是懂得感恩的人，而正是这份感恩的心，让他拥有了积极向上的人生态度，最终，他也收获了幸福的人生。

事实上，不仅邹健，任何一个幸福的人都有一颗感恩的心，是感恩，让他们懂得了奋斗的目的，是感恩，丰富了他们的精神世界，也是感恩，让他们变得成熟、完美。

一个人，如果能以感恩的心面对生活，那么，他看到的就是阳光，他就能感到幸福。

然而，不难发现的是，生活中，我们总能发现喜欢抱怨的一些青春期男孩，他们喜欢抱怨学习太累、父母太唠叨，抱怨饭菜太差、衣服太难看等。其实，他们之所以经常抱怨，是因为他们缺乏感恩之心。对于这种情况，作为家长，我们有必要在男孩还在心智发展期的青春期就对其进行引导，让他们懂得父母养育他们之不易；知道所收到的爱是需要回报的；明白关心热爱父母家人是起码的孝心和良心；理解和帮助他人是最基本的社会道德。

1.告诉男孩他无时无刻不在接受别人的帮助

可能男孩们都没有意识到，在成长的道路上，他无时无刻不在接受他

人的帮助，接受他人的恩惠，对此，我们可以告诉男孩：“自打你出生，父母就在孜孜不倦地哺育你，教你做人做事的道理；跨入校门，老师就无怨无悔地把毕生所学传授给你；遇到难以解答的学习问题，好心的同学也总是帮助你；而国家和社会，也为你提供了安定的学习和生活的环境；甚至生活中那些陌生人，也在无形中对你提供帮助……”这样，男孩就会明白，他需要报答的人太多。一旦男孩有了一颗感恩的心，那么，他还会抱怨父母的不理解、老师的严厉吗?

2.引导男孩理解父母

我们可以语重心长地对男孩说：“居家过日子，难免磕磕碰碰，有时候，我们父母的行为、语言可能导致了家庭纷争，可能不太恰当，但请你一定要理解，我们都是希望你好……”

实际上，任何一个父母何尝不希望自己的子女能在生活中多关心一点自己呢？教会男孩懂得理解父母，他们会懂得知恩图报、孝顺父母。

3.告诉男孩不要忘记经常对身边的人说“谢谢”

有时候，男孩可能认为，周围人对他举手之劳的帮助是理所当然，但我们要让男孩明白，没有谁应该对谁好，所以，你应该对他们说“谢谢”，有时候，即使这么简单的一句道谢，也是一种幸福的回馈。

4.鼓励男孩为社会尽一份微薄的力量

大部分男孩可能认为，我只不过是个普通人，哪里能为社会做多大贡献？但家长要告诉男孩，社会就是由千千万万这样的普通人组成的，每个人，只要从身边做起，多关心国家大事、社会新闻，多关心慈善事业，那么，哪怕你只捐出一块钱，哪怕你只是简单地拾起了马路上的一片废纸，你也是为社会的发展尽了一份力量。

总之，懂得感恩的人是幸福的，我们如果希望自己的儿子内心快乐、平和，就要培养他们用感恩的心看待世界，这样，由于懂得体谅、理解和感激，关心尊重他人，他就会得到他人的肯定和信任，关心和帮助，他的事业就比较容易成功。他的内心存在真与善，知足与美好，就会有更多的快乐。

“我难道只适合听别人的？”——男孩可以平凡但不能平庸

家长的烦恼

木木今年十二岁了，但初一的他还十分依赖父母，什么都习惯问父母，希望父母给他拿主意，小到吃什么，穿什么这些事。木木的妈妈是个有心人，她决定在生活中逐渐纠正儿子的这一心态。

这天，木木做完作业，准备看电视时，妈妈把木木叫到身边，对他说：“儿子，妈妈知道你们学课文应该经常要写中心思想，妈妈今天看到一个故事，你帮我总结一下吧。”

“什么故事？”

“曾经有一个叫魏特利的人，他经历过这样一件事：九岁那年，他的朋友特别多，一天，有个朋友和他约好，就在周日早上，他们一起去钓鱼，魏特利很高兴，因为他还不会钓鱼。

因此，头天晚上，他先收拾好所有装备，比如，网球鞋、鱼竿等，并且，因为太兴奋，他居然还穿着自己刚买的网球鞋就上床了。

第二天一大早，他就起床了，把自己的东西都准备好，并且，他还时不时地朝窗外看，看看他的朋友有没有开车来接他，但令人沮丧的是，他的朋友完全把这件事忘记了。

魏特利这时并没有爬回床生闷气或是懊恼不已，相反，他认识到这可能就是他一生中学会自立自主的关键时刻。

于是，他跑到离家最近的超市，花掉了他所有的积蓄，买了一艘他心仪已久的橡胶救生艇。中午的时候，他将自己的橡胶救生艇充上气，顶在头上，里面放着钓鱼的用具，活像个原始狩猎者。

随后，他来到了河边，魏特利摇着桨，滑入水中，假装自己在启动一

艘豪华大油轮。那天，他钓到了一些鱼，又享用了带去的三明治，用军用壶喝了一些果汁。

后来，他回忆这次的光景，他说，那是他一生中最美妙的日子之一，是生命中的一大高潮。朋友的失约教育了他，凡事要自己去做。”

“妈妈，我明白你将这个故事的用意了，我会努力改正的，以后不能什么事都让你们替我做决定，不过，请你给我时间，好吗？”

的确，生活中最大的危险不在于别人，而在于自身。不在于自己没有想法，而在于总是依赖别人。

反过来，依赖足以抹杀一个人意欲前进的雄心和勇气，阻止自己用自己的努力去换取成功的快乐。依赖会让自己日复一日地裹足不前，以致一生碌碌无为。过度依赖，会使自己丧失独立的权利，它是给自己未来挖下的失败陷阱。

每一个男孩早晚都要脱离父母走向社会，因此，我们父母有必要培养男孩的自主意识，要让他明白，一个男人，可以平凡，但不能平庸。

心理支招

1.鼓励男孩：“你能行。”

生活中，许多男孩常常说“我不行”。这种意识有两个来源：一是源于自我，叫做自我意识；二是源于他人，叫做外来意识。有些家长自己就总觉得自己的儿子不行。一位男孩说：“我想学游泳，我妈妈说，你不行，你从小体弱，下水会淹着的！我想学炒菜，我妈妈又说，你不行，会烫着手的！我想学骑车，我妈妈说，你不行，会摔着的……不行，不行，我什么时候才能行？”

这位妈妈看上去是十分爱护自己的儿子，实际上是在害儿子。要是老对儿子说“你不行”，慢慢地，孩子就会因为自己的性格把自己定位在一个弱者上，觉得自己真的什么都不行了。“我不行”在男孩的头脑中一旦扎下了根，他就会变得对做任何事都没有信心，会觉得离开了父母和老师寸步难行。

因为，“我不行”是一种反向的负信息，是缺乏自信心的具体表现。总用这种信息来暗示自己，一种“我不行”的形象就被自己不知不觉地塑造出来了。

而“我能行”是一种正信息，是成功者必备的心理素质。总用正信息来调控自己，一种“我能行”的形象也就不知不觉塑造出来了。

2.尊重男孩的意愿

“儿子是小人，小人也是人。”做父母的应尊重儿子，把他当作家庭中平等的一员来对待，要尊重他在家庭中的地位，任何涉及儿子的事情，应尊重或听取儿子的意见。要尊重孩子的见解，甚至当你不同意时，也要以商量的口吻表示对他的尊重。如：对话时，不要中断或反驳孩子；不要干涉孩子自己喜欢的方式等。

3.告诉男孩学会表达自己的需要

你要告诉儿子：“对于你内心的想法，你要学会告诉家长、老师，否则，他们便会左右你的想法和观点。”

4.让男孩独立面对各种难题

正如一位名人所说：“所谓成长，就是去接受任何在生命中发生的状况。即使是不幸的、不好的，也要去面对它，解决它，使伤害减至最低。所谓的成长，所谓的智慧，所谓的成熟，都不过如此。”这样的男孩才能独当一面，成为一个自立自强的男人。

总之，只要不是原则性的问题或危险的事情，父母都可以放手让男孩自己做决定，而且要多提供机会，让孩子自己做决定，并且是真正地自己做决定，父母千万不要左右你的儿子，也不应该对男孩事先做出假设或者限制，要给男孩以单独思考、学习和玩耍的时间和机会，这样，他才能成长为一个独立、不人云亦云的男子汉。

第11章

交友观修正：男孩要广交挚友，懂得分辨真朋友

古罗马政治学家西塞罗曾说：“世界上没有比友谊更美好，更令人愉快的东西了。”的确，“人生得一知己足矣。”青春期更是渴望获得友谊的年纪，相信每个青春期男孩都希望自己的生活里有这样一些人，这些人能给他们讲一些简短却动听的故事，会教他们玩好玩健康的游戏，这些人就是朋友。作为父母，我们都希望自己的儿子能有一两个好友，这样，男孩不会孤单，在他以后的人生路上，也有知己相伴，但我们还必须要告诉男孩什么是真正的友谊，帮助他们建立正确的择友观，只有这样，男孩才会交到真正的朋友。

“他教我抽烟喝酒。”——引导男孩远离恶友

家长的烦恼

王太太发现自己的儿子童童最近有点不高兴，经过问询后才得知，原来童童最好的朋友方立最近有了新朋友，便不理童童了，王太太心想，怪不得这孩子最近也不来家里“蹭饭”了，也不和儿子一起玩游戏、打球了。

一次交谈的过程中，方立告诉王太太，他认识的这帮哥们儿人都很好，经常请自己吃饭，还带自己去玩，王太太心里便有点担忧，怕方立交了不良朋友。

果然，不到半个月，方立就跑来对童童说：“原来他们并不是什么好人，那天，他们说要带我去玩，我们去了电影院，我亲眼看见他们勒索别人，后来，他们还让我抽烟喝酒，我还小呢，抽烟喝酒伤身体。我现在怎么办，他们肯定还会再来找我的。”

王太太对方立说：“别担心，以后回家的路上就和童童还有其他同学一起，人多，他们不敢怎么样。另外，方立，阿姨要告诉你，你这种交朋友的原则是不对的，这些社会不良青年就是要对你们这些单纯的青少年下手，他们往往用的就是同一种伎俩，朋友贵在交心，而不是物质上的，你明白吗？真正的朋友是帮助你成长成才的。”

听完王太太的话，童童和方立都似乎不太明白，于是，针对择友标准，王太太再为孩子们好好上了一课。

青春期是每个男孩的人格发展和形成期，这时候，交什么朋友，与什么样的人交往，会对他的一生形成影响，不但影响着自己的言行、穿着打

扮、处世方式、兴趣爱好，还影响着男孩自身的价值观、对自我的认识。

交友是应该有选择的，而且要从善而择，和好人交朋友，男孩自身才能提高、完善。所谓“与善人居，如入芝兰之室，久而不闻其香”，长期与一个人在一起，自然会受到潜移默化的影响。

当然，对于尚未成熟的青春期男孩来说，他们并不十分清楚何为正确的择友标准，这就需要我们在生活中潜移默化地告诉男孩。

心理支招

1.鼓励男孩拓宽自己的交友面

我们要多鼓励男孩通过广交朋友来完善自己，扩大自己的交友圈子，接纳不同类型的朋友，多层次、全方位的朋友无疑对男孩的发展是有益的，当然，还应鼓励孩子把那种见利忘义、损人利己的“小人”排除在外。

另外，我们要培养男孩有广阔的胸怀，因为只有心胸开阔的孩子才能包容朋友的过错。你也可以告诉他：如果你能有一两个敢于直陈己过、当面批评自己过失的诤友，那就是真正的朋友。

2.告诉男孩什么是益友

那么，对于青春期的男孩来说，应该选择什么样的人做朋友呢？

这个问题不能笼统而论。因为每个人的需要是不一样的，所以择友上也有不同的标准。不过，择友是有一些规则的。古人云：“择友如择师。”现实生活中，一般人都喜欢找各方面或某些方面比自己强的人做朋友。以强者、优秀者为自己平时行为举止的榜样，这一点，在青春期青少年中尤为明显。比如，有的男孩指责同伴中的一个“喜欢当官的，尽跟班干部在一起”。其实这是他的一种交友之道，无可厚非，同时，这也是出于一种使自己迅速强大起来、建立理想自我的愿望。况且，在同龄人中，见多识广、有能力的人更容易引起周围人的注视，更容易交到朋友。当然，每个人都有每个人的长处，见到别人的长处，应该学，见到别人的短处，应该戒。不可盲目自满和自卑，只要自己肯学习，肯修正自身的不足，将来一定会有作为。

3.培养男孩的观察力，教会其谨慎交友

古语云：近朱者赤，近墨者黑。是否能交到益友，关系到男孩的一生。所以，我们父母要教会男孩谨慎交友。你应该告诉他：

在还未了解对方基本品质之前，仅凭一时的谈得来和相互欣赏就急急忙忙贸然地把自己的信任与情感全盘托出，是容易为以后不良关系的展开埋下伏笔的。

对于青春期的男孩来说，父母更要教育他们注意，朋友要广，但不能滥交，要恪守“日久见人心”的古训，通过与对方多次交往与活动，通过观察对方的言谈与举止，就可以洞悉对方的个性、爱好、品质，觉察他的情绪变化，从而判断他是否值得深交。

4.告诫男孩要与不良朋友划清界限

青春期的男孩交上好的朋友，有利于自己学习进步和个人身心全面发展，一生受益无穷。但青春期是个缺乏社会经验分辨是非能力的年龄，父母不应该阻拦男孩交友，但也应该告诉他谨慎交友这个道理。要鼓励他交有道德、有思想、有抱负的人做朋友，要交遵纪守法、正直、善良的人做朋友，要交学习认真、兴趣广泛的人做朋友，而对于那些不良朋友，一定要划清界限，要知道，有些男孩受周围不良朋友的影响，拜金主义、享乐主义思想不断滋长，追求奢侈的生活作风，放纵自己，不仅荒废学业，还有可能走上违法犯罪的道路。

“我要替哥们儿出口气！”——江湖义气害人害己

这天，某中学初一（三）班发生了一件集体打斗事件。事情是这样发生的。

原来，初中一年级的班干部选拔需要有三个月的试用期，很快，三个月过去了，班主任老师让班上的同学重新选出班干部，结果呢，对于班长的职务，班上的男生一半选择原来的代理班长，而另外一半男同学，却选戴铭同学，并且选票完全一致。那天中午，班主任老师让大家再商量一下，下午作出决定，结果，就在午休的半个小时中，班上出现了一场激烈的战斗，要不是班主任老师及时出现，这些男孩子都开始抄起“家伙”了。而经过了解，原来这两位班长“候选人”，早就在班上培植了一批“小弟”。其中有几个胆小的男孩对老师透露，其实，他们不想加入的，但又怕被其他男同胞们鄙视，就加入了。老师是又气又急，现在的孩子，小小年纪，盲目讲哥们儿义气了。

后来，班主任老师请来了几位家长，共同商量怎么解决这事，结果有位家长说：“我的儿子学习非常好，这您是知道的，但就是逆反心理特强，不听爸爸妈妈的话。另外，这孩子从小就喜欢看《水浒传》，因此特别注重友谊，今年暑假的时候，他去看了他小时候的玩伴，那个男孩被社会上的人打了，结果我儿子居然买了一把很长的匕首，非要帮那玩伴报仇，要不是我们及时发现，恐怕都已经酿成大错了，老师，这种孩子我想知道他的心态是怎么样的情况，我们应该怎么教育呢？”

其实，类似这样的现象在不少青春期男孩中间时有发生，随着年龄的增长，视野的开阔，对外界事物的情感体验也不断丰富起来，他们渴望交友，都有了自己的交友圈子，都有自己的几个哥们儿，于是，相互之间就称兄道弟，并盟誓要有福同享有难同当等，这就是哥们儿义气。

然而，所谓的江湖义气是一种比较狭隘的封建道德观念。它信奉的是“为朋友两肋插刀”“士为知己死”“有难同当，有富同享”，即使是错了，甚至杀人越货，触犯法律，也不能背叛这个“义”字。总之，它视几个人或某个小集团的利益高于一切。因而，它与同学之间的真正友谊是截然不同的。

生活中，有些父母认为，儿子有几个铁哥们儿，在学校就不会孤单了，于是，他们放宽了心，把孩子交给了学校，由老师全权管理，当男孩因为打架斗殴被学校处分的时候，才意识到自己的失职，儿子盲目讲哥们儿义气，很容易误入歧途。那么，作为父母，应该怎样引导男孩理智对待友谊，摒弃哥们儿义气的行事风范呢？

1.告诉男孩友谊的真正含义

青春期的男孩涉世不深，善良单纯、注重友情，与人交往，感情真挚，但毕竟，这些男孩缺乏明确的道德观念，分不清什么是真正的友谊，甚至把“江湖义气”当成交朋友的条件，而使自己误入歧途。

作为家长，应该告诉儿子，友谊应该是人与人之间的一种真挚的情感，是一种高尚的情操，友谊使你赢得朋友。当遇到困难和危险时，朋友会无私帮助，如果有了烦恼和苦闷时，可以向朋友倾诉。

而友谊与哥们儿义气是不同的，友谊是有原则、有界限的，友谊对于交往双方起到的都是有利的作用，因为友谊最起码的底线是不能违反法律，不能违背社会公德。而“哥们儿义气”源于江湖义气，是没有道德和法律的界限的，只要为“哥们儿”两肋插刀，这就是他们所信奉的。友谊需要互相理解和帮助，需要义气，但这种义气是要讲原则的，如果不辨是非地为“朋友”两肋插刀，甚至不顾后果，不负责任地迎合朋友的不正当需要，这不是真正有友谊，也够不上真正的义气。

2.理解男孩渴望友情的心情

那些喜欢讲哥们儿义气的男孩，相对来说，都缺乏师长的肯定，从而希望在同龄人身上得到别人的赞同。处于青春期的男孩，渴望与人交往，获得友谊，对此，家长要予以理解，你可以告诉儿子：“爸爸知道你压力大，需要一个朋友倾诉，但你可以把爸爸当成好朋友啊！”男孩在得到父母的认同后，也就能与父母坦诚的交流了。

3.告诉男孩什么是是非，提高辨别能力

对男孩是非观念的培养是需要一个过程的，家长要以鼓励为主，当男孩有所进步的时候，家长要鼓励、表扬和奖赏他，这样可以使他得到精神上的满足和感情上的愉快，巩固已有进步。男孩做错了，家长不应体罚

他，而应进行必要的严肃的批评，耐着性子和他说理。

4.教会孩子克制冲动的情绪

有时候，青春期男孩在朋友遇到困难或者不利时，出于义气，他们会不经过思考，做出一些冲动的行为，比如为了朋友打群架等，其实，孩子的想法并没有错，只是太过冲动，有时候好心办了坏事。

对于这种情况，我们应对男孩说："你这样做，并不能帮助朋友，冲动起不了任何作用，反倒帮了倒忙！朋友有难，你该帮助，但是要选用正确的办法！"你不妨让他先冷静下来，找到解决问题的办法。

"我讨厌他，他总比我优秀。"——引导男孩学会欣赏同伴的优点

家长的烦恼

最近，陈先生发现一个很奇怪的现象：儿子好像不跟自己最要好的同学王远一起上学和放学了，不会吵架了吧？陈先生心想，孩子之间吵架，很容易和好，也没在意。可是，这种情况持续了有一个月，这让陈先生感到很奇怪。

看到儿子闷闷不乐的样子，陈先生决定找儿子谈谈。"儿子，爸爸知道你最近肯定是遇到什么不开心的事了，如果你把爸爸当朋友，就跟我说说好吗？"

"没事的，您不用担心。"儿子敷衍着。

"是不是和王远吵架了？我感觉你们最近也不在一起玩了。"

"不要跟我提他，我没他这个朋友。"

"怎么了，他做对不起你的事了吗？"陈先生继续引导儿子。

"没有，我就是讨厌他，他总是比我优秀，以前上小学的时候我们差不多，可是现在，他每次考试都比我好，我跟他在一起，像个小丑，一点

面子都没有。”儿子很激动地说着。

“儿子，你要明白，他成绩好，是他的错吗？想想看，如果你跟他做朋友，还能从他那里学到好的学习方法，你们之间如果能在学习上你追我赶，是不是都能得到进步？其实，王远是不错的孩子，爸爸一直鼓励你跟他来往，对不？”

“爸爸，你说的有点道理，你让我好好想想……”

案例中，陈先生的儿子为什么不再愿意和王远交朋友？因为王远学习成绩比他好，让他感到没面子。其实，有这种想法情有可原，不少青春期男孩，宁愿跟那些学习成绩不如自己的人交往，也就是因为这种心态。

的确，懂得欣赏别人是一种豁达，是一笔财富！用欣赏的眼光去看待别人，会发现其有很多优点，有很多值得自己学习和借鉴的地方。对于男孩来说，这也是一种鞭策，一种不断地完善他们个性的方法。

青春期是个需要朋友的年纪，青春期的男孩也慢慢成为一个社会人，青春期是个为友谊劳心劳力的年纪，每个男孩都有几个朋友，但似乎这些孩子间都有一个威胁友谊的最大杀手——嫉妒，因为在同龄的孩子之间，往往免不了竞争，因此，很多孩子在面对比自己优秀、比自己成功的朋友时，就会产生心理不能平衡，“和他做朋友，感觉自己像个小丑一样，简直是他的附属品，”这种心理很多孩子都有过。作为父母，我们不但要鼓励男孩和朋友交往，还要告诫他们要用欣赏的眼光去看待别人，会拥有良好的人际关系，也会提高自己的人格魅力。

1.告诉男孩：不要只关注自己

我们要让男孩明白，与别人交往时首先想到自己的人，可以说与别人的关系很难持久。当你开始把注意力集中到别人身上时，建立良好人际关系的可能性就大大增加。再者，人际关系是互动的，不要总是消极地等待别人来主动关心自己，帮助自己，要想建立良好的人际关系，最重要的是要主动地与周围的人们交往沟通。

2.提醒男孩反省自己，发现别人的长处

作为成长中的男孩，以这样的心态面对比自己优秀的朋友或者同学，不仅能学会用客观的眼光看自己和对方，也能弥补自己的不足，这样，就不至于为一点小事钻牛角尖，还能交到帮助自己成长的真正朋友。

3.鼓励男孩用欣赏的眼光看待别人，千万不要试图通过争论使人发生改变

可能男孩常喜欢与同学、朋友讨论问题，这有助于提高知识和思维水平，但我们要告诉他，千万不要试图改变对方，而应该站在对方的角度，多想想对方为什么会产生这样的想法和意见，如此，你就能发现与自己不同的思维方式，同时还能发现对方的优点。

4.引导男孩友善于和谐地与人相处

对于青春期的男孩来说，人际交往在他们的心理健康发展中非常重要，通过与人交往，他不仅能感受到关爱，还能通过他人的评价，及时地改正自己的不足，并且还能督促自己成长。

总之，在学习或者生活中，我们要培养男孩宽广的心胸，要让男孩明白一点：如果你的周围有比你优秀的朋友，千万不要嫉妒，心胸宽广，用心交友，以人之长补己之短，才能获得真正的友谊！

“我和他打过架。”——引导男孩心胸开阔，让友谊更长久

家长的烦恼

这天，老师上课前，教室里静悄悄的，因为昨天班上两个男生打架了，大家心想，今天老师肯定要惩罚他们。但老师并没有说什么，而是先给大家讲了个故事：

两个已是好友的士兵在森林里与大部队失联了。

与队伍失散后，两人在森林中艰难跋涉，互相鼓励、安慰。十多天过去了，他们没有看到一个人影，回到部队的希望越来越渺茫，更严重的是，因为战争的缘故，动物四散奔逃或被杀光，生存都发生了危机，他们勉强靠猎杀一些动物作为食物生存着。

很快，时间过去了，他们再也没看到任何动物。仅剩下的一些鹿肉，背在年轻一些的战士的身上。生存又成了问题。

一天，背着鹿肉走在前面的年轻战士中了一枪，这一枪打在肩膀上。后面的战友惶恐地跑了过来，他害怕到语无伦次，抱起倒在地上的战友泪流不止，并赶忙把自己的衬衣撕成条来包扎战友的伤口。

夜深了，受伤的战士肩膀上包扎的衣服一片血红，他对于自己的生命并不抱任何希望。而那位未有受伤的战士两眼直勾勾的，嘴里一直叨念着母亲。用来救命的鹿肉谁也没有动，他们都以为自己的生命即将结束。那一夜令两个人都终生难忘。

天知道他们是怎么过的那一夜。第二天，他们被自己的部队发现了，当太阳升起的时候，他们获救了。

故事发生到这里，似乎告一段落，是个喜剧结局。

但事隔30年，那位受伤的战士安德森说："我知道谁开的那一枪，他就是我的老乡、战友。"这实在是太惊人了。

安德森平静地说："他去年去世了，否则我永远都不会说，如果我死在他前面，我会让这个故事烂在肚子里带走。那年在森林里，当他抱住我时，他的枪筒还在发热，我顿时明白了，他想独吞我身上带的鹿肉活下来，但当晚我就宽恕了他。因为我知道他活下来是为了照顾他的母亲。此后30年，我装着根本不知道此事，也从不提及。战争太残酷了，没有纳粹的存在，就不会有这样的悲剧。令人难过的是，他的母亲还是没有等到他回来就撒手去了。我和他一起祭奠了老人家。他跪下来，流着泪请求我原谅他。我拥抱着他，不让他说下去。于是，我宽恕了他，我的心没有仇恨，异常的平静。我没有失去什么，我们又做了二十几年推心置腹的朋友。"

"故事中主人公安德森是豁达的，面对朋友对自己的伤害，他选择

了忘却。同学们，我告诉大家这个故事，是希望大家明白，即使产生了矛盾，有过节，只要我们选择宽容，就能成就友谊。”

对于青春期的男孩来说，他们总有几个死党，这些孩子会一起学习，有很多共同语言，但却会因为一些小事而产生误会，一些男孩甚至会对友谊产生质疑，对于这样的情况，我们一定要引导男孩，告诉他们，不计前嫌才是真丈夫，主动伸出橄榄枝就能让友谊更持久。

心理支招

1.告诉男孩学会包容别人

包容是一首人生的诗，我们的生命因为包容而不再平庸；包容是一门生活的艺术，大度能容的境界，能让我们读懂人生的真谛。生活中，我们要懂得包容别人，因为相让共得，相斗俱伤。

我们要告诉男孩，对于他人的过错，大可以一笑了之，而不必耿耿于怀，做一个大气的人，用宽容的心去原谅他人，能成就我们自身。再者，宽容还能使我们变理智，当事情发生时，我们能冷静下来看到事情的缘由，同时，也能看清自己。试想一下，倘若我们针锋相对，以同样的方法还击对方，那么除了失去友谊之外，还能带来什么呢？

2.鼓励男孩主动和解，化解争端

要知道，产生矛盾的两个孩子，如果谁都不主动和解，那么，只能不断争执下去。为此，我们父母可以鼓励男孩，对他说：“你就应该大度一点，主动和解，如果你希望对方接纳你，那么，你自己就应该首先伸出友谊之手，而不要摆出一副冷冰冰的态度和架势，这只会让那些本愿意与你结交的人望而却步。只有积极、热情、真诚才能融化人与人之间的冰山。”

总之，我们要让男孩明白一个道理：你怎样对待别人，别人就会怎样对待你，接纳对方，才能被对方接纳，所有的一切全部由你的态度决定！

“我做了一件让他生气的事。”——引导男孩主动道歉

家长的烦恼

这天，在下课前的十五分钟内，老师让语文课代表为大家朗读了一篇叫《人生的弱点》的文章：

我住的地方，靠近纽约中心。从家里出门步行一分钟，就是一片森林。我常常带着雷斯到公园去散步；它是一只温驯而不伤人的小狗，因为公园里游人稀少，我一般不给它系上狗链或戴口罩。

有一天，在公园碰到一位骑马的警察。他严厉地拦住我们，“干吗不给它系上链子？”他训斥道：“不知道这是违法的吗？”“是的，我知道。”我连忙温和地回答：“不过我的狗从来不咬人。”“不咬人！这是你自己的想法，法律可不管你怎么想。它可能在这里咬死松鼠，也可能咬死小孩。这次我不追究，下次我在看到这只狗不系链子，不戴口罩，你就只好去跟法官解释啦！”我客气地点头，连说“遵命”。我的确照办了，可是雷斯不喜欢戴口罩，有一次我决定再碰碰运气。

这天下午，雷斯和我在一座小山坡上赛跑，突然间，糟了，我又碰上了那位执法大人，雷斯跑在前头，直向他冲去。我知道这回要倒霉了。于是不等警察开口，就抢在他前头说：“警官先生，这下你当场抓到我了。我确实有罪，触犯了法律。你在上个星期就警告过我了。”“好说，好说。”警察说话的声调意外的温和。“我知道在没有人的时候，谁都会忍不住要带这么好的一只小狗出来溜达。”“这倒是的，”我说，“但我违反了规定。”“这条小狗大概不会咬上别人吧？”警察反而为我开脱起来。“这样吧，你们跑到我看不见的地方，事情就算了。”我向他连连道歉，带着小狗走过了山坡。

语文课代表读完文章，老师说："相信大家都读懂文章的中心思想，对于'带狗'这一事件，这位警察的态度为什么会发生如此巨大的变化？因为带狗的主人的主动道歉法。假如这位带狗的主人不是主动认错，而是与警察辩解，那么，不管他怎么辩解，恐怕也不会得到警察的谅解。所以，我也希望同学们在交朋友的过程中，如果做错了事，也一定要道歉……"

的确，每个人都生活在一定的关系中，谁也避免不了在与人交往时会伤害别人或者被别人伤害。做错了事说声"对不起"是一种符合社会行为、体现人的素质、增进人际交流必不可少的行为标准之一，尽管大多数伤害是无意的，但学会道歉和学会接受道歉，是可以打开通向原谅和恢复关系大门的最有效的钥匙。

同样，生活中的父母们，如果你的儿子正在为做了让朋友生气的事儿烦恼，那么，我们一定要让男孩学会道歉，挽回友谊。美国著名心理学盖瑞·查普曼博士提醒说："孩子在小时候就能学会道歉的语言，随着年龄的增长，他们对道歉的重要性会有更深的领悟和理解，为今后的道德和人际关系发展奠定基础。"通常，我们都需要经历一个漫长的过程才让男孩明白，当他的行为让别人受到身体的或者情感上的伤害时，他应该表示道歉。而一旦他能够发自肺腑地说出"对不起"，那么他不仅仅是掌握了一项社会技能，更重要的是，他同时学到了怎样去补救自己的过失，怎样对自己的行为负责，怎样照顾他人的情感。那么，我们该怎样学会这门教育真经，让男孩在伤害对方的时候，为自己的行为负责，向对方道歉呢?

心理支招

1.让男孩学会认错，这是让他学会道歉的第一步

男孩没有学会道歉，可能是因为不懂得是非概念，不知道生活中什么是对的，什么是错的，为什么是错的，更不知道自己应该怎样改正错误。因此，父母切不可对男孩动辄责备，应耐心地告诉他为什么错了，错在哪里。认错需要一定的勇气，男孩不敢认错，可能是害怕承担后果，父母应

给男孩一种安全感，告诉孩子每个人都有犯错误的时候，只要改了就是好孩子，避免孩子产生畏惧感。

2.可教会男孩一些真诚地向别人道歉的艺术

（1）教会男孩子用一些小礼物表达自己的歉意，这就是“尽在不言中”的妙处。孩子之间的矛盾不是什么“深仇大恨”，只要有一方主动示好就能化解。

（2）让男孩切记道歉并非耻辱，而是真挚和诚恳的表现。伟人也有道歉时，邱吉尔起初对杜鲁门的印象很坏，但后来他告诉杜鲁门以前低估了他——这句话是以道歉方式做出的赞誉。

（3）除非道歉时真有悔意，否则对方不会释然，道歉一定要出于至诚。

（4）告诉男孩道歉要堂堂正正，不必奴颜婢膝。你想把错误纠正，这是值得尊敬的事。

（5）让男孩明白，应该道歉的时候，就马上道歉，越耽搁就越难于启齿，有时会追悔莫及。要抓住时机不要放过机会。

当然，家长要以身作则，给男孩树立好榜样，自己做错的时候，也要真诚道歉。总之，我们要让男孩明白，道歉是对自己的行为负责的表现，做真正的勇者，这样的人一定能得到朋友的原谅！

“他总让我请他吃东西。”——告诉男孩真正的友谊不是用金钱衡量的

对于很多青春期的男孩来说，他们都渴望获得友谊，渴望交朋友，但一些男孩却有这样的苦恼：“为什么他总是让我请他吃东西？”“是不是我为他花钱了，他就会把我当朋友。”对于男孩这样的困惑，我们一定要

让他明白，真正的友谊就应该像马克思和恩格斯一样，志同道合、有个共同的奋斗目标，相互扶持，而不是建立在金钱利益上的。

1.告诉男孩哪些人是真朋友，哪些人是假朋友

我们成年人都明白一点，每个人的一生中都会有很多的朋友，但是真正的朋友不会很多。真正的友情不需要依靠身份和地位。我们要把父母长辈们的人生经验告诉男孩："在你失落的时候，真正的友情会让你变得高兴起来，让你去迎接新的人生，让你走出苦海。在你最需要的时候，真正的友情不用你开口，就会悄悄地来到你的身边。真正的友情会让你感到更加温暖，会让你更加自在，不会让你感到孤独。有了这样的友情后你会觉得很骄傲、很幸福，这样的友情值得我们珍惜一生。而像那些在平时称兄道弟，等遇到困难的时候就离开自己的朋友不是真正的朋友。真正的朋友会在我们危难的时候给予我们帮助，会在我们做错事的时候劝我们悔改，会对我们说真话，而那些假朋友在自己的利益受损的时候肯定会远离我们，会在我们危难的时候落井下石，他们不会对我们说真话，而只会吹捧。"

2.告诉男孩友情是需要真情维系的

我们要告诉男孩友谊需要维系，但是不能靠金钱和礼物来维系，而要靠感情来维系。我们还要告诉男孩在平时要多关心朋友，并尽量帮助其解决一些实际的问题，那么，彼此之间的信任会逐渐建立起来。

总之，我们父母要明白，男孩在与人交往的过程中会学到很多东西，因此，父母应该鼓励孩子多交朋友，但是在交朋友的过程中，父母要让孩子知道什么样的朋友是真正的朋友，而不能用金钱来衡量友情，因为友情无价。

第12章

叛逆期沟通：倾听孩子心声，让男孩对你敞开心扉

我们都知道，每个男孩的父母都望子成龙，但在教育青春期男孩的问题上，他们显得过于焦躁，儿子一旦出了些什么问题，就乱了方寸，以为大声呵斥就能让男孩听话，而实际上，他们往往事与愿违，我们需要明白的是，青春期的男孩是叛逆的，要引导和教育男孩，就要和他进行心与心的沟通，我们只有放下架子，并找到和儿子沟通的技巧，同时多倾听孩子的心声，才能引领儿子健康成长。

消除“代沟”，与男孩成为亲密朋友

家长的烦恼

一位初上网的母亲向网友求助如何和儿子沟通，她这样说：“儿子上初中后话也是越来越少，一到休息天就守在电脑前跟同学聊天、逛贴吧、看论坛。自己偶尔凑上去看他们聊的什么，结果竟然看不懂，都是什么‘有木有’、‘很稀饭’之类的词，问儿子是什么意思，儿子‘切’了一声，很不屑的样子。”

“后来我到网上搜才知道，现在网络上有那么多新词。什么咆哮体、蜜糖体、淘宝体，我自己看得头都晕了。”

“前段时间儿子又改了个状态，写了句‘金寿限无，乌龟和丹顶鹤’，我更是看不懂。问儿子，儿子居然说我老土，这都不知道，后来，我自己上百度搜了搜，才知道，这原来是前段时间热播的一部韩剧里的台词。哎，这个年龄段的孩子，真是太前卫了，还是我们真的太土了？”

而这位网友也感慨：现在跟儿子的话题真是越来越少了。平时儿子放学回家，她总是会问儿子想吃什么，儿子的回答常常是“就知道问这个，随便”。考试完问儿子成绩怎么样，儿子的回答就是“就会问成绩，烦不烦”。给儿子买了新衣服，儿子的回答就是“就会买这样的，俗不俗”……

作为父母，当儿子进入青春期后，你是不是发现孩子不再像以前一样听话了，不再认为我们说的都是对的，他是不是经常对我们说：“俗！”“土得掉渣！”“out了”等，从孩子的口中，你是不是会听到：“我们同学都是这样说的。”“人家都是这样穿衣服的。”“什么都不

懂，懒得跟你说。”“你不明白的。”……这表明你们之间有代沟了。

代沟是指两代人因价值观念、思维方式、行为方式、道德标准等方面的不同而带来的思想观念、行为习惯的差异。当今社会，代沟严重影响了父母和孩子之间的亲子关系。很多男孩不理解父母，甚至有叛逆心理，这一点在很多青春期男孩中尤其明显，进入青春期的男孩因依附性减弱，独立性增强，从而使亲子两代人在对待事物的认识上产生一定的距离。由于态度的不同及意见分歧，因此出现了一条心理鸿沟，致使青少年认为父母不了解他们、有事宁可与同学商谈，而不愿向家长诉说；甚至以不满、顶撞、反抗、违法等方式试图摆脱成人或社会的监护，以自己的方式行事，坚持自己的理想和判断是非的标准。

大量事实表明，产生代沟的原因：父母与儿子隔膜的症结，不在男孩，而在父母，比如，父母的冷淡磨灭了男孩倾诉的兴趣。每个男孩小时候都是爱向父母倾诉的，是由于父母的处理不当，致使男孩丧失了倾诉的兴趣。男孩既有饮食的“饥饿”，也有交谈的“饥饿”，而父母往往只关注了前者，忽略了后者。

常听到一些父母抱怨：“儿子长大了，什么都不给我们讲，不知道他想的什么。”也常听到小孩说：“懒得和父母说，说了他们也不理解。”

可见，要培养男孩，第一步就是要消除亲子间的代沟。具体说来，家长要做到的是：

心理支招

1.与时俱进，主动寻找共同语言

曾经有人做过一次调查，设计了一些问题。

你的儿子最喜欢做什么？他最崇拜谁？曾经那件事最打击他？

父母与儿子都写下这些问题的答案，然后彼此对照一下，结果发现，没有一位父母能回答对一半以上的问题。

的确，我们很多父母，他能记得儿子每次的考试成绩，记得儿子喜欢吃的食物，但就是弄不清儿子崇拜的偶像是叫迈克尔·乔丹还是迈克尔·杰克逊，他课外活动到底是打篮球的还是踢足球的？努力和孩子建立共同的爱好，了解男孩，他才能有和你交流的兴趣和欲望。

要知道、男孩们最需要的不是玩具和零食，而是亲密感情的表现形式，比如你了解他的思想，理解他，认同他，给他一个鼓励的拥抱等。记住，你的儿子已经进入青春期了，已经有了自己的爱好、思想等，对此，家长应予以正确的引导和鼓励，不能以一成不变、简单粗暴干涉的方式来约束他，应该突破传统教育的固定模式，家庭教育也需要与时俱进。父母应该在平时多留意社会的发展和男孩的想法，注意与男孩沟通，在了解他的想法后也多向老师求教，双方配合合理引导，从而共同促进男孩的健康成长。

2.制造机会，增加与男孩共处的机会

现代社会，很多父母都很忙，儿子也每天忙于学习，造成亲子间的代沟越来越大，而其实，作为家长的你，也可以制造机会与儿子相处，比如可以与儿子参加晨跑，参加体育运动，如一起打球，一起游泳，一起旅游，这样不仅能增加与儿子沟通的机会，最重要的是得到了锻炼。

的确，男孩天天在用现代化的眼光审视我们，逼迫我们去学习新东西，督促我们朝现代化靠近！呆板的、单一的、简单的家教已经行不通了，父母要在人格魅力、学识素养各方面得到孩子的敬佩与爱戴。在21世纪，变是唯一不变的真理。变是常态，不变是病态。因此，作为21世纪的父母，我们不妨改变一下自己，做一个与时俱进的父母，从而将代沟减少到最低。

批评男孩的艺术——适度批评，不可伤害男孩自尊

家长的烦恼

周末这天，妈妈带着明明一起逛商场，明明看上一把玩具手枪，非要买，妈妈说该回家做饭了。明明就赖着不走，非要妈妈买给他。这时候，

妈妈蹲下来，对明明说："我的乖儿子，妈妈知道你很喜欢这把手枪，但你发现没，家里类似的玩具已经有十几个了，你看，妈妈每天都要辛苦地工作，才能挣钱给你买这些玩具，那么，明明是不是应该体谅一下妈妈呀？"妈妈说完后，明明还是撅着嘴。妈妈一看明明这样的表现，就继续说："要不，等下周妈妈发了工资就给你买，好不好？"听到妈妈这样说，明明高兴地答应了。

第二周的一天，妈妈下班后对明明说："妈妈今天带你去商场买那把玩具手枪？"但明明却对妈妈说："妈妈，我以后要做你的乖儿子，以后不会乱买东西了。"听到明明这样说，妈妈欣慰地笑了。

这个故事中，明明妈妈的教育方法值得很多父母借鉴，当我们批评和教育儿子时，一定要注意方法，如果我们大声训斥孩子，则会让孩子产生逆反情绪。生活中，就是有这样一些家长，他们一遇到孩子犯错误的情况，就大声责骂孩子，而结果，孩子的反对的声音比他更大，最终，双方的情绪都很激动，让亲子之间的关系很紧张。

英国教育家洛克曾说过："父母不宣扬子女的过错，则子女对自己的名誉就越看重，他们觉得自己是有名誉的人，因而更会小心地去维持别人对自己的好评；若是你当众宣布他们的过失，使其无地自容，他们便会失望，而制裁他们的工具也就没有了，他们越觉得自己的名誉已经受了打击，则他们设法维持别人的好评的心思也就越加淡薄。"实际情况正如洛克所述，尤其是青春期，如若被父母当众揭短，甚至被揭开心灵上的"伤疤"，那么男孩自尊、自爱的心理防线就会被击溃，甚至会产生以丑为美的变态心理。

而生活中，很多家长看到儿子犯错误就急了，批评起来非常过火，也不注意地点和场所，就大声地呵斥儿子，甚至在很多围观者的面前动手打孩子，有些家长更过分，只要孩子犯了一点小错，就新账旧账和孩子一起算。把往年陈谷子烂芝麻的事情一股脑儿地给抖搂出来，以为这样的强刺激对男孩会起到较深刻的教育作用。而家长忘记的是，你在教育的是一个青春期的男孩，你当众批评他，严重伤害了一个孩子的自尊，让他以后在人前抬不起头来。其实，你越过火男孩越反感，并未取得应有的教育效果。反而让你的儿子对你产生严重的反感情绪，这时候，你就失去了教育孩子的“武器”——父母的威严。严重的，很多男孩会产生逆反情绪，甚至会反抗父母的教育。

那么，很多家长就产生了疑问：“青春期男孩自尊心强，难道就不能批评了吗？”答案当然是不，但是批评男孩也要掌握一定的原则和技巧。

心理支招

1.注意时间和场合

批评男孩要避免以下三个时间：清晨、吃饭时、睡觉前。

因为：在清晨批评男孩，可能会破坏男孩一天的好心情；吃饭时批评男孩，会影响男孩的食欲，长此以往会对男孩的身体健康不利；睡觉前批评男孩，会影响男孩的睡眠，不利于男孩的身体发育。

2.批评男孩之前要让自己冷静下来

男孩犯了错，家长担心男孩会学坏很正常，难免也会产生一些情绪，但千万不能因为一时情绪而说出不该说的话，做了不该做的事而伤害到男孩。

3.先进行自我批评

父母和男孩每天打交道，也是男孩的第一任老师，男孩犯了错，父母或多或少都会有一定的责任。在批评男孩之前，如果父母能先来一番自我批评，如：“这件事也不全怪你，妈妈也有责任”；“只怪爸爸平时工作太忙，对你不够关心”等，会让家长和男孩的心理距离一下子拉得很近，会让男孩更乐意接受父母的批评，还可以培养男孩勇于承担责任、勇于自我批评的良好品质，一举多得，父母又何乐而不为呢?

4.一事归一事

有些父母很喜欢“联想”，一旦孩子犯了什么错，就能联系孩子犯过的所有错误，甚至给孩子贴上坏孩子的标签，这样只会给孩子造成心理阴影。事实上，在批评孩子的时候，我们只要明白自己的批评，是为了他知道，做什么样的事会带来什么样的后果。

5.给孩子申诉的机会

导致男孩犯错的原因是多种多样的，有孩子主观方面的失误，但也有可能是不以男孩的意志为转移的客观原因造成的。从主观方面来说，有可能是有意为之，也有可能是无心所致；有可能是态度问题，也可能是能力不足等。

所以，当男孩犯错后，不要剥夺男孩说话的权利，要给男孩一个申诉的机会，让男孩把自己想说的话和盘托出，这样家长会对男孩所犯的错误有一个更全面、更清楚的认识，对男孩的批评会更有针对性，也让男孩能心悦诚服地接受自己的批评。

6.批评男孩之后要给男孩心理上一定的安慰

男孩犯错后，情绪往往会比较低落，心情往往也会受到影响。父母在批评男孩后，应及时给孩子一些心理上的安慰，从语言上来安慰男孩，比如说些“没关系，知道错了改正就行”、“我知道你是个聪明的孩子，自己会知道怎么做”、“爸爸妈妈也有犯错的时候，重新再来”之类的话。

总之，在家庭教育中，父母对男孩的说教应注意“度”。如果“过度”，会伤害男孩的自尊，掌握好分寸，做到“恰到好处”，才能使你的训导对孩子起到“四两拨千斤”的作用。

表扬男孩的艺术——多提及男孩身上的优点

家长的烦恼

晓宇是个很听话的男孩，但成绩却很差，是班级中的后进生，这令他的父母很是头疼，他的妈妈对老师说；“孩子自上学以来，被老师留下是常有的事。为了他的学习，我放弃了工作，每天检查作业，辅导他，还是很糟糕，我早就对他没信心了。我很失败，我教一个孩子都没教好。您教这么多学生，对晓宇这么关注，我们很感谢您。”

孩子是一个家庭的未来，老师望着晓宇妈妈一脸的无奈，恻隐之心油然而生，说道：“晓宇其实一点也不笨，只是对学习没有产生兴趣，自觉性差些，我们的教育方法不适合他，我想只要家长和我们都能肯定他，鼓励他，他会进步的。”晓宇妈妈仿佛一下子看到了希望。

后来，妈妈开始对儿子实行赏识教育，孩子回家后，她即使再忙，也陪孩子一起做作业，并鼓励：“乖儿子，你的字好像越写越好了，后面的字如果也像这样，该有多好，妈妈相信你以后能从始至终都写好的。”他露出了惭愧又充满信心的表情。

除此之外，晓宇的妈妈在儿子遇到学习中的问题时，也会将心比心地说：“你会做这道数学题已经很不错了，妈妈那时候，做数学检测，一百题才能答对三十题呢。”

后来，当妈妈再次去学校开家长会时，老师对她说，“晓宇现在学习很努力，上课经常主动发言呢！课堂上总能够看到他高举的小手了，耳目一新的发言，让同学们对他刮目相看了，课间他不再独处了，座位边也围满了同学。”听到老师这么说，妈妈很是欣慰。

从这则教育故事中，我们得出，我们家长一定要好好运用“赏识”这个法宝，不要因为儿子做好了学好了是应该的事而疏于表扬，渴望被人赏识是人的天性。尤其是对于青春期的男孩来说，他们更希望获得父母的肯定。

心理学家曾经做过一个关于“孩子最怕什么”的调查，结果表明：孩子最怕的不是生活上苦、学习上累，而是人格受挫、面子丢光。美国心理学家威普·詹姆斯有句名言：“人性最深刻的原则就是希望别人对自己加以赏识。”

青春期的男孩是正处于生理、心理变化关键时期的特殊群体，他们尚未形成独立的自我意识，非常在乎他人对自己的看法。因此，表扬男孩，尊重他，相信他，鼓励他，不仅可以及时发现他们身上的优点和长处，挖掘隐藏在其身上巨大的、不可估量的潜力，而且能够缩短家长和男孩的距

离，从而促进男孩的健康成长。

很多家长说，我该怎么夸孩子呢，总不能一天到晚说“好啊，乖啊”。这里就谈到了赏识教育的中心话题，鼓励孩子，让孩子在“我是好孩子”的心态中觉醒，同时一定要注意表达的方式和内容。具体来说，你的赏识必须满足两个要求：

1.真实的表扬

我们对于男孩的表扬一定要是发自内心的，而不是虚伪的。你可以不直接表达你的赞赏，比如，你可以说：“南南，你这件球服呀，我也想给我家晓明买一件呢，却一直没见到，回头你能不能带我去？”你这样说，他也会觉得自己的衣服很好看，觉得自己的眼光得到了别人的肯定，你没有直接夸奖，但效果达到了。不要认为男孩是可以随便哄哄的，假惺惺的夸奖也会被他们识破。

2.表扬不要附带条件

有些家长虽然也认识到了表扬孩子的重要性，但却担心男孩会骄傲，于是，他们常常会在表扬后还加上一条附带条件，比如说：“你做这件事很对，但是……”这类家长认为这样会让男孩更有心理承受能力接受教训，其实，男孩最害怕这类表扬，他们会以为你的表扬是假惺惺的。因此，你千万不要低估他们的智力，他们是能听出你的话中话的。

对于男孩的表扬最好是具体的，比如：“真乖，今天你开始自己学会洗衣服了。”“我听李阿姨说你今天主动跟他打招呼了，真是个懂礼貌的孩子。”

总之，我们都知道，孩子是父母的作品。所以，任何家长都希望自己的作品足够优秀。要想让男孩长大后成为一个自信的人，我们就要学会表扬男孩，让男孩看到自己身上的优点。

认真倾听男孩是有效沟通的开始

家长的烦恼

刘兴是一名中学老师，也是班主任，他关心班上的每个学生，他并没有把眼光只放在那些学习成绩优异的学生身上。从初一开学到现在，已经有半个学期了，他发现班上有个叫王铭的男孩子，似乎感觉总是不对劲，同学们放学后，他宁愿在学校四处游荡也不愿意回家。于是，班主任老师决定做一次家访。原来，所有的问题都出在孩子的爸爸身上。

"我爸回家我就进卧室，吃饭做作业我都待在自己的房间里，早上等他上班了我再上学，一天下来基本上可以不说话。"王铭这样形容自己和爸爸的生活，他们之间互不干扰对方。

"跟他们说话很累，根本就说不到一块去。"王铭说，每次和爸爸说话，从来就是三句话不到就开始"热闹"了。

"其实我们俩父子哪有什么深仇大恨，我说他也是为了他好，但孩子倒把我当成仇人、陌路人。"王铭的爸爸这样对班主任老师说，他是个退伍军人，大男子主义比较重，说话常有口无心又好面子，不愿意向孩子低头；而王铭年纪小比较容易激动，又认死理，也许是这样才造成父子两人关系越闹越僵。上了初中后，王铭已经习惯了对父亲那套"我是家长，我说什么你得听着"的理论保持沉默。"像现在这样大家互不干涉也挺好，没有吵架也安静多了。"在王铭看来，这种陌生人般的父子关系似乎也不赖。

其实，很明显，王铭爸爸和儿子之间问题的症结出现在缺少沟通，而其中一个重要的沟通障碍就是他放不下做父母的架子，与孩子之间形成了

一种对抗，久而久之，孩子就宁愿与他之间以陌生人的关系相处。

但现实生活中，这样的家长又有多少呢？随着现代社会生活步伐的提速、竞争压力的加大，作为家长，为了能给儿子一个优越的生活环境，常常由于工作忙碌，而忽视了与儿子多沟通，陪孩子一起成长。父母是男孩的第一任老师，也是男孩接触时间最长的朋友，在孩子成长的过程中，最需要的就是父母的关心，最愿意与之交流的也是父母，尤其是在男孩进入青春期以后，这种交流应该更为迫切，因为这期间，男孩的自我意识加强，渴望脱离父母的束缚，如果缺少父母的理解，那么，亲子关系就会越发紧张，甚至对孩子的成长还会产生不利影响。

的确，可能不少父母都认为，与男孩沟通，只有在孩子面前树立威信，才能让自己信服，于是，他们在说话时尽量提高音调，以为男孩会听自己的话，但结果却常常事与愿违。其实，假如我们能用心地与孩子沟通，多听听他的心声，让男孩感受到我们对他的尊重，亲子关系也许会好很多。

心理支招

那么，我们需要怎样倾听男孩的心声呢？

1.耐心听完男孩的叙述，不要急着打断他

生活中，一些男孩说："每次，我想跟爸妈谈谈心，刚开始还能好好说话，可是爸妈似乎都是以教训的口气跟我说话，我还没说完，他们就开始以父母的身份来教育我了，我真受不了。"其实，这些家长就是不懂得如何倾听，倾听的首要前提就是要有耐心，让男孩把话说完，再提出解决的方法，这样才会让男孩感受到尊重，也才能达到双向交流的作用。

因此，无论男孩是向你们报喜还是诉苦，你们最好暂停手边的工作，静心倾听。若边工作边听，也要及时作出反应，表达自己的想法或感受，倘若只是敷衍了事，男孩得不到积极的回应，日后也就懒得再与大人交流和分享感受了。

2.不要急着否定他，给他更多解释的机会

作为大人，很多时候，会认为儿子的想法是不对的，甚至是不符合常规的，抱着这样的心态，在倾听儿子说话的时候，会有一种先入为主的想法，会把男孩的话摆在一个“幼稚可笑”的立场，男孩自然得不到理解。其实男孩也是人，也有一个丰富的心灵，我们要特别注意倾听他们的心声。

3.再忙也要听他说

其实，每一个青春期的男孩都希望得到父母的理解，因此，从现在起，每天哪怕是抽出2小时、1小时，甚至是30分钟都好，做男孩的听众和朋友，倾听儿子心中的想法，忧其所忧，乐其所乐，当孩子有安全感或信任感时，就会向其信任的成年人诉说心灵的秘密。这样，才有可能经常倾听到男孩的心灵之音，你的儿子才会在你的爱中不断健康地成长，快乐地度过青春期！

不得不说，对于青春期男孩的父母来说，他们都望子成龙，但在教育男孩的问题上，一些父母显得过于焦躁，孩子一旦出了些什么问题，就乱了方寸，以为大声呵斥就能让孩子听话，而实际上，这些父母是否想过：你们要求孩子听话和了解你们的意思，但你们有没有了解过孩子的想法？沟通，要求我们父母主动将自己的内心世界向男孩表达，同时多倾听男孩的心声。这样，才能了解孩子心中的所思所想，而后“对症下药”给予适当的引导，使男孩健康成长。

增加与青春期男孩的非语言沟通

家长的烦恼

有一天，小区几个男孩的母亲在一起聊天。

其中一个母亲说：“最近我们机构要组织一个训练营，其中有很多内容，是我以前都不知道的，其中，就有一个什么，和孩子使用非语言的交流方式。”

“那是什么啊？”

“在孩子小的时候，我们都愿意去抱抱孩子，亲亲孩子，那时候，孩子与我们的关系是那么的密切，小家伙们一天都离不开妈妈，可是，现在，孩子大了，我们照顾孩子的时间也少了，可孩子离我们也远了，我们还记得每天晚上在孩子睡觉前亲一下他的脸颊吗？当孩子受到挫折时，我们有给孩子一个安慰的拥抱吗？”

“是啊，似乎我们把这些动作都遗忘了，我们要拾起那些我们遗失的爱，孩子肯定还会重新回到我们的怀抱的……”

“是啊，那赶快去吧，明天训练营就要开课了，你们肯定会受益匪浅的。”

的确，作为男孩的父母，你是否发现，当儿子还小的时候，我们会特别留意他，会留意儿子的声调、面部表情、动作、姿势等，会用自己的行动表达对孩子的爱，可当男孩进入青春期，不再是儿童后，做父母的，反倒把这种表达爱的方式搁置了，而这种细微的变化，很多父母都没有注意到，而男孩也在离我们越来越远。而大多数情况则是，男孩甚至产生叛逆的情绪，很多家长抱怨说：“都说孩子进入青春期之后就容易‘较劲’，但我发现我家儿子对别人都是好好的，但一回到家里就专门跟我们对着干，就好像他的‘较劲’对象主要就是我一样。”事实上，没有教不好的男孩，只有不好的教育方法。只要方法妥当，任何男孩都是优秀的；只要用心，总能找到合适的教育方法，而男孩更需要的是家长的爱和关心。

语言是我们沟通的常用工具，但人类除了语言，还有其他的交流工具，那就是身体语言。一颦一笑，甚至一个眼神，都体现了某种情感，某个想法，某种态度。

很多人认为语言的交流方式提供了大部分的信息，事实上，语言学家艾伯特·梅瑞宾的研究表明，人与人之间的沟通高达93%是通过非语言沟通进行的，只有7%是通过语言沟通的。而在非语言沟通中，有55%是通过面部表情、形体姿态和手势等肢体语言进行的，只有38%是通过音调的高低进行的。

由此可见，非语言信息在沟通过程中是多么重要。然而，一份社会调查却显示，在亲子之间的沟通中，非语言沟通常常被忽视。当然，这一现状的造成也与父母有很大的关系。

事实上，很多家长一直采用错误的非语言沟通方式与儿子交流，例如经常向孩子发脾气、拍桌子、摔东西等，这些都会被儿子理解成你极度嫌弃他的信号。这些非语言行为都是拒绝沟通的信息，因此它更会阻碍亲子之间的沟通，破坏亲子关系。

1.用眼神“教育”男孩

身体接触往往比语言能更好地表情达意。有时候，哪怕你一个鼓励的眼神和微笑，都会让你的孩子充满无穷的动力。因此，聪明的父母总是会在某些时刻给男孩一个肯定、坚毅的眼神，让男孩更自信。

2.给男孩一个拥抱，给他力量

生活中，很简单的一个例子，比如，如果你的儿子取得了一个好成绩，做父母的，需要赞扬、鼓励他，这时，如果家长单纯地用语言与他沟通，告诉孩子：“儿子你真棒，妈妈因为你而骄傲！”他也会很高兴，但是这种高兴劲儿也许没过多久就被他忘记了；如果父母运用非语言与他沟通，微笑地走向孩子面前，给他一个拥抱，然后再告诉他：“儿子，妈妈为你而骄傲。”这样，他将永远也不会忘记妈妈对他的赏识和鼓励。

3.用握手向男孩表达友好

有研究人员曾通过实验研究了握手的效果，结果证明：身体的接触行为能增强人与人之间的亲近感，即使是初次见面的人，也有同样的效果。为了强化这种效果，有人会伸出双手与人握手，这样的人大多非常热情。

想必大多数父母也明白握手是一种表达友好的方式，是平等沟通的一个表现。而青春期的男孩，都希望与父母平等地对话，因此，日常生活中，如果我们能把这一非语言沟通形式放到对男孩的培养中，相信是能起到一定的积极作用的。

总之，在生活中，尝试着用非语言的方式与孩子沟通吧，但你还需要注意以下三点：

第一，尝试以身体接触代替言语交流；

第二，有些男孩不喜欢太多的拥抱，别强迫这样做。尝试寻找其他与之亲近、感受亲密、向他示爱的方式；

第三，当身体接触的习惯已经消失，在睡觉前或看电视时，甚至只是紧挨你的男孩坐着时，轻轻抚摸他的前额、脑袋或手，可以使身体接触的习惯重新回到你们家中。

与青春期男孩沟通，选择一个合适的场所

家长的烦恼

牛女士一直在国外工作，她的儿子小达也就一直住在外婆家里。就在前年，小达上了初中后，牛女士意识到儿子教育问题的重要，就回国了。这两年以来，母子俩相处的不错，可是小达似乎总是对母亲畏惧三分。最近，牛女士准备让小达参加全国钢琴大赛，当她问儿子的想法时，没想到儿子这么回答："妈妈，我不想参加。"

"能告诉我原因吗？"

"没有为什么，就是不想参加。"小达的回答让牛女士很不高兴。

"为什么？你还好意思问，你这两年住在家里，这孩子一点都不高兴，无论是考试，还是大大小小的比赛，只要小达发挥得不好，你就责怪，还在亲戚面前说他，他已经十五岁了，是有自尊的，我只知道我那个活泼、自信、开朗的外孙已经不见了，这孩子现在一点自信都没有，还参加什么钢琴大赛？"在厨房干活的小达外婆生气地对女儿说了这一番话，牛女士若有所思。

为人父母，我们除了给孩子生命，还需要教育他们，而儿子犯错了，批评管教少不得，而孩子心灵是脆弱的，我们批评教育男孩，一定要选择好场所，不可伤害男孩的自尊。

的确，男孩在进入青春期后，随着身体的发育，他们在心理上也发生剧烈变化，他们渴望独立，他们对父母和老师之言不再“唯命是从”了，往往嫌父母和老师管得太严、太啰嗦，对家长和老师的教育容易产生逆反心理。他们心里有什么话不愿意向别人诉说，对于父母和老师的批评和劝导，不像以前听话了，甚至产生抵触、不顺从的情绪。人们把孩子的这种现象称为逆反心理。更为严重的，有些孩子会对父母产生对抗情绪，即你要求我怎样，我偏不这样，而有些不理解孩子的父母，就越加控制孩子，直接影响到孩子与其之间的关系，以至离家离校出走，甚至走上犯罪的道路。

为此，很多父母都感叹：到底怎样和青春期的儿子沟通，其实，很多时候，只有沟通的愿望是不够的，还要讲究方法，而选择合适的沟通场所就是其中一个要求。

有些父母认为，和孩子说话，当然是选择家里了，其实，也不一定，要视具体情况而定。

1.表扬男孩的话，在人前说

青春期的男孩，他们开始意识到了什么是面子，当他们获得了好的成绩后，他们都希望得到父母的肯定，希望获得他人的认同，如果我们能理解男孩的这种心理，在人前表扬男孩，让大家看到男孩的成绩，一定让他更有自信。

2.批评孩子的话，关起门来说

有位家长在谈到教育孩子的心得时说：

“有一天晚上，吃过晚饭以后，我打开自己的邮箱，发现有儿子的一封信，信的内容是：‘妈妈我给你说件事，你以后就只说我不听话，别在人家面前说我不听话，不然很没面子。’我很庆幸，孩子能给我提出来，

而不是闷在心里。但同时心里也好酸，心情也久久无法平静，从前真的没有考虑儿子的感受，他已经13岁了，也知道什么是面子，孩子的心是多么的敏感脆弱。于是，我给儿子回了封信，向他保证以后不在人家面前说他不听话了。”

的确，任何青春期男孩都是是渴望表扬的，他们都有自尊心。与男孩沟通，尤其是批评男孩时，我们一定要选择好场所，不可人前批评，伤害男孩的自尊。

总的来说，我们可以总结出：如果你是要鼓励和赞扬男孩，可以选择人多的场合，让大家都看到他的成绩，当然，如果你的儿子容易骄傲的话，则应排除在外；如果涉及隐私问题，或者指出男孩的失误、缺点或者批评他的话，则应该在私下里，选择没有别人在的场所。因为在无第三者的环境中更容易减少或打消其惶恐心理或戒备心理，从而有利于谈话的进行。这样还可以避免当众伤害男孩的自尊心，利于男孩说出心里话，加强与男孩之间的沟通。

另外，如果你需要和男孩静心交流、和儿子谈心的话，则应该选择一个平和安静、风景美丽的地方，因为这样的地方，可以让彼此心平气和，情绪稳定，心情舒畅，易于接受对方的意见。比如利用周末或假期，带儿子到公园或风景游览区，一边游玩，一边说说悄悄话，这样的沟通和交流一定会起到很好的效果。

沟通不能只停留在学习上

家长的烦恼

最近，林女士和她上初中的儿子关系闹得挺僵，她只好请自己一个做老师的好姐妹刘老师调解。

这天，刘老师来到她家，单独会见她的儿子。这个大男孩上小学时参加过老师组织的夏令营，对刘老师很热情，也很乐意和她聊。

“我妈对别人客客气气，对我却总是大发脾气。每天我妈下班一回来，我打开门，只要见她脸拉得老长，我便立刻跑回自己的房间，把门关紧，省得挨骂。”说着儿子举出几件实例。

“你妈也不容易，她在单位是领导，操心的事不少，她回家又要做饭，照顾你，够累的，爱发脾气可能是到了更年期……”

“更年期？”没等刘老师讲完，男孩就迫不及待地接过话头，“自打我上学，我妈脾气就这么坏，更年期怎么这么长？您给我来个倒计时，更年期哪天结束？我也好有个盼头！”

刘老师忍不住笑起来。她很同情这个男孩，事后她对李女士说，我们不能怪孩子不理解我们，我们也该改变改变自己了，尽管改变自己不容易。平时，我们很在乎孩子的物质要求，注重对孩子生活上的照顾，却忽视了孩子内心情感世界，特别是忽略了自己在孩子心目中的形象定位。

林女士听到儿子对她的看法，说了句：“如今当父母真难，我们小时候哪有那么多事！”可她还是答应，要改变自己对孩子的态度。

的确，从这个案例中，我们看到了，新世纪，要做好父母、与青春期的男孩沟通真是不容易。问题出在哪里？也许是青春期这个特殊年纪的原因，也许是父母的沟通方法出了问题。

做父母的首先要注意沟通方式方法。先反思一下：您是否唠叨？您与儿子的话题是否永远都是学习、听话？您是不是经常暗示儿子一定要考上大学？那您是否发现，儿子越来越不愿意和你交流？您的儿子是不是觉得你越来越“土”？之所以请您反思，是因为男孩在长大，或多或少会表现出逆反心理，我们越是要求他们，他们越不听。最好的做法是改变我们自己的做法，打开与孩子交流之门，缩短与孩子的心灵距离。

事实上，要知道，学习是大多数青春期男孩最反感父母与之唠叨的一个话题，要想跟男孩做好沟通，最好避开这一话题。

然而，不少父母会问，我该和儿子聊什么呢？其实，要和男孩做朋

友，就必须与时俱进，了解你的孩子在想什么，了解孩子才有共同语言。那么，哪些话题更适合与青春期的男孩沟通呢？

1.谈点孩子感兴趣的话题

任何谈话，如果双方所交谈的话题是交谈者自己感兴趣的话题，他就会投入十二分的热情，但是如果他对所说的话题没有丝毫兴趣，即使场面再大，对方热情再高涨，也会觉得寡淡无趣的。我们父母，要想和儿子和平相处，并得到对方的认同，你就要彻底地了解儿子的所“好”，了解他感兴趣的话题，比如，儿子最喜欢的球星是谁？他喜欢什么样款式的衣服？他最喜欢做的事是什么？从儿子最关心的这些话题开始谈起，才会激发他的沟通意愿。

2.谈点新话题

这些新话题应该是在青春期的孩子们之间流行的，比如，最近哪个明星最红，足球赛哪个队赢了等。了解这些新事物，能让儿子觉得父母不“土”，也就愿意与父母沟通了。

3.谈孩子知道而家长不知的话题

时代在发展，社会在进步，男孩的思维和知识面未必不如父母。作为父母的我们每天为了工作和柴米油盐奔波，可能有很多不了解的知识，此时，我们可以向儿子请教，这样能让男孩感觉到父母对自己的尊重，一旦打开了沟通的心门，再让儿子从心底接受父母的教育和引导也就不是难事了。

可见，现代家庭中的教育，已经不像从前那么简单了，作为家长，若想获得家庭教育的成功，首要的是更新家庭教育思想和观念。每个时代有每个时代的家庭教育观念，21世纪的家长为什么会在家庭教育中产生困惑？主要是现在社会变化太快了。现在我们应该既把男孩当儿子，也把他们当作朋友，当作一个与家长有平等关系的公民。我们必须抛弃“天下无不是的父母”这种陈腐的观念。只有这样的沟通，才是平等的沟通，也才是能让男孩接受的沟通。

第 13 章

学习力引导：激发男孩求知欲，帮其建立可行的学习计划

对于很多父母来说，儿子到了青春期，他们就会对男孩有更多的期望，因为这个阶段是孩子长知识的重要时期，但同时，此阶段男孩的学习任务也急剧加重，这段时间的男孩最需要父母给予学习上的辅导。因此，我们不仅要做好父母，还要做好孩子的家庭教师。针对儿子的学习困扰，我们一定要引起重视，但更要注意方式，我们要多注意引导，多培养男孩的兴趣、激发男孩的求知欲、传授正确的学习方法，从而让其提高学习效率，提升学习成绩！

在家里总是无心学习——为男孩营造良好的学习环境

家长的烦恼

这天，刘先生和妻子又被班主任老师叫到学校了，原来是儿子刘星的学习成绩又下滑了。

“刘星同学这个学期很奇怪，看上去他平时挺努力的，有时候放学、课间都在学习，可是为什么越学越差呢？”

“照说不应该，自从他进入初中以来，我特地辞掉了工作在家里照顾他的饮食起居，希望他学习好。”刘太太这么说。

随后，老师把刘星也叫过来，想让他说说自己的心里话。

“妈妈虽说没工作，但是每天都打麻将，我根本静不下心来，那些邻居也是，一天到晚吵吵闹闹的，都不得清净，所以平时宁愿在学校学习到很晚也不愿回家。”

“你们看，这就是你们的问题了，相信你们也知道孟母三迁的故事吧，学习环境如何，直接关系到孩子的学习效率，家里一天到晚乱哄哄的，任凭孩子是天才，也不可能不受影响。”

“老师说得对，这是我们的问题。”

很多父母发现，儿子一进中学、进入青春期后，好像总是无心学习，心情烦躁，这是为什么？在家里，什么学习工具都有，怎么成绩就是上不去呢？送他进最好的学校，买最好的学习文具，请最好的家教老师教，怎么成绩还是这么差呢？其实，作为父母的你，有没有想过，这就是最好的学习环境吗？

你是否曾留意到，当你们之间因为一件琐事吵架的时候，儿子的心情

如何？当你们把亲戚朋友聚在一起吃喝的时候，有没有考虑过是不是会影响男孩的学习？当你们对他期望过高时，男孩能承受那么大的压力吗……很多时候，我们都忽视了家庭环境对男孩学习的影响。

家庭是每个男孩成长、生活和学习的基地，能否为男孩创造良好的学习环境，对男孩的学习有着直接的影响。我国古代就有孟母三迁的故事，讲的是孟母为了让孩子不染上市侩气，成为一个学识渊博的读书人，不厌其烦、多次举家搬迁，从而为孩子创造合适的学习环境。孟母这样重视环境对孩子的影响，是值得后人借鉴的。

那么，应该怎么样为儿子营造一个良好的家庭学习环境，让孩子能开开心心地学习呢？

1.硬件环境

这里所说的硬件环境，指的就是物质环境，孩子是没有经济来源的，这需要作为父母的我们为孩子提供。青春期的男孩需要的学习环境包括安静的住所、明亮的书房、舒适的桌椅、合适的灯光、必备的学习用品等物质条件。这些环境对一般家庭来说都不难做到。

2.软件环境

与物质环境相对，软件环境指的是精神环境，包括父母、家庭成员之间的关系、家长对孩子的期望程度、父母的文化素养等各个方面。

我们不难发现，很多学习成绩优异的男孩在谈及成功的因素时，大都会感谢父母和老师给了自己一个轻松的环境。父母不看重名次、老师不看重分数，而是注重给自己营造良好宽松的学习氛围，给自己塑造积极向上的心态。如此一来，没了包袱，自然能好好学习。

然而，不难发现，一些父母以为只需要给孩子好的物质环境即可，其他就应该孩子自己努力，他们下了班回来只顾自己娱乐，不是放音乐，就是开电视机，或是把一些无所事事的人约到家里喝酒聊天、唱歌、打麻将。这些行为会严重影响男孩的学习和成长，是需要特别注意的。

另外，我们父母还要为男孩创造一个良好的家庭环境，所谓良好的家庭环境就是全家人关系和睦、融洽、父母子女之间相亲相爱，这样，男孩就会开开心心，不会因为家庭的争吵、不和而影响到情绪，也会有一个很好的榜样作用，这是很重要的。

原来学习也可以这么有趣——让男孩带着兴趣去学习

家长的烦恼

韩先生最近很头疼，因为他的儿子突然间好像厌学了。

后来，开家长会后，班主任老师单独地和韩先生夫妇谈了谈，当时韩波也在场。

“韩波同学，你能告诉老师，为什么你学习这么刻苦，成绩却不见提高呢？”老师说完，韩波看了看他妈妈，好像不敢说的样子。老师看出了这点，就鼓励他说：“有什么话你今天就当着老师和爸爸妈妈的面说清楚，这对你的学习有好处啊。”

“其实，我对学习根本就没什么兴趣，每次，我都是强迫自己背单词、做数学题，因为每天回家之后，妈妈都会检查我当天的学习情况，我只能这样。”韩波说完，还是朝妈妈看了一眼。

“哎，这年头，我们大人为了孩子，付出了一切，可是，我们真的不知道孩子要的是什么，就跟我们家韩波一样，我也知道，每天回家后，虽然他表面上看在学习，但心思却不在书本上。”韩波妈妈说。

“我大概知道你们家韩波学习成绩上不去的原因了，因为他对学习提不起兴趣，所以花的时间虽然多，但却没有什么效率，”老师继续说，“作为家长，你现在要做的，就是激发孩子的学习兴趣了。”

常言道，兴趣是最好的老师。没有学习兴趣也是很多男孩学不好的原

因之一，当他在某学科上学得不好，成绩很差，问他是什么原因，他会理直气壮地说："我没兴趣！"有些男孩说："我对学习没有兴趣，我学不好，我不学了！"

可见，没有了兴趣，也就没有了学习动力。可见兴趣对学习的基础、决定性作用。而男孩进入青春期后，课程内容的增加、学习负担的加重，如果男孩不能主动、积极地学习，那么，学习效率就会低下。对此，我们父母一定要注意激发男孩的学习兴趣。

心理支招

1.尊重男孩的兴趣，引导男孩培养高尚的兴趣倾向

为了望子成龙，有些做父母的对儿子寄托了很大的希望，但他们在儿子进入青春期后，为了不让儿子掉队或者想让儿子成为学习上的佼佼者，千方百计地想让儿子学得好，懂得多，于是，他们把男孩的周末安排的满满的，同时，他们还按照自己的主观意志去"规定"男孩的兴趣，而不是尊重男孩自身的学习兴趣的发展规律培养他们，这样往往会延误孩子的发展。男孩不按照自己的学习兴趣去学习的话，学起来会很辛苦，学习效率自然无法提高。如果我们能按照男孩的学习愿望去学习，把"望子成龙"修改为"望子成器"，让男孩拥有自由发展的空间，效果可能会更好。

2.把男孩的兴趣和学习联系起来，让男孩产生明确的学习目的

比如，家长可以这样问："你为什么对电脑游戏这么感兴趣呢？"

"因为我想当个游戏的开发人员啊。"

"真没想到你有这样大的抱负，但游戏开发不是一个很简单的行业，一般人是进不了这个行业的。"

"那爸爸，您觉得怎样才能进入这个行业呢？"

"只有进入高等学府去深造，掌握大量的科学知识，在前人技术的基础上有所创造。"

当男孩听完这些后，就会有一种想法：我必须考上大学，然后在这个领域深造，才能进入这一行业，这样，男孩就会真正明白：他应该去好好学习了。

而在这一过程中，整个交谈氛围是很和谐的，也使得亲子之间的感情在一点点升温，男孩对父母既感激又崇拜。

3.找到孩子不喜欢学习的原因，对症下药

我们父母首先要和男孩自由沟通，以温和的态度和孩子探讨为什么不喜欢学习。父母了解他的问题所在，就要帮助他解决。对于因学习困难而对学习不感兴趣的男孩，家长要耐心地帮助孩子找到困难的原因，帮助他掌握科学的学习方法。

男孩对待学习太消极——积极暗示法燃起男孩学习的热情

家长的烦恼

温先生最近很烦恼，因为儿子温鹏学习成绩差的问题，他不得不回国为儿子办理退学手续。实际上，温鹏从前是个读书努力、听话的好孩子，但上了初三后，却变得学习懈怠了。事情是这样的：

温鹏还小时，父母就把他丢给了爷爷奶奶，爷爷奶奶对于他关怀备至，让他衣食无忧，还生怕他在小伙伴中吃亏，所以他与同龄人的接触机会被剥夺了。同学们都说他太自私，不愿与他来往。他自己也将自己封闭在小圈子里，一心向学。上初三后，他的心变得不安起来，看到班上的同学三五成群在一起聊天、说笑以及讨论问题，他感觉到更加孤独，他逐渐觉得自己读书不快乐，于是试着走近他们，但他们却不太理他，他自己感觉怎么也融入不进去。渐渐地，他为上学发愁，看书更添烦恼，上课不认真听讲，沉默寡言心事重重，几乎不再拿书本，学习成绩从全班第一变成倒数。

案例中，温鹏之所以学习成绩下降，是由于失去了学习的动力，找不到学习的乐趣和动机。青春期是孩子长身体、长知识、长智慧的时期，也

是其道德品质与世界观逐步形成的时期。他们面临着生理与心理上的急剧变化，加之每天周而复始的学习生活，很容易产生心理上的“变异”。一般表现在三个方面：

第一，不认真上课，注意力不集中，思维涣散，或者打瞌睡，或者做小动作，严重的还会干扰其他同学听课。

第二，课下不愿意自主学习或者根本就不学习，对于老师布置的作业或者练习，也是草草了事或者根本就不予理睬。对考试、测验无所谓，只勾几道选择题应付了事，既不管耕耘，更不管收获。

第三，逃学，这是厌学的最突出表现，也是最严重的表现。这些学生总是找理由旷课，然后，外出闲逛，玩游戏等。严重者，甚至跌到少年犯罪的泥坑。

这些表现我们都可以归结为学习消极、没热情。对此，我们父母可以通过积极暗示法让孩子重新燃起热情。

心理支招

1.阐述自己的经验，暗示男孩学习的重要性

男孩年幼的时候，可能不懂得为什么父母要我好好读书，但在青春期时，父母应有意识地向儿子阐述自己的经验，比如，你可以告诉他：在这样一个竞争十分激烈的社会中，没有知识，就等于没有生存的本领，每个人都在用知识为了自己的未来打拼。寒窗苦读的过程的确很辛苦，但这是任何人立于世的必经过程。

男孩有了这样的心态，即使他们在学习的过程中遇到了很大的压力，也能找到适当的方式发泄一下。为此，每一个男孩都需要有意识地培养自己对学习的热情，对此，你可以做到：

2.积极期望

积极期望就是从改善学习者自身的心理状态入手，让他对自己不喜欢的学习内容充满信心，相信它是非常有趣的，自己一定会对它产生兴趣。想像中的“兴趣”会推动男孩认真学习它，从而逐渐对学习产生兴趣。

3.教育男孩从实现小目标开始

在学习之初，帮助男孩确定小的学习目标，学习目标不可定得太高，应从努力可达到的目标开始。不断的进步会提高他的信心。

4.帮助男孩培养自我成就感

在男孩学习的过程中每取得一个小的成功，就进行奖赏，达到什么目标，就给他什么样的奖励。有小进步，实现小目标则小奖赏，如让他去玩一次自己想玩的东西；有中等进步、实现中等目标则中等奖励，如买一本他喜欢的书画或乐器等；有大进步、实现大目标则大奖励，如周末旅游等。这样通过渐次奖励来巩固男孩的行为，有助于产生自我成就感，也会逐渐建立学习的积极性。

男孩学习总用人看——让男孩自动、自发地学习

家长的烦恼

有一天，王奇和同学在家里玩游戏，那天，刚好是周六，两人居然玩了一整天，当王奇的爸爸妈妈回来时，还在“战斗”中，王先生有点生气，但出于教育孩子的考虑，他还是语重心长地教育他们。

“奇奇，你为什么每次都要我们督促才学习呢？你觉得学习是为了谁呢？”

“为了你们啊，我考好了，你们在单位同事面前就很有面子了。”王奇得意地回答着。

“儿子，你这么想就不对了，学习都是为了自己，爸妈在同事面前夸你，是因为我们高兴，最终受益的是你自己，知道吗？”王先生说。

“王叔叔说的对，王奇你这种想法可不对。谁都希望子女比自己强，辛辛苦苦地供孩子读书，也是希望孩子以后能有好的生活。我们应该给自己确立一个目标，努力朝目标奋斗。”王奇的同学纠正道。

王奇经过这一番谈话后，和同学在家打游戏的次数明显少多了。原来，他是躲进书房学习去了，在接连几次的月考中，王奇的成绩提升的很快。

的确，青春期的男孩正处于身心发展时期，更是学习发展的绝佳时期。而男孩总是被动、消极、等待父母催促的学习状态，是很不利于提高学习成绩的。

在竞争激烈的当今社会，一个人的竞争力如何，很多时候体现在他是否有自主学习的能力上。因为这涉及一个人最终能否获得丰富的知识，是否能变得博学。同样，青少年学生也应该学会自觉、自主地学习。如果你的孩子能做到自主学习，那么，他的学习效果就会显著加强，远非注入式教学所能相比。

古人说得好："善学者教师安逸而功倍，不善学者教师辛苦而功半"，一个学生一旦有了自觉学习的理念，他就能主动学习，独立思考，将来长大参加了工作，他还能找到自身不足，不断地扩充自己的专业知识水平，懂得探究，最终实现发明创造。

当然，自主学习的能力不是一朝一夕形成的，它是在学习实践中反复训练、反复运用、不断提高的。让男孩学会自动、自发地学习，需要作为父母的我们不断引导。

心理支招

1.帮助男孩端正学习目的

你要告诉他：你为什么而学习？是父母强逼你学习，还是你有着伟大的梦想？如果在男孩看来学习是一件无奈的事，那他又怎么可能投入全部的热情学习呢？

2.帮助男孩制订详细的学习计划

漫无目的的学习是没有好的效果的，效率差的学习会让男孩的自信心逐渐消失殆尽，因此，你最好帮助男孩制订一份详细的学习计划：每天干什么，什么时间干，要有详细的计划，计划要切合实际，要略高于他现在的学习能力。

因为这样能让学习计划来帮助男孩规范自己，约束自己，提醒自己，鞭策自己！依计划而行，则有条不紊，顺理成章；无计划行事，则漫无目的，失去所向。

3.督促男孩坚持学习计划

一直以来，学习都不是一件很轻松愉快的事情，也不是一朝一夕、一蹴而就的事情，它必须付出艰苦的劳动。告诉男孩，不要把学习看作是一种负担，一种包袱和苦差事，学习是一种追求、兴趣、责任，一种愿望，学知识是为人生更快乐，更有滋味，更有激情。

总之，学习过程中，孩子自身才是学习的主人，你应该告诉他学会将自己的全部感官都调动起来，然后积极地参与到学习中去，自己去看书、去思考、去发现问题，分析问题、解决问题，从而让其掌握自主学习的方法，探索知识的规律。

一到考试就紧张——让男孩远离考试焦虑

家长的烦恼

小军是个贫困生，长时间的心理压力，让他不得不看心理医生，他在心理咨询中说道："我的家庭生活十分拮据，父母挣钱很艰难，但他们都极力支持我读书，并说只要我考得上大学，愿意倾家荡产、贷款也要供我读书。回到家里，家里不管有多么繁忙，他们也不让我做家务，因为我的任务就是学习。在别人看来，我是一个多么幸福的孩子，可哪里知道，在这'幸福'里，我背负了多么沉重的心理压力，我怕考试，我怕自己成绩考差了，对不住全家人。"

这里，我们可以看出，小军的考试压力来自于家庭，父母供他读书不

容易，对他期望太高。因此，一旦考试失利，就很容易产生负罪感，父母的期许成了他的负担。

我们不可否认，青春期男孩身上的学习压力很大一部分来自外界，比如父母的、老师的、同学之间的，但压力终究是自身的一种精神状态，也是可以消除的，这需要作为父母的我们做孩子的心理导师。

心理支招

以下几种方法可以帮助青春期男孩平衡自己的内心，正确处理考前的焦虑问题：

1.鼓励男孩，告诉他："你可以。"

无论做什么事，自信对于一个人来说，都是极其重要的，这关系到一个人的潜能是否能被挖掘出来。很多的科学研究都证明，人的潜力是很大的，但大多数人并没有有效地开发这种潜力，假如你有了这种自信力，你就有了一种必胜的信念，而且能使你很快就摆脱失败的阴影。相反，一个人如果失掉了自信，那他就会一事无成，而且很容易陷入永远的自卑之中。

青春期男孩面对考试就焦虑的问题，主要原因就是因为对考试结果的期望高。如果他们抱着轻松的心情，不太在意考试结果，那么，他自然就能心平气和地面对考试。

为此，作为父母的我们一定要鼓励男孩："你可以的。"并告诉他们不要太在意考试成绩，想必他是能控制自己的焦虑情绪的。

2.告诉男孩几种考前减压的方法

（1）考前两天：增强自信，择要复习。告诉男孩："你在考前复习要有所侧重，只要检查一下重点内容是否基本清楚就可以了。所谓重点：一是老师明确指定和反复强调的重点内容；二是自己最薄弱的、经常出错的地方。如果确认这些地方已没有问题，就可以安下心来，并反复暗示自己：'复习很充分，一定可以。'"

（2）考试前夜：尽情放松、睡眠充足。"考前的休息也十分重要，千万不要在考试前夜以牺牲睡眠时间去复习，这是得不偿失的。临考前夕，要尽情放松，看看花草散散步，减轻心理紧张度，听听音乐愉悦心情，打打球调剂大脑，早些休息，一定要避免思考过多，精疲力竭。”

（3）考试当天：适时到校。“考试当天，首先必须做到吃早吃好，也就是说要有充足的用餐时间，最好在考前一个半小时用餐完毕。否则会因过多血液用于消化系统，使大脑相对缺血，影响大脑功能的发挥。

在到考点时间上，一般在考前20分钟到校为宜。太早了，遇到偶发事件的可能性增大，极易破坏良好的心态。过迟，来不及安心定神，进入考试角色的心理准备时间太短，有可能导致整场考试在慌乱中进行，造成不必要的失误。”

（4）掌握一些答题技巧。“你在具备了扎实的基础知识基本技能，良好的心理品质后，考试时还应该掌握一定的应试策略，这里讲讲应试策略就是科学的应试，掌握一定的方法技巧，这对实现考试目标有着至关重要的作用，总有一些男孩考试时‘怯场’‘晕场’，除了心理上的原因外，没有掌握科学的应试方法也是一个重要原因。”

另外，我们还可以告诉男孩：如果作出以上努力后，仍出现怯场，也不必惊慌。这时你不妨按照以下步骤：先搁下试卷，稍做一下揉面等活动，或伏案休息片刻，这种转移注意力的方法，有助于克服紧张情绪。也可采取深呼吸的方法满满呼气、吸气，同时放松全身肌肉。经过1～2分钟的练习，也能消除极度紧张状态。

时间总是不够用——帮助男孩制订一份合理的学习计划

班级每个月的家长会又来了，会上，大家七嘴八舌地说起来。

“周翰是怎么学习的呀？”一些家长凑在一起讨论。

“听说他并不是每天晚上做题到深夜，我家儿子每天都做好些习题，

可是学习成绩就是不见好啊，这是怎么回事呢？”

“是啊，我家儿子也是，好像每天都忙忙碌碌的，有时候，饭都顾不上吃，努力学习，可学习成绩还是处在中等水平。”

这时，另外一位家长说：“他们现在已经是初中生了，不能再以从前的学习方法学习，得重新制定一个合理的学习计划了，他们才会高效的学习呀，不然学没学好，玩没玩好，孩子两头受累啊！”

可能很多家长会发现，你的儿子很懂事，即使你不叮嘱，当他进入青春期后，也逐渐认识到了学习的重要性，认识到初中课程量的加大、学习的紧张等，于是，当他跨入初中大门的那一刻起，他就决定要做个优秀的同学，努力学习，希望可以仍然走在队伍前列，但事实上，他们似乎总是力不从心，似乎总是感觉时间不够用，学习效率也很低。这是为什么呢？

其实，男孩是缺少一个合理的学习计划，合理的学习计划是提高孩子成绩的行动路线，是帮助孩子成功的有力助手。没有学习计划，学习便失去了主动性，容易造成东抓一把西抓一把，以至生活松散，学习没有规律，抓不住学习的重点，因而总是被其他同学远远地甩在后面。

当然，孩子的学习计划应该由他自己来制订，家长所要做的应该是一个从旁协助的工作：帮助孩子把学习计划合理完善、监督孩子的执行、结合实际提出修改意见等，而不是越俎代庖，按照自己的希望亲自制订。

那么，父母应该怎样帮助孩子制订学习计划呢？

心理支招

你可以遵循以下几个原则。

1.合理安排时间，制订作息时间表

比如，你可以让孩子制订一张作息时间表，让他在表上填上那些非花不可的时间，如吃饭、睡觉、上课、娱乐等。安排这些时间之后，选定合适的、固定的时间用于学习，必须留出足够的时间来完成正常的阅读和课后作业。完成这些后，你要看看他在时间上的安排是否合理，比如，每次安排的学习时间不要太长，40分钟左右为最佳。学习不应该占据作息时间表上全部的空闲时间，总得给孩子休息、业余爱好、娱乐留出一些时间，这一点对学习很重要。一张作息时间表也许不能解决孩子所有的问题，但是它能让你了解孩子如何支配他这一周的时间。

2.学习任务明确，目标切合实际

男孩制订完学习计划后，家长应当加以审核，要确保男孩学习任务明确，目标符合实际，因为很多孩子制订学习计划时，总是“雄心勃勃”，一天的时间恨不得要完成一周的任务。这样不切实际的目标往往是导致计划不能正常执行的主要原因。

3.学习计划应与教学进度同步

父母在帮助男孩制订学习计划的时候，一定要注意这点，只有这样，孩子才能把预习和复习纳进学习计划中。这就要求，在制订学习计划时，就要以学校每日课程表为基准，参照学校老师的授课进度，再让男孩结合自己的学习状况制订计划。

4.计划应该简单易行而富有弹性

整个计划是否有一定的机动灵活性。正常情况下，计划都应该严格按时完成，但孩子的生活要受很多因素影响，难免会有特别的情况，所以就要求计划不能过于僵死呆板，要有一定的灵活性，可以不至于因为一个环节不能完成而打乱后面的所有计划。

总之，制订一份合理的学习计划，就等于为男孩找到了促进学习进步的金钥匙。帮助男孩制订严格的学习计划，养成守时、有序、高效的好习惯，是孩子一生受用不尽的财富。

有些科目就是学不好——想方设法改变男孩的偏科现象

家长的烦恼

王先生的儿子亮亮今年初三，学习成绩一直不错。

一次数学测验，下课铃响了，亮亮还在埋头答题，数学老师催了几次，他都跟没听见一样，仍在做题，老师发火了，走过去夺卷子，亮亮用手一按，卷子撕破了，数学老师怒气冲冲的拿着卷子走了。亮亮在当天的日记里写道："我恨死数学老师了，今后，我上课不听她的课了，在路上遇到她，我也不和她讲话！"

于是，就这样，亮亮由一个数学尖子生成绩一路滑坡，在后来的考试中，成绩也是一次比一次差，王先生为此很伤脑筋。

导致青春期男孩偏科的原因有很多种，故事中的亮亮就是因为和老师发生矛盾而影响了对该学科的兴趣而导致偏科。但作为父母，我们都明白，每个青春期的男孩，在学习上都要做到各学科均衡发展，不可偏科。

可能你的儿子也有这样的烦恼：对于自己不喜欢的学科，越是不喜欢，就越不想学，久而久之，导致自己学习成绩越来越差。俗话说，兴趣是最好的老师。在学习中，兴趣是一种强大的动力，一旦人们对某一学科产生兴趣，就会促使他们积极探索，克服困难，直至成功。但中学阶段的大部分学科都是枯燥的，再加上一些学生可能不喜欢某门学科的老师，或者学习底子差，进而逐渐开始不喜欢这门课，而对学科没有兴趣反过来也让他们没有学习动力，学习成绩自然会下降。

作为父母，我们都应该成为男孩的学习导师，都应该帮助男孩克服偏科现象。以下是几点建议：

1.帮助男孩正确认识不同学科的价值和意义

孩子不喜欢某一门学科，可能是因为他对这门学科的重要性认识不足。而且有些课的内容本身枯燥，不一定是老师的责任。每门学科都是有用的，男孩都必须学习。学会去做好不喜欢做的事情，也是他们走上社会之后必修的一课，无法任性地逃避。

比如，如果你的孩子不喜欢英语，那么，你要告诉他："英语是一门工具课，无论你将来从事何种职业，都是必需的。如果你等到需要用的时候再努力，就失去了最佳的发展时机。"

2.告诉男孩可以先假装喜欢这些学科

人的态度对学习是很重要的，有时态度决定一切。心理学的研究表明，当一个人对某一事物不感兴趣时，可以假装喜欢，告诉自己，其实我挺愿意去做这件事的。这样一段时间以后，你就会在不知不觉中改变自己的态度，变得对这件事情感兴趣了。

3.男孩不喜欢这些学科，可能与学习成绩有关

其实很多东西，在一个人不会，没有获得成就感的时候，往往是"没意思"的；如果他迫使自己去学习，并获得进步，这时可能就能发现兴趣。

如果孩子在这些学科上，学习成绩不太理想，你要告诉他，不要过分焦虑，不妨降低一点目标，采取逐步提高的办法。同时，也可以了解一下别人的学习经验，加以借鉴。要相信，一分耕耘，一分收获。当你的成绩有所进步时，你的信心会因此得到增强，学习兴趣也就相应地得到了提高。

总之，我们要让男孩明白的是，所有的课程，都是向别人学习的机会。三人行必有吾师，因此，无论他喜欢不喜欢一门课，我们都要培养孩子学习的兴趣，只有这样，男孩才能真正端正态度努力学习。

男孩寒暑假别大撒把——帮助男孩认真查缺补漏，有步骤地提升

家长的烦恼

“刚上高中时，我的学习成绩并不是很好，只在年级的中游水平。后来我能够成功地考入一所名牌大学，一个很重要的原因就是我能够笨鸟先飞，平时寒暑假、节日放假的时间我都能合理地安排。

我会在寒假时先预习一下下一学期的课本，特别是英语课，这就需要提前去借课本，也可以去买课本和相应的课本同步资料。然后给自己制订好假期计划，每天看多少、做多少，双休日则逛街、打羽毛球、逛书城，有时还和朋友去游览周围风景名胜。这样学习兴趣更浓厚，因为在玩中印证书本知识的兴奋劲使我回味。这样一个假期下来，自己对下学期要上的课已经基本熟悉了。课堂上，一方面把已经掌握的知识复习了一次，另一方面不懂的又可以在课堂老师讲课时解决，这就是我笨鸟先飞的招数了。我在高二上学期结束时，已预习完高中阶段的英语课文，对语文基础知识手册的基础内容也有所了解，这样为高三语文系统全面复习减少了阻力。真感谢自己当初的坚持不懈，我为当时的我感到骄傲，自豪！”

案例中的这名高中男孩为什么能在假期后成绩提高很多？因为他充分利用了假期时间学习，当然，他并不是建议男孩们在寒暑假争分夺秒地学习，相反，他建议男孩们劳逸结合，多参加一些娱乐活动。也就是说，合理的寒暑假计划，是要将学习与娱乐都考虑进去的。

对于身为青春期的男孩来说，一年之中最开心的就是寒暑假了，可是一到放假，他们既高兴又不高兴，接下来这个假期到底该怎么安排呢？痛痛快快地玩还是努力学习呢？

作为父母，我们一定要告诉男孩寒暑假是查缺补漏的好时机，千万不能在寒暑假大撒把。那么，我们父母该如何帮助男孩科学、有效地利用这个寒暑假安排学习和生活呢？建议采取以下学习与生活策略。

1.帮助男孩制订学习计划

寒暑假的时间都比较长，我们只有帮助孩子先制订一个适合自己的学习计划，才能让他们将自己的学习状态调到最佳，从而高效地完成学习。

比如：你可以告诉男孩：

在一天内，你最好要保证自己学习的时间保持在在7~8小时；学习时间最好固定在：上午8：30-11：30，下午14：30-17：30；晚上19：30-21：30。

另外，你需要把休息的时间考虑进去，既不要睡懒觉，也不要开夜车；制订自己的学习计划，但主要是以保证每科的学习时间为主。例如：你数学定的是2个小时，但2小时过后任务还没有完成，建议你赶快根据计划更换到其他的复习科目。千万不要出现计划总是赶不上变化的局面。

晚上学习的最后一个小时建议把安排设置为机动，目的是把白天没有解决的问题或没有完成的任务再找补一下。

每天至少进行三科的复习，文理分开，擅长/喜欢和厌恶的科目交叉进行。不要前赶或后补作业。记住，完成作业不是目的，根据作业查缺补漏，或翻书再复习一下薄弱环节才是根本。

如果遇到了自己解决不了的问题，千万不要钻“牛角尖”或置之不理，可以打电话请教一下老师或同学。也可以向父母请教！

2.帮助男孩认真查漏补缺

寒暑假是课堂之外的时间，对于平时学习中遇到的薄弱环节，男孩正好可以利用寒暑假时间进行查缺补漏，比如，看看男孩在期末考试中，哪些题失了分，弄清失分原因。比如，是基本知识没掌握好，还是学习态度不端正，或者是学习方法、学习习惯不好。要进行全方位的剖析。在帮助男孩分析“过去”、总结经验教训后，更要帮男孩制订一套寒假学习计

划，并坚持实施。

3.督促男孩收集、整理错题、多做真题

寒暑假期间，我们要督促男孩有针对性地进行知识复习。同时，还要让他把做错的题记录在错题集里，或用红笔做上记号，便于下一次复习。男孩遇到的不懂的问题，要帮助其分析理解或者请教老师。

总之，我们帮助男孩科学地计划寒暑假的学习，也一定要考虑到他们的身、心、智的需要，从而让男孩过一个有意义、充实的假期。

学习成绩总是上不去——帮男孩提高成绩的几个方法

家长的烦恼

李先生的儿子叫李进，李进是个听话的孩子，但唯一让李先生烦恼的就是儿子的学习。李进是班上有名的后进生，但实际上，李进学习很努力，有时候，李先生和妻子看着都很心疼，面临中考，他经常加班加点，做很多练习题，可是成绩就是上不去，李先生担心儿子最后连普通高中都考不上，来学校找老师。

老师说："李进是个很努力的男孩，可是似乎他在死读书，我平时教的学习方法他都没用。要知道，学习的努力程度与学习成绩并不一定成正比的。"李先生这才知道儿子的症结所在。

回家后，李先生找来儿子，跟儿子好好谈了一番。李进才知道原来自己一直是学习方法用错了，努力加正确的学习方法才会有好的学习效果。于是，在接下来的几次月考中，李进奋起直追，成绩上升很多，分数一次比一次高。

可能不少青春期男孩的父母都为孩子的学习成绩感到烦恼：为什么别

的孩子能轻松地学好，而我的儿子很努力却学不好、成绩总是提高不了？其实，这还是因为学习方法上的差异问题，如果你能帮助男孩找到一套提高学习成绩的方法，那么，他自然能学得好。

心理支招

当然，学习方法因人而异，我们帮助男孩寻找学习方法，要注重从旁协助，而不是灌输。另外，我们要告诉男孩，正确的学习方法要掌握以下几个原则：

1.注重基础，一步一个脚印

学习不是能一蹴而就的，基础牢靠，才能讲求技巧，任何投机取巧、好高骛远的学习态度都是不正确的，只有一步一个脚印，打好基础，学好每个知识点，才会有成效。

2.多思考，帮助记忆

很多男孩不知道自己为什么总是记不住某个公式或者某个英语句式，这是因为他没用心真正理解，记忆与理解是密切联系、相辅相成的。只有理解透彻，才能记得住；也只有多读、多记，才能帮助理解，这也就是理解记忆，“熟读”，要做到“三到”：心到、眼到、口到。“精思”，要善于提出问题和解决问题，用“自我诘难法”和“众说诘难法”去质疑问难。

3.充分发挥学习的主动性和积极性

学习是主动的，任何强制性的学习都不会有高效的成果。

4.将书本知识转化成实践活动

就是要根据认识与实践的辩证关系，把学习和实践结合起来，切忌学而不用。

一个人，如果不注重能力的转化、反受知识的束缚，那么对知识的学习将影响他的能力的发挥，结果会与他们的初衷背道而驰。比如，在面对一项工作时，一个人如果对有关知识了解不深，他会说：“做做看。”然后着手埋头苦干，拼命地下工夫，结果往往能完成相当困难的工作。但是有知识的人，常会一开头就说：“这是困难的，看起来无法做。”这实在

是划地自限，且不能自拔。

因此，你要告诉男孩，学习更要注重实践：一是要善于在实践中学习，边实践、边学习、边积累。二是躬行实践，即把学习得来的知识，用在实际工作中，解决实际问题。

总之，作为父母，我们要让男孩明白的是，学习方法只有适合自己的才是最好的。有针对性地制订出一套独特的、行之有效的学习方法，不仅能提高他的学习成绩，更重要的是他能找到学习的兴趣和热情！

记忆力太差怎么办——帮助男孩提高记忆的能力

家长的烦恼

李太太最近很烦恼，儿子到了初中以后，好像就变得很迟钝，以前一篇古文很快就能背诵下来，现在每天抱着书本读英文单词好像也记不住，为了帮助孩子解决烦恼，她请教了小区里的一个文科第一名。

“我用的是目录记忆法和闭目回想法。目录记忆法，指的是：首先不要直接背内容，先把大目录背牢，然后再背小标题。这样体系建立了，各历史事件的关系也更明了，对整本书的理解也会加深。在背目录和小标题的时候会有很多新的领悟，直接背史实是很难体验到的。”

另外，她说自己在记忆上还有个小窍门——“闭目回想法”。她是这样做的：先闭上眼睛，然后回想书上某页的画面，然后你可以自己去填充里面的具体内容了。如果发现有个地方怎么也想不起来，就马上翻书，仔细地把这个盲区“扫描”一遍，然后继续闭上眼睛回想下面的内容。这种方法对于加深记忆非常有效。

记忆力差是很多青春期男孩苦恼的事情之一，课上学的知识很快就忘记了，有时候一个单词本来已经熟练地记下了，可很快就忘记了；做事丢三落四。这就是记忆力差，事实上，记忆力也是可以增强的。

为此，很多父母也为男孩的学习感到担忧，儿子的记忆力这么差怎么办？

其实，提高记忆力的过程，实际上也是克服遗忘的过程，培养良好的记忆能力也不是什么不可能的事，只要男孩能在学习活动中进行有意识的锻炼，作为父母，我们可以告诉男孩以下9种增强记忆的方法：

1.兴趣学习法

兴趣是最好的老师，这话并不是毫无根据的。如果男孩对学习毫无兴趣，那么，即使花再多的时间，也是徒劳，也难以记住那些知识点。

2.理解与记忆双管齐下

理解是记忆的基础。只有对知识点加以分析，然后理解，真正烂熟于心，才能记的牢、记得久。仅靠死记硬背，则不容易记住。对于重要的学习内容，如能做到理解和背诵相结合，记忆效果会更好。

3.集中注意力学习

其实，课堂上的时间是最好的学习和记忆时间，充分利用好了课堂时间，课后只要稍花时间，加以巩固，就能真正获得知识。相反，如果精神涣散，一心二用，就会大大降低记忆效率。

4.及时复习

遗忘的速度是先快后慢。对刚学过的知识，趁热打铁，及时温习巩固，是强化记忆痕迹、防止遗忘的有效手段。

5.多回忆，巩固知识

要真正将某项知识记牢，就要经常性地尝试记忆，不断地回忆，这一过程要达到的目的是，可使记忆错误得到纠正，遗漏得到弥补，使学习内容难点记的更牢。

6.读、想、视、听相结合

可以同时利用语言功能和视听觉器官的功能，来强化记忆，提高记忆

效率，比单一默读效果好得多。

7.运用多种记忆手段

8.科学用脑

在保证营养、积极休息、进行体育锻炼等保养大脑的基础上，科学用脑，防止过度疲劳，保持积极乐观的情绪，能大大提高大脑的工作效率。这是提高记忆力的关键。

9.掌握最佳记忆时间

一般来说，上午9～11时，下午3～4时，晚上7～10时，为最佳记忆时间。利用上述时间记忆难记的学习材料，效果较好。

总之，知识的积累，就像建造房子，从砖到墙、从墙到梁，是一个循序渐进的过程。我们要告诉男孩，学习的时候，一定要掌握一定的方法，这样，你在复习上的时间不需要很长，但效果会很好，磨刀不误砍柴工，就是这个道理！

参考文献

[1] 吴琦玲.青春期男孩心理成长枕边书 [M].北京：中国纺织出版社，2013.

[2] 鲁鹏程.好妈妈不吼不叫教育男孩100招 [M].北京：机械工业出版社，2011.

[3] 闫晗.写给青春期男孩的书大全集 [M].北京：新世界出版社，2011.